Como Agradar uma Mulher
Na Cama e Fora Dela

Daylle Deanna Schwartz

Como Agradar uma **Mulher** Na Cama e Fora Dela

Tradução:
Regina Drummond

MADRAS

Do original: *How to Please a Woman In & Out of Bed*
© by Daylle Deanna Schwartz
Published by Adams Media Corporation
© 2003, Madras Editora Ltda.
Tradução autorizada do inglês mediante acordo com Adams Media Corporation, 260 Center Street, Holbrook, MA, 02343, EUA
Direitos exclusivos para todos os países de língua portuguesa

Editor:
Wagner Veneziani Costa

Produção e Capa:
Equipe Técnica Madras

Tradução:
Regina Drummond

Revisão:
Wilton Vidal de Lima
Cristina Lourenço
Rita Sorrocha

Tiragem:
3 mil exemplares

ISBN 85-7374-472-3

Proibida a reprodução total ou parcial desta obra, de qualquer forma ou por qualquer meio eletrônico, mecânico, inclusive por meio de processos xerográficos, sem permissão expressa do editor (Lei nº 9.610, de 19.2.98).

Todos os direitos desta edição, para a língua portuguesa, reservados pela

MADRAS EDITORA LTDA.
Rua Paulo Gonçalves, 88 — Santana
02403-020 — São Paulo — SP
Caixa Postal 12299 — CEP 02013-970 — SP
Tel.: (0_ _11) 6959.1127 — Fax: (0_ _11) 6959.3090
www.madras.com.br

ÍNDICE

INTRODUÇÃO 13
    O que as mulheres querem? 14

CAPÍTULO I
Você não consegue resolver sozinho todos os problemas:
    Os benefícios da ajuda 19
        Razões para se abrir 20
    Conviver em harmonia com as mulheres — do seu
    jeito, não do delas 21
        Compreensão 21
        Compaixão 22
        O que é a compaixão? 22
    Buscando o próprio conforto 24
        Independência teimosa 24
        Emoções não assumidas 26
        O alívio do compartilhar 27
        Homens, mulheres e crescimento pessoal 27
    Por que preciso da ajuda de uma mulher? 28
        O jeito masculino X o jeito feminino 28
        Resolvendo problemas 29

CAPÍTULO II
Nossas programações diferentes:
    Como homens e mulheres podem ser compatíveis 33
    Aceitando as diferenças 33
        Educadas para agradar o homem 34
        Os malditos estereótipos 36
        Aceitação 37
        Saber de mim melhor do que eu mesma 38
    A satisfação das necessidades 39
        Necessidade de amor 39
        Mania de nutrição 41
    Como transformar exigências em sorrisos 42
        O problema principal 42
        Pequenas coisas que criam a conexão 43
    Como trabalhar com as nossas diferenças 45

Como Agradar uma Mulher na Cama e Fora Dela

Guarde sua criança interior para si mesmo 45
As malditas diferenças 46

Capítulo III
Decodificando nossos sinais embaralhados:
O racional por detrás do irracional 49
Como acalmar uma mulher 49
Nós estamos certas!/vocês estão errados! 50
Percepções diferentes 51
Da defesa à ofensa 52
Mentiras — a reclamação número um das mulheres 52
Ela precisa de atenção — como satisfazer essa necessidade 53
Tenha tempo para ela 54
Não suponha que ela já esteja ganha 54
Trate-a do mesmo jeito que a tratava quando a conheceu 55
Mantenha acesa a chama da paixão 55
Regularmente, crie datas especiais com a sua companheira .. 55
Crie rituais que envolvam compartilhar o tempo 56
Revele-se espontâneo nas expressões de carinho 56
Deixe a sua mãe em paz! 57
Equilibre trabalho e diversão 57
O que as mulheres realmente pensam 58
Resolva! 58
Lendo nossas mentes? 58
Como dar apoio 59
Ajuda X soluções indesejadas 59
Ajuda construtiva 60
TPM — verdade ou desculpa? 61
As oscilações da TPM 61
O que fazer com a TPM 63

Capítulo IV
A insegurança feminina:
A verdade sobre a necessidade de segurança 65
Auto-estima frágil 65
Aleijadas pelos julgamentos 66
A auto-estima 68
Imagens distorcidas 69
Mulheres independentes e bem-sucedidas =
atraentes ou ameaçadoras? 71
Respostas inteligentes para perguntas idiotas 73
As perguntas 73
As respostas 74
"No que você está pensando?" 76

Como apaziguar a insegurança da mulher 76
    Pare de criticar a aparência dela 77
    Ajude-a a relaxar com o próprio corpo 78
    Não jogue nela os seus próprios problemas 78
    Aceite que ela é humana 78
    Reafirme que ela está ótima do jeito que está 79
    Acrescente algumas palavras aos seus atos 80
    Diga as coisas boas que você sente 80
    Valorize-a no que ela tem de melhor e diga-lhe isso 81

Capítulo V
O descompasso emocional:
    Como lidar com os sentimentos sem perder o controle 83
    Como compreender as reações emocionais de uma mulher 84
    A educação da mulher 84
    A raiva na mulher 85
A fama de "sem coração" 87
    Frieza repentina 87
    Personalização 90
    Emoções práticas 91
Qual é o grande problema de manter as emoções escondidas?
Vou contar a vocês! 91
    O estoque 92
    Emoções que jogam os homens "para baixo" 93
    Emoções feridas/más escolhas 95
    Mulheres que brincam de terapeutas 96
    A segurança de uma terapia 96
    Abrindo as entranhas 97
    Controlando a necessidade de controlar 98
    Sobre a necessidade de controlar 98
    Como controlar os medos 99
    Uma agenda para dois 100
Como ficar mais em contato com as próprias emoções
de um jeito confortável 101
    Quatorze passos para o bem-estar emocional 102
    Viva o presente 107
    Mostre as suas emoções 108
    A prática do perdão 110
    Mais dicas para ter emoções saudáveis 111

Capítulo VI
Quebra na comunicação:
    Encontrando uma linguagem comum 113
    O que é uma boa comunicação? 113
    Dialetos diferentes 114

As necessidades da comunicação 114
Estilos de comunicação 115
Uma boa comunicação 116
Os dez mandamentos da boa comunicação para homens 116
Diferentes estilos de ouvir 120
A importância de ouvir 120
"Ouça o que estou dizendo" = dê-me toda a sua atenção 121
Por que as mulheres falam tanto? 122
A dinâmica da repetição 123
Falar ao telefone 124
Mais paredes 124
Desentendimentos saudáveis 126
Os benefícios dos desentendimentos 126
Como trabalhar os problemas 128

CAPÍTULO VII
Programações de vida:
Desfazendo-se das expectativas 131
Expectativas irreais 131
Uma porção de programações 132
Os fazedores de programações 133
Diferentes agendas para o sexo 134
A atração da segurança 135
Julgamento rápido 135
As duas medidas do lado feminino 136
Case-se comigo, case-se comigo! 137
O senhor conserta-tudo 139
Mulheres estragadas 139
Mulheres saudáveis 140
Autonomia X possessividade 141
Por que elas não conseguem encontrar o que fazer? 141
A luta por espaço 142
Assistir a jogos esportivos 144
Cinco dicas para você curtir o jogo
sem alienar a companheira 144
Assumir ou não um compromisso 146
Medo do compromisso 146
Não espere perfeição 147
Perfeição — é isso que você busca? 147

CAPÍTULO VIII
Aprimorando seu charme:
Explore ao máximo seu poder de sedução 149
A boa aparência tem um longo caminho a percorrer 149
Consultoras de imagem 150

Higiene perfeita 151
A verdade sobre o tamanho do pênis 152
O tamanho "dele" 152
O machão *versus* o legal 153
Homem másculo X machão estúpido 154
O que é um cara legal? 154
Recomendações para os caras legais 155
Atitudes atraentes 156
Como lidar com a insegurança 157
Como desenvolver um sentido positivo do eu 158
Dez passos que você pode dar para se sentir melhor consigo mesmo 158
O que atrai as mulheres 161
Faça com que uma mulher se sinta bem ao seu lado 161
Dê a ela importância igual 162
O que as mulheres mais querem dos homens? 162
Um homem capaz de rir 163
Alguem que esteja a fim de crescer como pessoa 163
Um homem que consiga equilibrar bem trabalho e lazer 163
Um homem que trate bem a companheira 163
Um homem decidido 164
A abordagem 164

Capítulo IX
Assumindo o seu lado romântico:
Receber o prêmio pode ser ótimo 165
O que é o romance? 165
Como ser mais romântico 167
São as pequenas coisas que contam — de novo! 167
Deixe bilhetinhos 168
Planeje uma noite para paparicá-la 168
Dê-lhe carinho, espontaneamente 168
Diga alguma coisa que mostre que você aprecia um aspecto em especial da personalidade dela 168
Crie uma data romântica 168
Telefone só para dizer "oi" ou "boa-noite" após um encontro 168
Ocasiões especiais 169
Aperfeiçoe seu beijo 169
O que é um bom beijo? 170
Como preparar a base 172
Dicas para ser um grande beijador 173
A paciência durante o sexo 174
A amizade entre os parceiros 174
Romanceando a intimidade 175

10 *Como Agradar uma Mulher na Cama e Fora Dela*

CAPÍTULO **X**
Travessa, mas, ainda assim, maravilhosa:
  Desfrute da mulher sensual 177
  Com pressa de fazer sexo 177
    Quando é hora de fazer sexo? 178
    Estereótipos sobre o sexo muito precoce 178
  Desejos conflitantes 179
    Aproximar-se/evitar uma mulher sensual 179
    Boas moças podem ser quentes e gostar de sexo 182
  Ajude sua companheira a se soltar 183
    Vergonha & sexualidade 184
    Comunicação na cama 185
    Apoiando a sexualidade feminina 186
    Fantasias sexuais 187

CAPÍTULO **XI**
O orgasmo impreciso:
  A dinâmica da sexualidade feminina 189
  O que está errado com a pergunta: "você gozou?" 189
    A ansiedade da performance feminina 189
    Mas, afinal, o que é um orgasmo? 191
  Orgasmos simulados 191
    A pressão das mensagens 192
    Por que as mulheres fingem o orgasmo? 193
    Como as mulheres fingem o orgasmo? 195
  Considerações sobre a sexualidade feminina 196
    O corpo e a mente 196
    Masturbação 199
    A dinâmica para agradar à mulher 200
    Um ambiente favorável ao orgasmo 201

CAPÍTULO **XII**
Quente e sexy:
  Como esquentar uma mulher 203
  Preservativos 204
    Por que usar um preservativo? 204
    Como dissipar os argumentos para não usar
    um preservativo 205
    "Gente boa não pega doença" 205
    "Não é tão bom com aquela 'capa'!" 205
    Eu não deveria confiar nela, já que estamos namorando?" 205
    "O preservativo afeta a minha ereção." 206
    "Pensar em pegar uma doença faz lembrar os outros
    homens do passado dela." 206

"Uso preservativo, sim, mas não quando estou namorando firme." 206
O aquecimento 207
A importância dos carinhos preliminares 207
A sedução das palavras 208
Preliminares satisfatórias 209
Como esquentar uma mulher 209
Sensualidade e paixão 210
Mas o que é a paixão, exatamente? 211
Os muitos aspectos das preliminares 211
Petiscos 211
Salada 212
Entrada 213
Prato principal 214
O que fazer ao atingir o prato principal 215

CAPÍTULO XIII
O mapa dos pontos quentes:
Como enlouquecer uma mulher 217
Anatomia de um grande amante 218
Grande amante número 101 219
Grande amante número 201 220
Grande amante número 301 221
Os pontos sensíveis estão em toda parte! 221
As maravilhas do seio 222
O corpo como uma zona erógena 223
Como encontrar o clitóris e brincar com ele 223
O itinerário genital 224
Como tocar a adorável ervilha 224
Prove o gosto da adorável ervilha 226
Sexo oral fantástico 226
O ponto G 228
Existe mesmo esse tal ponto G? 228
A ejaculação feminina 230
Os melhores caminhos para o orgasmo 230

CAPÍTULO XIV
Sexo total:
Como ser o amante que ela sonha ter! 235
Como deixá-la mais à vontade para fazer sexo oral com você 236
Sexo oral em pequenas doses 237
"O que posso fazer para satisfazê-la durante a penetração?" 238

Orgasmo vaginal X orgasmo clitoriano 239
Como isso funciona? 239
Desenvolva o seu sistema de "Radar do Clitóris" 240
Orgasmos simultâneos 241
Como manter por mais tempo a ereção 241
A cabeça controla o corpo 242
Como controlar a ejaculação? 243
A melhor transa que ela já teve na vida 244
Algumas transas complicadas 244
A insignificante e tão usual posição "papai-e-mamãe" 246
Você sorrindo embaixo e ela em cima 247
Estilo "cachorrinho" 249
Outras posições 250
Prazeres anais 251
Depois do amor 252
Mais diversão 253
Sexo de manhã 253
As rapidinhas 254
Sexo nos lugares certos 255
Qual é o lugar certo para o sexo? 255
Estímulos comestíveis 256
Acessórios 257
Sexo durante a menstruação 257

Capítulo XV

Para terminar: 259
Trabalhe com a parceira 259
Não espere viver em harmonia todo o tempo 259
Mantenha a conexão com ela 260
Reserve um tempo para vocês dois 260
Faça da amizade a sua prioridade 260
Curta o sexo como uma faceta do relacionamento 260
Tenha tempo para intimidade 261
Não use o sexo como um instrumento para ter o que quer ... 261
Não use o sexo para solucionar os problemas 262
Como usar as suas novas ferramentas 262

INTRODUÇÃO

Os homens costumam evitar livros de auto-ajuda e cursos de crescimento pessoal como se fossem uma praga e por boas razões: isso é considerado "coisa de mulher" e eles querem manter intacta a masculinidade; as mulheres querem empurrá-los para os livros de auto-ajuda — eles não gostam que lhes digam o que fazer; sabem que são diferentes das mulheres —; têm consciência de que o que funciona com elas não funciona com eles. Concordo.

Você deve estar cético sobre o que eu, uma mulher, posso lhe ensinar sobre como agradar ao meu próprio sexo. Não o condeno. Então, vou lhe dizer de cara que eu amo vocês, os homens, sinto-me feliz por vocês existirem e respeito suas diferenças em relação a nós, mulheres, e não pretendo mudar a essência básica. Está ótimo do jeito que é!

Este livro respeita o seu direito de ser um homem — o seu direito de ser diferente de nós, o seu direito de ter as suas idiossincrasias exatamente como nós temos as nossas, o seu direito de não seguir os caminhos que lhe forem ditados. Acredito que vocês possam conviver melhor com as mulheres sem o sentimento de que precisam se vender aos nossos caprichos.

Você não gosta do conceito de auto-ajuda? Pois desenvolvi um tipo de apoio diferente especialmente para você. Meu método o fortalecerá, dando-lhe os instrumentos necessários para resolver os problemas ao interagir com as mulheres. No lugar do jeito tradicional de aproximação, vou ensinar técnicas dos meus *workshops*. Minha intenção é ajudá-lo a ampliar as fronteiras da educação que você recebeu, enquanto homem. Mais flexibilidade permite uma aproximação nova (ou revista) no trato com as mulheres. Mediante sua abertura para uma revisão do caminho do entendimento do gênero feminino, você poderá desfrutar tudo que tem direito de um relacionamento mais feliz e solto com a mulher da sua vida — e provavelmente ter um sexo mais prazeroso! Como isso pode ser algo ruim?

Quando escrevi meu livro "Todos os Homens São Idiotas — até que se Prove o Contrário", os homens, volta e meia, pediam para dar uma olhadinha nos manuscritos. Erroneamente, presumi que eles queriam ver se eu não os estava massacrando (é claro que não!). Na realidade, eles estavam procurando dicas para melhor entender as parceiras.

Alguns pensaram que, lendo meus conselhos, poderiam ter uma idéia melhor de como agradar às mulheres.

O que as mulheres querem?

Vocês estão sempre me fazendo essa pergunta, sobretudo porque sempre nos acharam difíceis de entender.

A verdade é que as próprias mulheres ainda estão tentando saber o que é que elas querem. Muitas de nós ainda não compreenderam perfeitamente como lidar e crescer com a liberdade que temos a oportunidade de vivenciar.

Como poderemos, então, dizer o que queremos, se nós mesmas não sabemos a resposta? Ideologicamente, podemos até saber do que gostamos ou não, mas enfrentar o sistema e ir buscar o que se quer, dá medo. Nossas reações aos nossos conflitos internos podem deixar vocês, homens, malucos. E por que não? Elas também nos deixam malucas!

Encontrar-se é uma atitude que pode ser confusa para muitas mulheres, inclusive para mim. Queremos independência, mesmo quando ainda dependemos muito de vocês para a nossa felicidade. Queremos ser assertivas e confiantes, apesar de recebermos mensagens de vocês, informando que isso não é muito feminino. Queremos ser iguais a vocês, embora não saibamos como. Sabemos que não queremos tratamento especial, apesar de precisarmos nos sentir especiais. Rapazes, estamos dando um duro danado para ficar de bem com nós mesmas. Por favor, tenham paciência conosco!

A programação original feminina — as mensagens que recebemos enquanto crescemos — ensina que uma mulher precisa de um homem para ser completa, de modo que ela procura nele a satisfação das suas necessidades e vê nele a fonte da felicidade. Muitas mulheres não conseguem se desligar de velhos dogmas, mesmo quando desejam, exatamente como muitos de vocês. Assim, elas confundem os homens que sinceramente querem entendê-las e às suas necessidades, uma vez que elas mesmas não compreendem. Que dilema!

Em vez de resolver os problemas, o crescimento pessoal das mulheres pode criar mais problemas, por causa do grande desequilíbrio que cria entre os dois sexos. Enquanto elas trabalham duro para buscar o crescimento, muitos homens estão aí, parados. Reclamam que as mulheres são exigentes, que são criaturas irracionais, mas lidam com os problemas esperando que eles se resolvam e saiam da frente. Enquanto assistimos a aulas e lemos livros, muitos homens vão ficando cada vez menos equipados para lidar com as saídas que elas criam. Os homens precisam de ajuda, mas não se sentem à vontade para recebê-la. Talvez tenham sido educados para manobrar as coisas por conta própria, ou então o ego os empurra a simplesmente agüentar as situações difíceis e ter paciência com as mulheres. Assim, eles lutam sem ter uma pista de como agradá-las, enquanto elas esperam mais deles.

Eis um bom motivo para você continuar lendo "Como Agradar uma Mulher na Cama e Fora Dela". Você sente que está travando uma árdua batalha contra as mulheres sem ter nenhuma arma? Elas estão aproveitando o conhecimento de cursos e livros de auto-ajuda mais depressa do que eles conseguem lhes dar as costas. Então, enlouquecem os homens com seus pedidos e regras. Elas estão se armando, enquanto eles se retraem.

Acredito que homens e mulheres podem viver juntos em paz e mesmo em harmonia. Podemos aprender a desfrutar o prazer que um dá ao outro na cama de uma maneira tão intensa que você pensou que só existisse na sua fantasia. Isso exige esforço e comunicação de cada um dos parceiros; pede compreensão e respeito às necessidades do outro. Se você continuar esperando que *ela* aprenda alguma técnica mágica capaz de transformá-la na mulher dos seus sonhos, espere sentado. Você não vai querer esperar o restante da vida em pé.

Eu sempre quis escrever para homens, mas me diziam: "Homens não compram livros de auto-ajuda". Sim, auto-ajuda é vista como coisa de mulher, mas quando comecei o curso "Nice girls on top", os homens estavam sempre me perguntando quando eu daria um curso voltado para as suas (deles) necessidades. Comecei "Nice guys on top" em 1993, que evoluiu para os *workshops* "Guybercize".

Os homens costumam desfrutar especialmente da camaradagem que resulta quando compartilham suas frustrações com as mulheres. Os participantes deixam o curso com os olhos incrivelmente abertos, como se alguém tivesse acendido uma luz dentro deles. Costumam demonstrar maior gratidão do que as mulheres, que têm inúmeras avenidas para trilhar. Foram os homens que fizeram o meu curso e que realmente me incentivaram a escrever este livro.

"Como Agradar uma Mulher na Cama e Fora Dela" oferece um perfil da psique feminina. Dirigi as perguntas mais comuns e as queixas dos homens e incluí a opinião de muitas mulheres. Respostas positivas e técnicas usadas pelo homem para agradar às mulheres estão aqui com as próprias palavras que ouvi. Embora eu odeie estereótipos, incluí aqui as crenças mais comuns, as expectativas, as necessidades e as diferentes maneiras de pensar, para ajudá-lo a entender a dinâmica entre homens e mulheres. Conto da maneira mais honesta possível o que conferimos, pensamos, almejamos ou detestamos no sexo, quais as atitudes que nos deixam loucas. Por favor, tenham paciência conosco. Nós todos temos um longo caminho pela frente, mas é possível assumirmos um compromisso bom para as duas partes.

Reza o padrão que vocês são famosos por evitar, a qualquer preço, auto-ajuda e terapia (falaremos mais sobre isso no Capítulo 1). Infelizmente, o custo pode ser o seu atual relacionamento, ou um relacionamento em potencial com uma parceira adorável, maravilhosa, que o ampara com amor. O homem estereotipado adora ter nas mãos os instrumentos necessários para fazer e consertar as coisas. Pense que este livro o proverá com os instrumentos em forma de conhecimento, compreensão e dicas práticas para se relacionar melhor com as mulheres. Sei que, às vezes, somos difíceis, mas existem razões e um possível comprometimento.

Abra-se um pouco e poderá aprender alguma coisa. Você sabe que, quando tira um tempo para agradar uma mulher, ela provavelmente *lhe* agradará muito mais. Nós adoramos dar quando não nos sentimos obrigadas. Adoramos satisfazer/agradar/papariicar alguém que sabe que está sendo papariicado e reconhece isso. Adoramos principalmente dar prazer quando estamos satisfeitas na cama. Um homem me disse: "Quando você satisfaz uma mulher primeiro, ela lhe dá muito mais em troca".

É assim que as coisas normalmente funcionam. Dê-nos sexo satisfatório e muitas de nós serão capazes de fazer o impossível para vê-lo feliz. Em outras palavras, trate-nos bem e você, em troca, provavelmente será tratado como um rei.

Sou franca e direta neste livro. Você pode ficar vermelho e mesmo um pouco chocado, mas eu só estarei sendo honesta, sempre. Entrevistei homens e mulheres para ter uma ampla perspectiva do local exato da confusão, nos dois lados da cerca (e da cama) e oferecer as sugestões pedidas. Os truques, ardis, trapaças, vantagens e caminhos alternativos para negociar com a parceira estão incluídos. Se os velhos caminhos não estão mais funcionando, por que não tentar alguma coisa nova? Um livro de auto-ajuda não vai matá-lo, embora ele possa lhe ajudar a matar muitos problemas no seu relacionamento e acrescentar um pouco de tempero à sua vida. Você pode obter grandes resultados vencendo a batalha da compreensão das necessidades femininas, em vez de ignorá-las ou responder com desdém ou rejeição.

Leia este livro e aprenda novas maneiras de lidar com velhos problemas. Experimente.

Você vai gostar de ter menos críticas e mais sorrisos. Experimente.

Desfrutará mais da companhia dos amigos, se ela não ficar o tempo todo implicando. Experimente.

Você ficará aliviado ao perceber que sua mulher não é um caso de loucura irracional, quando souber de onde vem a sua insegurança. Experimente.

Sei que você adoraria a possibilidade de ter mais sexo e desfrutá-lo ainda mais, porque finalmente você sabe o que ela quer. Experimente.

Introdução   17

Um pouco mais de leveza no relacionamento não vai machucá-lo! Você poderá desprender menos energia tentando agradá-la, porque o que você fizer será, mesmo, uma vez só!

"Como Agradar uma Mulher na Cama e Fora Dela" é dedicado a todos os homens que fizeram cursos comigo e a todos vocês que se importam o suficiente para ler este livro. É preciso que um homem tenha a coragem de quebrar padrões antigos e se abrir para trabalhar no crescimento pessoal. Meu aplauso para todos vocês!

CAPÍTULO I

VOCÊ NÃO CONSEGUE RESOLVER SOZINHO TODOS OS PROBLEMAS:

Os benefícios da ajuda

Você está saindo com uma mulher que realmente lhe agrada. Ela parece diferente das outras com quem esteve envolvido. Desta vez, você está determinado a fazer tudo direito! Você se esforça para lhe telefonar regularmente, levá-la a lugares agradáveis e fazer coisas que mostrem como você se preocupa com ela. Você é capaz de fazer as coisas de um jeito diferente só para agradá-la, mas justamente quando seu orgulho e sua satisfação consigo mesmo atingem o cume, ela o acusa de não estar se comunicando, de ser controlador e de agir como quem não se importa. Você se pergunta: "Como foi que isso aconteceu? O que há de errado comigo? O que as mulheres querem? Será que vou precisar fazer tudo do jeito dela, se quiser ficar com ela? Será que nunca conseguirei fazer nada direito?".

Estamos vivendo o começo de um novo milênio — homens e mulheres precisam se relacionar melhor! Não é difícil, se eles tiverem os instrumentos necessários e o entendimento do lugar de onde vêm os hábitos e padrões delas. Quando um homem não consegue falar sobre algumas coisas que a companheira faz, ele estará "cutucando" o que incomoda — e não apenas a ele, a ela também! Eles estarão "dando nos nervos" *um do outro*.

Deixe-me ajudá-lo a entender as diferenças e idiossincrasias entre os sexos, porque eu, sinceramente, acredito que, quando sabe de onde elas vêm, você poderá ser menos rígido nas suas reações.

Muitos homens reagem aos seus problemas com as mulheres ignorando-os. Ora, eles não nasceram com os utensílios para lidar com elas, essas criaturas complicadas! Muitos homens não querem fazer as coisas do jeito delas. Bem, não têm mesmo obrigação!

Este livro pretende lhe ajudar a descobrir o *seu* próprio jeito para fazer com que as coisas funcionem! Muito do que vou falar não será novo para você, mas tenha paciência comigo: quero colocar um enfoque novo em tópicos já conhecidos.

Deixe que o potencial para ter sexo melhor e mais freqüentemente o motive a seguir em frente e ultrapassar os padrões enrijecidos.

PRESTE ATENÇÃO AGORA E DEIXE PARA SORRIR DEPOIS!!! Este capítulo entrará nos detalhes do motivo pelo qual você precisa estar melhor equipado para conviver em harmonia com as mulheres.

Razões para se abrir

São muitas razões pelas quais abrir-se às sugestões que este livro lhe dá. Eis algumas:

1. VOCÊ ESTARÁ NO CONTROLE DAS SUAS EMOÇÕES EM RELAÇÃO ÀS MULHERES

As mulheres estão desenvolvendo habilidades para ter o que querem mais depressa do que os homens conseguem ignorá-las. Considerando-se que elas querem um homem, eles ficarão em desvantagem se não tiverem os instrumentos necessários para colocar as suas próprias necessidades de encontro às delas. Quero que você seja tão feliz quanto for possível!

2. VOCÊ SE SENTIRÁ NO CONTROLE DAS PRÓPRIAS REAÇÕES EMOCIONAIS

As mulheres têm um sistema de apoio para lidar com as emoções que os homens não têm. Adquirir instrumentos para lidar com a parceira de maneira que você possa se sentir mais forte e produtivo é mais satisfatório do que defender-se da repercussão de um comportamento ditado pelas sensações de medo, angústia ou dor. Não há de ser tão difícil assim, uma vez que minha técnica o levará a encontrar o seu próprio caminho!

3. VOCÊ TERÁ RESPOSTAS MAIS EFICIENTES PARA AS PERGUNTAS, NECESSIDADES E ACUSAÇÕES QUE AS MULHERES POSSAM LHE LANÇAR

Elas estão sempre pedindo um monte de coisas. Existem pequenas coisas que podem apaziguá-las e acalmar a pressão exercida sobre vocês. Eu lhe darei mil sugestões para fazê-las felizes, de modo que você poderá aproveitar a vida não apenas com uma mulher mais satisfatória, mas também segura.

4. VOCÊ PODERÁ TER MAIS ATIVIDADES INDIVIDUAIS SEM OUVIR RECLAMAÇÕES E COBRANÇAS

Uma mulher, normalmente, quer passar mais tempo com o seu amado do que ele com ela, de modo que, para ele, estar com os amigos ou simplesmente fazer o que quer, às vezes, pode ser como ir para a guerra. Sua vida pode tornar-se mais divertida quando você compreender por que a companheira espera tanto de você — e você ainda poderá estabelecer acordos com ela e ajudá-la a cumpri-los!

5. SEXO MAIS QUENTE E FREQÜENTE É O AGRADÁVEL RESULTADO DE QUANDO UMA MULHER SE SENTE AGRADADA FORA DA CAMA

Freqüentemente, as mulheres não são tão envolvidas com sexo quanto os homens. Quando um homem consegue fazer uma mulher feliz, satisfazendo algumas das suas necessidades mais urgentes (o que, muitas vezes, requer um mínimo de esforço!), ela se torna mais dócil e é mais fácil para você fazer amor com ela. Quero que você tenha uma vida sexual fantástica!

6. SEXO MAIS QUENTE E FREQÜENTE É O AGRADÁVEL RESULTADO DE QUANDO UMA MULHER SE SENTE AGRADADA NA CAMA

O corpo da mulher é complicado. Aprendendo as suas dinâmicas, você poderá aumentar o prazer da parceira em 1.000%. Eu lhe darei os melhores instrumentos para atingir esses objetivos. Quero que você tenha uma vida sexual mais plena! Quero que você viva sorrindo!

Conviver em harmonia com as mulheres — do seu jeito, não do delas

As mulheres fazem coisas que parecem tolas aos olhos dos homens. Precisam de coisas que parecem irracionais. Não podem mascarar o pensamento. Ficam amuadas, criticam, reclamam. Concordo, algumas são culpadas quando acusam, mas não se esqueçam das coisas boas que elas trazem para vocês. É isso que equilibra as contas. Saber de onde vem o que você não gosta o ajudará a lidar com isso.

Acho que você *não deve* mudar só porque uma mulher pediu — acho que deve crescer como pessoa. Eu lhe mostrarei as maneiras de fazer a sua parceira mais feliz dentro da área de conforto que você demarcou para si mesmo e a não vender barato as suas necessidades. Acredito que a chave para agradar uma mulher seja "compreensão e compaixão".

Compreensão

Dar-se bem com as mulheres começa com a compreensão. Intuir de onde vêm os atos, ações, reações e necessidades dela o ajudará a perceber que eles não são necessariamente irracionais, desleais ou impossíveis de atingir. Um ótimo jeito para conhecer uma pessoa é colocar-se no lugar dela. Eu lhe pedirei regularmente que tente ver as coisas pelo ângulo que ela vê e, assim, você saberá melhor como a parceira se sente, tornando mais fácil aceitar as necessidades e ações *dela*.

A compreensão é o elemento catalisador das mudanças num relacionamento. Os homens são mais pragmáticos e precisam saber "por quê?" antes de levarem alguma coisa a sério. Minha intenção é lhe explicar por que as mulheres são do jeito que são, de modo que você possa realmente conhecê-las do ponto de vista da sua própria compreensão. Então, perceberá que elas não são malucas e têm razões lógicas e legítimas para as suas inseguranças, medos e programações. Esta compreensão o levará à compaixão.

Compaixão

Este é o seu instrumento principal: a chave para viver melhor com as mulheres é a compaixão.

Compaixão é usar a compreensão para desenvolver mais paciência, tolerância e empatia pelas necessidades dela, em vez de apenas rotulá-las de "coisas de mulher". Se você conseguir desenvolver ou ampliar a sua capacidade de sentir compaixão pela parceira, todas as outras coisas irão para o seu lugar. Esta é a habilidade crucial exigida em um relacionamento de sucesso. A compaixão é o lubrificante dos outros utensílios. É como o óleo para o carro — uma máquina enrijece-se e não consegue funcionar sem óleo. Suas emoções e respostas vão reagir da mesma maneira se você não tiver compaixão.

O que é a compaixão?

Minha interpretação para a compaixão em um relacionamento é separar ações e situações no cuidado com o bem-estar ou a felicidade da parceira. É pensar: "Posso não concordar com as necessidades dela, mas se isso é importante para ela e ela é a mulher que eu amo, farei um esforço para entendê-la e ajudá-la".

Quando você entende de onde vêm as necessidades e os atos dela, sua capacidade de sentir compaixão aumenta.

Esse aprendizado deixou Gordon entusiasmado e ele nos confidenciou:

> Sempre acompanhei meus amigos quando gozavam das mulheres. Brincávamos que elas eram irracionais com as emoções. Imitávamos o jeito delas pedindo elogios e pensávamos nelas como seres inferiores — você sabe, essas besteiras de macho. Eu nunca tinha entendido por que as mulheres eram diferentes e as coisas que elas fazem e nos aborrecem eram acopladas a essas diferenças. Nunca

tinha compreendido por que elas dão tanta importância às pequenas coisas. E, francamente, antes de me unir a este grupo, eu nunca tinha me preocupado com isso. Eu me sentia superior à minha mulher e gostava desta posição. Agora, eu a entendo melhor. Você tem razão, eu a amo e quero fazê-la feliz. Nunca fui de lhe fazer muitos elogios; agora que eu sei que ela precisa disso, procuro me lembrar de fazê-los. Gosto de me sentir capaz de agradá-la de maneiras que sejam mais confortáveis para mim. Eu achava que compaixão era uma palavra de mulher; hoje, pensando em como a Shirley é importante para mim, me sinto motivado a fazê-la feliz.

Compreender por que ela pede certas coisas acende a chama da compaixão em mim. Agora, sei que ela não é exagerada ou pouco razoável — está apenas seguindo a programação que lhe foi imposta. Não posso dizer aos meus amigos que tenho uma "caixa" cheia de técnicas para viver melhor com a minha mulher, mas gosto de saber disso. Você enfatizou que muitas coisas que a gente faz e que tanto incomodam as mulheres não são boas para nós também e eu concordo. Ter consciência da minha raiva me ajuda a parar de jogá-la sobre a minha mulher. Encontrei melhores maneiras de lidar com isso e nós conversamos mais. Mal consigo acreditar em como estamos felizes, desde que eu comecei a ver as necessidades dela com mais seriedade.

Você começou a perceber como a coisa funciona? Você pode ser uma pessoa mais saudável para si mesmo e para a parceira, sem ter de trabalhar duro ou mudar o seu jeito de ser. Eu lhe darei a chave da compreensão: por que fazemos coisas que deixam vocês malucos; por que exigimos coisas que não fazem sentido para vocês; por que criticamos e deixamos as emoções controlar as nossas decisões; por que precisamos de tanta reafirmação; por que, freqüentemente, parece que nada disso funciona. Você estabelece os seus próprios atos e limites.

Após o seminário, Jason contou:

Achei que você tivesse ficado louca, quando introduziu o seminário "Guybercize". Meu irmão me trouxe ao *workshop* e eu estava, no mínimo, cético. Todo o processo parecia bobo. Por que os homens não podem apenas ser homens? Agora, eu entendo! É incrível como estou vendo minha namorada de um jeito diferente. Eu costumava não lhe dar muita bola, quando ela falava alguma coisa. Agora, eu ouço o que ela diz e começo a conhecê-la de maneiras que nunca pensei que fossem possíveis. Conversamos mais. Ela também está respeitando meus sentimentos e não espera mais tanto de mim. Muito bom ter algo só para homens. Eu nunca tentei seguir um curso convencional ou ler um livro sobre isso, achava que era coisa de mulher. Elas vêm buscando muito mais reforço para a sua força, enquanto nós estávamos parados. Hoje, me sinto fortalecido. Aprender como resolver os problemas com a minha garota e não me sentir vendido é gratificante!

A compaixão o habilita a ser mais sensível às necessidades e sentimentos das mulheres. Compreendê-las com compaixão lhe permite fazer escolhas — você sabe como seus atos ou a falta de respostas nos faz sentir.

Jenna disse: "Quero um homem que saiba como reter a virilidade e a força, enquanto se torna um ser humano cheio de compaixão".

Ser um homem sensível aos sentimentos da companheira deixa-o mais forte, não o torna um fraco.

Buscando o próprio conforto

Por que tantos homens têm dificuldade de pedir ajuda? As mulheres "soltam" tudo, regularmente, quase para "qualquer um" que a ouça, falando sobre coisas que um homem jamais diria ao melhor amigo. Certo, às vezes elas exageram um pouco nessa de compartilhar problemas.

Você não precisa ficar igual a elas, mas até que os homens encontrem o seu próprio jeito de resolver os problemas, vão ficar fervendo em fogo brando entre ele e a companheira, impedindo-os de ser mais felizes.

Os homens reclamaram que existem inúmeras organizações para ajudar e fortalecer as mulheres e nenhuma para eles, mas eles agem como se pensassem que não precisam de ajuda. Abra-se mais e você se sentirá mais poderoso para lidar com elas. Deixe-me ajudá-lo a encontrar o caminho!

Independência teimosa

Alguns homens sempre mantiveram o que decidiram que é certa inadequação para eles mesmos. Isso traz subentendido — de uma maneira mais ou menos sutil — certas mensagens sobre como resolver os seus próprios problemas. Vocês dizem que se sentem embaraçados, inadequados e/ou envergonhados ao solicitar ajuda. Muitos de vocês preferem perder uma mulher a pedir conselhos a alguém. Kate contou:

> Shane preferia morrer a admitir que não podia lidar com alguma coisa. Nos negócios, era sócio do irmão, mas desde que este faleceu, Shane se fechou. Sei que ele está muito aflito, mas não fala sobre isso. Vem brigando com todo mundo e tornando um inferno a vida dos que trabalham com ele. O pai poderia ajudá-lo por um tempo, mas ele diz que é capaz de fazer tudo sozinho. Só que não é verdade. O gerente da firma me disse que Shane não tem muita familiaridade com certos procedimentos, mas ele é teimoso demais para pedir ajuda. Assim, os negócios estão sofrendo e Shane está sofrendo, porque

Você não consegue resolver sozinho todos os problemas   25

não consegue aceitar que alguém o ajude. Está tentando provar a masculinidade, enquanto deveria estar chorando a morte do irmão!

Os homens já tinham me prevenido que a parte mais difícil deste livro seria fazer com que eles admitissem que podem ter um problema, que não são perfeitos, que ELA pode não ser totalmente responsável pela tensão entre o casal e que eles nem sempre têm razão.

Por favor, me ouçam! Deixem a luz entrar dentro das suas cabeças! Vocês ainda serão amados quando removerem a venda dos olhos e derem uma olhadinha na maneira como interagimos com vocês. De fato, as mulheres provavelmente lhes darão mais amor, mais cooperação e sexo melhor ainda!

Vocês foram ensinados a negar os problemas. Agora, sejam homens e me ouçam: sem problemas, não serão humanos. Muitas vezes, as mulheres acham que um computador é mais humano do que vocês. É claro que todo mundo sabe que isso é ridículo, mas muitos de vocês não admitem que são pelo menos parcialmente responsáveis pelos problemas do relacionamento, tornando muito difícil melhorar as coisas. Se os reconhecerem, serão obrigados a resolvê-los. Até agora, vocês não tinham tido os instrumentos necessários para um bom relacionamento, então, era mais fácil negar a existência dos problemas.

Glenda nos relatou sua experiência, quando, finalmente, conseguiu convencer o marido Jim a aceitar fazer uma terapia de casais.

> Jim relutou a ir. Eu já estava fazendo terapia, mas ele precisava ser envolvido para que realmente pudéssemos salvar nosso casamento. Jim vivia reclamando de mim. Após a primeira sessão, nosso terapeuta disse: "Você deveria fazer uma terapia individual". Ele reagiu na hora, informando que sabia que eu precisava de ajuda e que eu já estava em tratamento. Quase caí da cadeira de tanto rir, quando o terapeuta disse: "Não estou falando dela; estou me referindo a você". Jim ficou chocado e começou a contar tudo que ele investia no relacionamento, insistindo que a culpa era toda minha. O terapeuta explicou que um relacionamento é feito por duas pessoas e que eu estava realmente me esforçando para buscar as minhas saídas; encorajou-o a, pelo menos, admitir este fato, mas até hoje nem isso ele conseguiu.

Os problemas no relacionamento não se referem a quem é o culpado. As crianças apontam o dedo na cara do amigo para pedir a devida punição, mas nós não somos crianças. Pense nos problemas como "situações", em vez de levar as coisas para o lado pessoal. Se ela está criticando muito alguma coisa, o problema não está nela, mas no que ela está criticando e na sua reação às críticas dela; em última análise, o problema está no que essas críticas estão fazendo com o relacionamento. Se você precisa de mais espaço e ela não consegue lidar com isso, o problema não é você, mas a maneira como você está esfriando e a resposta dela à situação. Pense em termos de atos, em vez de *ela* ou *eu*.

Um relacionamento é feito de duas pessoas e de suas "coisas" interagindo. Se uma parte está fazendo alguma coisa com a qual a outra parte não consegue lidar, o problema está nos dois lados. Trabalhar juntos na busca de maneiras mais confortáveis para lidar com as "coisas" de um e do outro trará mais harmonia do que apontar o dedo no nariz e acusar.

Lembre-se: quando existe um problema entre duas pessoas, os dois estão envolvidos. Isso significa que você também está envolvido! As mulheres não podem ser culpadas por todos os problemas. Vocês precisam de saídas para as suas emoções e, até agora, não apenas não têm boas saídas — vocês não têm nenhuma saída! Talvez seja essa a razão por que tantos homens abusam fisicamente de suas famílias. Deve ser mais fácil bater numa mulher do que sentar e discutir o problema.

Emoções não assumidas

Como as mulheres funcionam de um jeito mais emocional do que a maioria dos homens (veja mais sobre isso no Capítulo 5), elas têm instrumentos que as ajudam a deixar as coisas para trás e continuar seguindo o caminho. Muitas têm um sistema de apoio formado pelas amigas para trabalhar o problema.

Lidar com problemas pode ser difícil, se você não tem os instrumentos necessários, e a maioria dos homens não tem esse mesmo suporte dos amigos.

Bob contou na classe:

> Bonnie e eu estamos juntos há dois anos. Ela sempre quer me fazer falar sobre a relação, mas eu evito. As coisas estão ruins, mas eu não sei o que fazer. Falar me deixa nervoso. Ela sempre sabe exatamente onde está o problema e o que fazer. Eu não vejo as coisas como ela, então, caio fora. Meu pai diz que as mulheres são assim mesmo: adoram analisar e trabalhar para melhorar o que deve ser deixado quieto. Sinceramente, não sei. Ela quer fazer terapia de grupo, mas eu não vou, de jeito nenhum! Não consigo conversar sobre meus fracassos nem com ela, como vou contar para um estranho? Me sinto um fiasco — e não sei como ajudar o nosso relacionamento. Não quero perder a Bonnie. Talvez as coisas pudessem melhorar se eu conseguisse pensar como ela em soluções. Não gosto de ouvi-la quando me sinto perdido, de modo que ela vai continuar falando e eu vou continuar ignorando-a.

Isso lhe soa familiar? Você se sente um fracassado, se não tiver soluções? Só que isso é tão injusto! Os homens sequer receberam as ferramentas para lidar com os relacionamentos!!! Foi-lhes dito que cursos e livros de auto-ajuda não eram coisa de homem. "Os homens devem procurar a solução com os seus próprios recursos." É falso e você sabe disso! Ninguém pode saber tudo. Ainda que este *meu jeito de resolver* esteja mudando, a maioria de vocês vai escolher "manipular", cegamente e por conta própria, os dilemas femininos, com resultados mínimos. Como, tradicionalmente, os homens evitaram a auto-ajuda como se ela fosse uma praga, a maioria de vocês ainda lhe dá as costas.

O alívio do compartilhar

O tom dos meus *workshops* para homens é diferente. As mulheres ficam chocadas ao ouvir que há mais vínculos e camaradagem. Os homens adoram ouvir os companheiros dividindo os mesmos medos e frustrações que eles próprios têm. Assim que eles se sentem à vontade, ficam ansiosos para se expressar, também, e se instruir. Alguns deles já fizeram terapia. A maioria, não. Para a maior parte deles, esta é a primeira oportunidade para atingir o crescimento pessoal.

Jack admitiu na classe:

> Meu pai me desencorajava a reclamar das coisas que eu não conseguisse fazer, dizendo: "Dê um jeito". Ele disse para a minha mãe ignorar meus pedidos de ajuda e conselhos sobre meus problemas na escola. E quanto mais eu crescia, mais era pressionado para fazer o melhor sozinho. Eu me sentia ressentido, mas nunca tive coragem de desafiar meu pai. Até hoje sinto aversão por pedir ajuda. Minha mulher fica uma fera quando eu me fecho para os problemas. Ela já tentou me levar para um grupo de aconselhamento, mas que posso fazer? Sei que meu pai estava errado, mas não consigo conversar sobre nada sério. Gostaria de poder. Vim para este curso no auge do desespero, buscando uma maneira nova para lidar com as minhas dificuldades. É um alívio ver que tantos de vocês também lutam contra os mesmos problemas e também querem mudar. Pensei que tivesse alguma coisa errada comigo. É difícil desaprender o que me foi empurrado durante mais de trinta anos.

Você acha que é o único que quer expressar os sentimentos e não consegue? Coloque um foco de luz dentro de você. A maioria dos homens confessa sua pouca habilidade para derrubar paredes que foram construídas na infância. Eles também acham engraçado não terem uma solução que nos agrade. É claro que vocês podem, sim, fazer de tudo para se livrar da companheira ou apaziguá-la momentaneamente, mas ficarem um pouco mais esclarecidos sobre estes assuntos pode ser um alívio.

Homens, mulheres e crescimento pessoal

Todos os meus alunos querem saber o que as mulheres querem e como agradá-las. Sentem-se inadequados na cama e querem saber como lidar com as mulheres em todos os níveis.

As mulheres querem as ferramentas para lidar com os amigos, a família e os colegas. Os homens só querem falar sobre elas. Fazem bilhões de perguntas sobre as maneiras de agradá-las.

Discutimos, sugerimos, estimulamos, apoiamos. Vocês não compreendem por que elas não conseguem aceitar a dificuldade que têm em se abrir, mas é difícil para elas entenderem isso.

Cláudia me perguntou:

> Por que os homens têm tantas dúvidas quando falam de nós? Eu nunca tive um namorado com quem conseguisse conversar sobre os problemas. Minhas amigas e eu estamos sempre falando disso e encontrando as soluções. Parece que os homens evitam tudo que, de alguma forma, embaralhe o relacionamento. É tão fácil dizer o que se passa na cabeça da gente... Por que os homens não conseguem fazer isso? E por que eles ficam tão perturbados apenas ao ouvir, objetivamente? Quando eu tento discutir algo com o meu namorado atual, ele cai fora, fica defensivo e não consegue sacar nada. O que há de errado com eles?

Não há nada de errado com eles! As mulheres se expressam com mais facilidade do que os homens, apenas isso, o que não torna um sexo certo ou errado em relação ao outro, mas pode fazer com que ele se sinta errado. Elas ficam frustradas quando vocês não colocam seus problemas para fora. Tentam forçar um pouquinho. Criticam. Reclamam. Negam sexo. Quando não conseguem mais lidar com a frustração delas, os homens acabam fazendo alguma coisa que as deixa ainda mais aborrecidas. É muito mais divertido quebrar este círculo vicioso!

Por que preciso da ajuda de uma mulher?

As mulheres pensam, reagem, comunicam-se e têm necessidades que podem parecer completamente antagônicas na superfície. A parceria só funcionará se respeitarmos um ao outro. Permanecer no mesmo lugar e negar os problemas não fará com que o relacionamento entre os sexos melhore. Já a mudança de direção tem alguma chance. Seu mapa está nas páginas seguintes.

O jeito masculino X *o jeito feminino*

As mulheres gostam de atacar de frente o problema a ser resolvido, independentemente de qual seja: excesso de peso, problemas no trabalho, compras importantes. Agem igual ao que fazem com tudo em sua vida. Os homens atacam um jogo de futebol ou uma discussão sobre política com entusiasmo. As mulheres se adoram umas às outras, se odeiam, morrem de ciúmes. Muitos homens provavelmente nunca chegam perto deste nível de profundidade com o outro; ficam felizes provavelmente só por estarem juntos e se divertirem. Elas não conseguem compreender quantos homens acham difícil se conectar em um nível mais emocional, já que para elas isso é tão natural.

Conversar cara a cara com um amigo pode ser mais confortável. O jeito masculino pode virar uma atitude de machão, quando faz parte de um grupo. A maioria de vocês não se sente bem sendo o primeiro a admitir que tem problemas com as mulheres. Na classe, quando um confessa que tem problemas, abre-se a comporta e todos os outros querem ter a sua vez de falar dos seus sentimentos.

Resolvendo problemas

A maior diferença entre homens e mulheres está na maneira de lidar com os problemas. Enquanto vocês os suprimem ou negam, elas vão para o outro extremo, superanalisando-os. Acredito que o maior motivo para estresse entre os sexos é que vocês estão sempre "privados da terapia", enquanto elas fazem "excesso de terapia". Isso cria uma situação totalmente desequilibrada: elas estão armadas até os dentes e tudo que vocês podem fazer é nada.

Pense nisso. A maioria das mulheres já esteve em alguma forma de terapia. As meninas, quando pequenas, falam de seus problemas com as amigas mais velhas. O círculo feminino de conselheiras cresce na mesma proporção que arrumam novas amigas. Elas trabalham seus problemas com o apoio da turma toda. Os meninos são estimulados a fazer as coisas mais importantes e deixar os problemas lá dentro. Eles os suprimem, encobrem e estoicamente seguem em frente, mais do que encontram alguém para conversar. Meninos que tiveram suas emoções suprimidas podem virar homens que mantêm tudo dentro deles. Problemas que eles mantêm acorrentados, porém, podem eventualmente voltar para lhes assombrar, criando conflitos entre o homem e sua companheira.

Dann, que fazia parte de um coeso grupo de apoio, concordou:

> Muitas mulheres em quem eu acreditei me decepcionaram antes, por isso hoje sou muito cuidadoso. As mulheres dizem que sou frio. Só estou tentando me proteger, mas não conto isso a elas. Então brigamos e o relacionamento acaba. Algumas vezes, penso que provoco brigas para evitar futuros problemas. Recentemente, encontrei uma pessoa de quem eu gosto muito, mas não quero ser machucado. Ela segue ligando, mas eu escorrego. Me sinto mal. Quero estar com ela, mas não estou pronto para me colocar na vitrine. Algumas vezes, acho que estou perdendo isso — ter uma pessoa com quem eu goste de estar. Mary fica tentando me fazer falar do que eu pareço ter tanto

> medo, mas eu me recuso. Já fiz isso antes e me quebrei todo. Agora, eu quero estar no controle e o único jeito é ficar acima dos meus sentimentos. Não consegui isso com a Mary, então, caí fora.

Dan lida com o seu medo de se machucar evitando a intimidade.

Vocês podem consertar carros, dar o melhor no trabalho e encontrar todas as soluções práticas para os problemas do dia-a-dia, mas quando o assunto é o relacionamento com as mulheres, não há discussão sobre quem está melhor equipado para lutar no *front* emocional. Elas estão estudando, crescendo e experimentando novidades.

Graças a aulas, livros, amigas e terapias, já somos capazes de lidar com quase tudo — exceto com vocês! Fazemos de tudo para analisar, mudar e entendê-los, enquanto a maioria de vocês faz de tudo para evitar o confronto.

Enquanto nós lutamos para manter contato com a nossa criança interna, de modo a podermos crescer, muitos de vocês estão fazendo o oposto: tentando manter a criança interior bem escondida, para que não tenham de crescer.

Veja bem: mais de 75% das mulheres que entrevistei disseram que já fizeram algum tipo de terapia, enquanto 25% dos homens procuraram ajuda externa para seus problemas. A maior parte desta terapia foi feita em grupos de aconselhamento para casais, depois de grande insistência da companheira.

Percebe agora por que a conta das saídas para as dificuldades do relacionamento estão desequilibradas?

Uma melhor interação entre os sexos começa com o respeito ao direito do outro de ser diferente. Os homens não têm de se submeter a tudo. Costumo estimular as mulheres a aceitar os homens exatamente do jeito que são, também.

Ofereça à sua companheira meu livro "Todos os Homens São Idiotas — até que se Prove o Contrário", para que ela também tenha as suas ferramentas. É mais fácil ter um bom relacionamento se você traz os problemas abertos.

Uma semana depois da aula, Jared me telefonou para contar a experiência que tivera com a companheira:

> Ouvi o que você disse na classe, mas não conseguia me imaginar lidando com Lori de um jeito diferente do habitual. Quanto mais eu pensava nas suas palavras, mais eu queria fazer com que a nossa relação funcionasse. Tínhamos problemas: ela ficava brava quando eu ignorava as suas queixas sobre o que eu não estava fazendo. Antes do seu curso, elas me pareciam infinitas; agora, consigo ver que eu as embelezava de um jeito que me permitia não fazer nada para mudar as coisas que ela não gostava. Quando prestei atenção, vi que Lori não reclamava o tempo todo como eu achava, mas quando ela me dizia alguma coisa, parecia a repetição do mesmo filme, porque eu

não tinha resposta. Agora, estou tentando ouvir de verdade, em vez de apenas deixar que suas queixas passem por cima de mim, sem me atingir. Você me deu maneiras de lidar com o que ela está me pedindo e, pela primeira vez na minha vida, estou fazendo um esforço. Sinto-me bem por não estar fugindo dos problemas. Quero que o nosso relacionamento cresça e agora me sinto mais capaz de contribuir para que isso aconteça. Sentia-me receoso de tentar, mas agora estou conseguindo!

Vou ser gentil com vocês. O alívio de lidar com os problemas, em vez de lidar com a repercussão por não ter ligado para eles, fará vocês muito mais felizes. Isso pode certamente fazer as mulheres mais felizes, também, o que pode ser traduzido por mais paz e satisfação de volta para vocês.

Praticar novas habilidades não precisa ser desagradável. Meu aluno Allen pediu uma sessão particular, junto com Sue, a namorada dele. Ele nunca tinha feito terapia, mas queria continuar em frente, após as aulas.

Sue estava impressionada. Eles tinham conversado sobre coisas simples e estavam buscando saídas mais complexas. Tudo que fiz foi oferecer-lhe um ambiente agradável para conversarem. Allen tentava usar seus novos conhecimentos recém-adquiridos sobre comunicação e Sue respondeu prontamente. Ela me contou, depois:

Fiquei encantada quando Allen me disse que estava pronto para se comunicar comigo. Ele admitia que tinha se sentido inadequado antes e não conseguia discutir nenhum tema que eu levantasse. Agora, ele está pronto para tentar. Quando ele me perguntou se poderíamos começar na sua presença, é claro que concordei. Eu faria qualquer coisa para ter Allen trabalhando comigo as suas dificuldades. Foi maravilhoso vê-lo se abrindo um pouquinho em nossas sessões. Agora, entendo por que era tão difícil para ele e tenho certeza de que estaremos bem. Sou capaz de perceber o que faz com que se feche e ele percebe como é importante para mim que ele tente. Parece tão feliz por ser capaz de lutar comigo. Acho que antes estávamos em planetas opostos.

Você pode reconhecer as ferramentas para resolver os problemas. Eu acredito em você! Sei que você pode adotar novos ardis para lidar com os velhos problemas que tem, algumas vezes, com a sua exigente, irracional, carente e crítica companheira. Não recomendo maiores ou desconfortáveis mudanças. Apenas compreendendo por que certos métodos e palavras funcionam melhor para uma situação semelhante fará com que você se sinta motivado a tentar alternativas para o que não está funcionando agora. Acabe com tudo que não seja do seu agrado! Você vai gostar de viver melhor!

CAPÍTULO II

NOSSAS PROGRAMAÇÕES DIFERENTES:

Como homens e mulheres podem ser compatíveis

Você olha, horrorizado, sua companheira fazer as coisas de um jeito exatamente oposto ao que você gostaria. Você cerra os dentes quando ela pede um pouco mais do que você gostaria de lhe dar. Ela se lamenta e reclama quando não tem as coisas do jeito dela. Se você faz do jeito que sabe que é melhor para ela, ela sai do sério. Grande coisa ela faz em tê-lo ao seu lado! Por que ela não pode ser mais independente e gostar da autonomia que tem como você? Por que ela não consegue pensar como um homem? Ela precisa aprender como, mas não ouve. Você se espanta que possa ser possível que homens e mulheres consigam viver bem, juntos!

Vamos fazer deste um século em que possamos realmente viver harmoniosamente juntos! Os dois sexos têm algumas diferenças que gostamos e outras que preferiríamos que não existissem. Você pode não gostar dos nossos diários escondidos, mas adora o tempero que colocamos na sua vida. Você pode não gostar das nossas críticas, mas as diferenças são aplaudidas quando você está com tesão.

Vamos encarar esta: vocês podem não gostar de estar sempre com a gente, mas não querem viver sem a nossa presença! Como vocês não podem nos manter na cama o tempo todo e nós não vivemos na Ilha da Fantasia, homens e mulheres precisam aprender a equilibrar as características aborrecidas de cada um com as deliciosas. Nós todos fomos programados desde o berço para esperar certas coisas uns dos outros. É difícil para todos nós nos vermos livres da educação que trouxemos de casa, mas chegaremos lá!

Aceitando as diferenças

Homens e mulheres crescem com programações diferentes. Entendê-las é um passo à frente. Um homem é orientado para atingir os objetivos, enquanto a mulher não é tão boa assim nisso. Elas aprenderam a agradar e a avaliar o próprio valor em termos de quem gosta delas, especialmente os homens. Você já ouviu isso antes. Desta vez, trate de entender de verdade essa dinâmica.

Os homens se definem com mais/menos fatores pessoais concretos: salário, trabalho, habilidade para encontrar soluções, poder, confiança ao enfrentar os medos, grandes realizações e feitos em geral.

As mulheres se definem com fatores mais pessoais: ter um homem na vida, conhecer pessoas que gostem dela, sentir-se bonita e suficientemente magra. É triste constatar que até mesmo mulheres com carreiras bem-sucedidas digam que se sentem incompletas sem um homem. A elas não foi ensinado (como a vocês) a se sentirem plenas com as próprias realizações. Apenas um homem, muitas vezes, tem o poder de preencher completamente uma mulher. Vocês são um prêmio, rapazes, gostem disso ou não!

Educadas para agradar o homem

Acho que ir ao encontro de vocês é uma direção muito saudável, mas as mulheres precisam lidar com o que lhes foi ensinado. Enquanto vocês foram estimulados a pensar na carreira, elas se preocupam mais em parecer lindas aos olhos de vocês. Muitas mulheres nunca foram estimuladas a buscar uma carreira satisfatória. Esta atitude está em franca mudança, mas ainda não é como vocês pensam. É difícil parar de fazer de vocês o maior fator de suas vidas.

Beth nos explicou este processo:

> Eu queria ser médica, mas me disseram que o melhor era ir para uma escola de enfermagem. Minha carreira nunca foi importante, ao contrário da do meu irmão, que teve todo o apoio. Quando íamos visitar os parentes, Brian podia usar uma jaqueta com a calça jeans. Eu, porém, tinha de usar um vestido e as minhas tias perceberiam se eu tivesse engordado um grama. Todo mundo se preocupava se Brian estava indo bem na escola e quais eram os objetivos dele, enquanto as mesmas pessoas só queriam saber se eu já tinha arranjado um namorado. Ninguém nunca levou a sério meu sonho de ser médica. Hoje, sou enfermeira e todo mundo continua querendo saber se já tenho um marido em potencial. Eu adoraria estar casada e, ao mesmo tempo, acho a minha carreira insatisfatória. Gostaria de passar a responsabilidade da minha vida para alguém e ir estudar Medicina. Estou cheia de insatisfação. A única aprovação que posso ter ainda é por arranjar um marido. Enquanto isso, Brian até hoje só fica trocando de mulher — e ninguém liga. Parece que me casar é a única coisa que posso fazer.

Nossas programações diferentes 35

Coloquem-se no lugar de uma mulher. Isso não é nada novo, mas talvez vocês nunca tenham entendido direito a pressão que essas idéias exercem sobre as mulheres. Ninguém se preocupa se ela aspira a uma carreira séria como objetivo principal, mas sempre tem alguém prestando atenção ao que ela come, avisando sobre o peso dela, para que ela consiga arranjar um namorado. As mulheres estão sempre sendo empurradas para um objetivo: agradar o homem. E, se ela não agradar, alguma coisa está errada com ela! A família, os amigos e a mídia dizem que, se elas não derem duro na aparência, vocês, homens, não vão querê-las. Assim, uma mulher não é nada.

Sugiro que vocês leiam o livro "The Beauty Myth", de Naomi Wolf, para terem uma idéia das pressões que as mulheres têm de enfrentar desde a infância. Quem uma mulher atrai é o equivalente à necessidade masculina de ser bem-sucedido. Não importa quão feliz e bem-sucedida uma mulher pode ser, certas pessoas sentirão pena dela se ela não tiver um homem. Sim, sentem piedade. Apesar da felicidade que mulheres solteiras podem desfrutar, elas comentam que tiveram de agüentar olhares de consolação e comentários de pessoas estúpidas que não conseguem imaginar uma mulher sendo feliz se não tem um relacionamento.

Isso acontece comigo. Muita gente não consegue aceitar que eu possa ser feliz sozinha. Quando deixei meu último namorado, as mulheres demonstraram pesar, em vez de me cumprimentarem por ter feito uma escolha saudável. Finalmente, sinto-me forte o suficiente para lidar com essa atitude. Muitas mulheres não conseguem.

Está entendendo a situação? Uma carreira é muito mais satisfatória do que ter um homem, de modo que não nos vemos como perdedoras.

Eu sempre quis ter uma carreira, mas estava impresso na minha cabeça que ser professora era a única carreira aceitável para uma mulher. Cresci, respondendo assim a perguntas sobre o que eu gostaria de ser quando crescesse: "Só professora".

A conselheira profissional da escola insistia que minha escolha era a melhor opção, apesar dos meus argumentos para estudar algo que me deixasse mais envolvida com os negócios, por causa das minhas excelentes notas em matemática. Ela dizia que eu não precisava de uma carreira, porque teria um marido para cuidar de mim. Fui empurrada contra meus desejos secretos e acabei professora! Então, ter um homem tornou-se mais importante para mim. Era a minha única opção para fazer sucesso.

Acabei me casando. Você já se sentiu em coma na sua carreira? Pois foi o que o "sucesso" fez por mim.

Se não encontrar satisfação na carreira, ter um homem torna-se para uma mulher o máximo da realização. Às meninas não foi dada a escolha, a confiança e a inspiração que os meninos tiveram automaticamente. Para a média dos homens, a principal maneira de se tornar alguém é conseguir atingir seus objetivos. Já para a média das mulheres é estar em um relacionamento de sucesso.

Compreendem agora por que para nós isso é tão importante?

Os malditos estereótipos

As meninas têm uma programação e os meninos têm outra, reforçada pelos pais, amigos, professores e mídia. As crianças de cada sexo desenvolvem atitudes diferentes. Mudá-las não é nada fácil.

Geórgia contou:

> Quis educar minha filha Connie fora dos estereótipos. Quando bem pequenina, ela vestia azul e como não tinha muito cabelo, as pessoas pensavam que ela fosse um menino. Eu não dizia nada. No parquinho, ela queria se juntar aos meninos e brincava pesado. Por mim, tudo bem. As meninas brincavam quietinhas. As pessoas mudaram quando souberam que ela era uma menina e me criticaram por causa da aparência dela. Ela era um nenê! Eu queria que ela tivesse a oportunidade de escolher. Connie adorava esportes e jogava com os garotos na escola. Fui criticada por isso, também: eu deveria ensiná-la a ficar limpa e a brincar direitinho! Ela precisou de anos para ter o respeito dos meninos com quem jogava bola. Ela é mais independente do que a maioria das meninas, mas ainda podemos ver as bandeiras duplas na escola. Os próprios professores não a levam tão a sério quanto aos meninos, se ela tem problemas em algum jogo. Sei que fiz direito: Connie tem mais sonhos do que todas as filhas das minhas amigas, juntas. Essa é a única coisa que importa!

Há alguns anos, num programa de televisão, vi um bebê careca ser colocado para brincar junto a dois grupos de pessoas. Para o primeiro grupo, o bebê tinha um nome de menina, vestia cor-de-rosa e trazia um lacinho na cabeça careca. Tanto os homens quanto as mulheres do grupo A foram gentis. Elas a mimaram, chamando-a de *minha linda, minha bonequinha, gracinha*, com vozes carinhosas, cheias de nhém, nhém, nhém. O mesmo bebê foi, então, vestido com um macacão jeans e recebeu um nome de menino para entrar no grupo B. As pessoas brincaram com ele de um jeito mais duro, atirando-o com mais força para o ar e colocando muito mais energia nas brincadeiras. Falavam mais alto, referindo-se a ele como *meninão, rapaz, tigre*. E era o mesmo bebê!

Lembro-me de ter observado minha amiga Riva com seus dois filhos, quando nos sentávamos lado a lado em uma piscina comunitária. Os meninos corriam pelo concreto, algumas vezes, tocando a beirada da piscina. Ela não se importava, achava que se devia, mesmo, dar maiores oportunidades aos meninos. Ela me disse, certa vez, que sua irmã tinha tido facilmente as mesmas chances entre as meninas, apesar de, pessoalmente, ela achar que as meninas tinham sido feitas para ficarem sentadas e quietas. Justificou-se, explicando que "Os meninos administram melhor as quedas e machucados do que as meninas. Minha mãe diz que eu devo lhes dar a liberdade de aprenderem por si mesmos, de modo que não cresçam com medo de tudo, porque são meninos. As meninas, por outro lado, não precisam ficar tão expostas e podem ser mais protegidas".

Que tipo de mensagem as crianças absorvem desses estereótipos?

Que acreditamos que os meninos podem cuidar de si mesmos melhor do que as meninas. Duvido que um homem possa imaginar como essa atitude nos deixa inseguras. As pessoas estão, regularmente, nos lembrando de que não acreditam que somos capazes de cuidar de nós mesmas. Dizem para termos cuidado, não nos dão responsabilidades e nos desestimulam a correr riscos.

Fui uma felizarda por não ter sido educada assim pelo meu pai. Sempre tive uma noção clara das minhas capacidades e pouca necessidade dos homens. Quando mocinha, eu era a única que não vivia obcecada pela idéia de ter um rapaz para sair no sábado à noite. Era vista como esquisita, quando preferia ficar em casa lendo um bom livro, em vez de aceitar o convite de um rapaz que não me interessava. Minhas amigas eram capazes de sair com qualquer um, só para terem um homem ao lado.

Ouço dizerem aos meninos: "Seja um homem!"

O que é um homem?

Quem definiu o papel masculino?

É como quando as pessoas dizem: "Todo mundo está falando", mas ninguém sabe quem é esse "todo mundo".

Como é um homem? Alguém frio? Sem sentimentos? Capaz de encontrar soluções para todos os problemas? Insensível em relação à mulher?

Nunca vi essas definições. Mediante esses estereótipos, nossa sociedade freqüentemente atribui essas qualidades ao homem, mas é assim que você se define? Você realmente acredita que vai ser menos do que um homem se expressar os seus sentimentos, mostrar sensibilidade ou pedir ajuda? Busque as suas possibilidades e se defina a si mesmo. Um homem de verdade escolhe o próprio caminho baseado no que acha certo, não pelo que lhe ordenam as tradições.

Aceitação

Homens e mulheres precisam aceitar os direitos de cada um ser do jeito que é. É nossa escolha lidar ou não com cada pessoa das nossas vidas. Não é nosso direito mudá-las. (Enfatizo isso muito para as mulheres também!) Não estão os dois sexos autorizados a ter necessidades e nuança? Existe uma grande diferença entre as coisas que são inaceitáveis e aquelas de que você apenas não gosta.

Durante um curso, George relatou a seguinte experiência:

> Desde o começo, eu gostei muito da Tess, mas ela dava nos meus nervos. Ela adorava abraçar, coisa com a qual não me afino lá muito, e algumas vezes criticava demais as pessoas. Eu gostaria de me dar muito bem com ela, mas chegou uma hora que tudo que ela fazia me irritava. Ela já estava quase me deixando, quando minha irmã Ruth percebeu e conversou conosco. Perguntou o que me irritava mais na Tess. Fácil: implicar com meus amigos. Ruth me fez perceber que minha raiva por causa disso fazia com que outras coisas ficassem fora de proporção. Falei para Tess que o que ela falava dos meus amigos era intolerável e pedi-lhe que abandonasse outros hábitos. Certo, eu não sou louco por carinho, mas Tess e eu podemos nos comprometer em questões mais triviais. Ruth me ensinou também a analisar cada caso separadamente e a ser objetivo sobre o que tenho o direito de esperar que ela pare de fazer. Gosto da Tess e quero ficar com ela, desde que ela deixe meus amigos em paz.

Muitos homens disseram que não querem ser o "sexo forte"; que detestam ter de fazer tudo; que gostariam de se sentir mais confortáveis ao compartilhar os medos com os amigos. Nós não escolhemos ser emocionais e carentes; muitas de nós adorariam usufruir de mais autonomia na vida. É hora de todos nós começarmos a desaprender o que nos foi ensinado. Podemos viver juntos aprendendo a aceitar que existem nos dois sexos coisas que são irritantes, mas também existem outras que são deliciosas.

É claro que se ela encher o seu saco demais é sinal de que não é a pessoa certa para você, mas não é o caso de buscar a perfeição! Muitos relacionamentos potencialmente bons foram destruídos porque uma das partes recusou-se a aceitar o jeito do outro.

Saber de mim melhor do que eu mesma

Muitos homens acham que podem entender bem as mulheres e mostram isso com suas atitudes. Quero dizer com isso que alguns de vocês têm grande confiança na habilidade de interpretá-las. Separadamente, entrevistei os dois parceiros — o casal — de vários relacionamentos e comparei as respostas: os homens estavam certos de que entendiam a companheira, enquanto as mulheres diziam que eles precisavam de ajuda.

Andrew estava confuso, quando nos contou na classe:

> Schuyler fica furiosa quando eu acabo as frases para ela, mas ela é tão previsível... Diz que eu não a conheço como penso, mas

> tenho certeza de que sim! Sei o que a faz feliz e faço o que é melhor para ela. Ela não gosta disso, briga comigo, reclamando que tomo decisões por ela, quando, na verdade, eu realmente sei o que é melhor. As mulheres são todas iguais. Quando estou num bar com meus amigos, nos divertimos muito comentando como nossas namoradas são parecidas e damos muitas risadas.

Certos homens fazem graça, em vez de ouvir a companheira. Isto é um desrespeito.

Às vezes, alguns vão longe demais nessa história de cuidar de nós. Uma mulher pode procurar segurança em um homem, mas ela quer que ele respeite as suas necessidades, pensamentos e sentimentos. O homem não deve tratá-la como uma menininha, informando o que ela pensa.

Beth contou: "Tive um namorado que estava sempre 'adivinhando' o que eu ia dizer. Ele estava sempre errado, mas não importa quantas vezes eu lhe mostrasse isso, ele acabaria de dizer meu próximo pensamento. Feliz dele, porque sua voz não era lá assim tão alta, se você entende o que eu quero dizer!".

A maneira de ser dos homens pode incluir ficar gozando das mulheres, das necessidades e sentimentos delas. Isso faz com que vocês as levem menos a sério, o que não é justo.

A satisfação das necessidades

As necessidades das mulheres não são maiores do que as dos homens. De fato, homens e mulheres têm inúmeras necessidades em comum, apenas lidam com elas de maneiras diferentes. Todos nós sentimos grande prazer em confortar e apoiar as pessoas que nos são importantes. Os homens podem ignorar suas necessidades para não ter de vê-las como "indignas de um homem", mas a verdade é que os dois sexos têm muitas necessidades.

Necessidade de amor

A necessidade mais comum é de amor. Vamos lá, admitam! Vocês também precisam de amor. Nós, as mulheres, podemos mostrar isso com mais freqüência e pedir mais amor, mas todos os seres humanos querem ser amados. O amor é bonito, bom, divertido e essencial para a existência. Não neguem que apreciam o amor exatamente como nós.

Budd descobriu como o amor era importante para ele, quando sua namorada viajou a negócios:

> Alanna dá muito valor ao amor. Ela romantiza todas as coisas e interage amorosamente com todas as pessoas ao seu redor. Eu costumava zombar dela por causa disso e ela dizia que sentia muito

que eu não apreciasse quão fabuloso o amor pode ser. Quando o chefe convidou-a para fazer um trabalho em Dallas, durante seis meses, não fiquei lá muito feliz, mas não queria atrapalhar. Ela não queria me deixar e ficar sem o meu amor, mas eu a estimulei a ir. Ela disse que eu era um cara frio e eu ri; então, ela se foi. Bem, quem riu por último foi ela! Me senti horrível sem ela. Tinha vontade de lhe implorar que voltasse, mas não podia. Mais doente de amor do que ela, cheguei a viajar para vê-la várias vezes por mês. Alanna ficou impressionada. Eu, mais ainda. Nós costumamos gozar das coisas que as mulheres são capazes de fazer por amor, mas Alanna diz que nós somos bebezões desesperados por amor e acho que ela tem razão.

Martin acrescentou:

Quando meu último relacionamento terminou, eu sentia falta de amar uma mulher. Eu queria tanto isso que ficava envergonhado. Meus amigos pensariam que eu tinha ficado frouxo se soubessem como eu sentia saudades do amor. Conversei sobre isso com uma amiga e ela disse que tinha gostado de ouvir um homem admitindo que todos nós precisamos nos sentir amados. Ela ainda acrescentou que as mulheres têm outras fontes de amor, o que não acontece com o homem: elas abraçam e beijam todo mundo da família, os amigos e até mesmo pessoas que acabaram de conhecer. Como nós não fazemos isso, não expressamos muito o amor. Talvez seja por isso que precisemos mais. Fiquei feito um louco, sentindo uma falta maluca da natureza amorosa da minha ex, não apenas por causa do conforto que ela me trazia, mas também, claro, pelo sexo.

As mulheres expõem as suas necessidades, enquanto os homens, por outro lado, fazem de tudo para mostrar que não as têm. Alguns homens vêem como uma fraqueza o fato de admitir que têm necessidade de amor, mas isso se torna uma força quando você descobre um jeito confortável de expressá-lo. É o amor quem dita as regras, então, quando acontece, por que não relaxar e aproveitá-lo?

Da mesma maneira que o mundo feminino gira em torno dos homens, as necessidades das mulheres também. Elas precisam se sentir amadas. Enquanto eles fogem como meninos de beijos e abraços, elas se sentem aliviadas quando são acarinhadas, paparicadas e mimadas com afeto. Muitos homens ainda brigam com abraços e beijos — elas ainda adoram ser acarinhadas, paparicadas e mimadas com afeto. Assim, elas ficam magoadas e frustradas quando parece que eles não ligam.

Não importa quão forte, bem-sucedida ou independente uma mulher possa ser, o amor é essencial para o bem-estar dela. Algumas vezes, porém, ela pode perder um pouco a noção de perspectiva...

No cinema, as mulheres recebem quantidades absurdas de romance, atenção, afeto e adoração. Na vida real, elas também querem! Nos amores das novelas, os amantes usam a maior parte da energia que têm dando amor. Os conceitos que as mulheres aprendem na ficção são incrivelmente atraentes, mas a vida real não é ficção. Muitas fantasiam um Príncipe Encantado que as tome nos braços e ame-as intensamente. Por outro lado, reparar nos pais, amigos e outros parceiros daqui da Terra já não é tão excitante. Então, o que acontece? Elas sonham com a fantasia, enquanto a realidade as frustra.

Janice escreveu:

> Minha vida inteira eu vinha esperando pelo meu príncipe. Sempre me perdia no romance das novelas. Nenhum homem se comparava ao homem dos meus sonhos. Honestamente, eu não conseguia mais separar o fato da ficção e achava que só os piores homens apareciam para mim. Depois que li "Todos os Homens São Idiotas — até que se Prove o Contrário", percebi que minhas expectativas eram fictícias. Forcei-me a parar de ler e inventar histórias românticas e fiz uma lista por escrito do que, para mim, era mais importante em um homem. Agora, estou saindo com um cara que não é um príncipe, mas me dá muito do que eu preciso. Depois que voltei à realidade, posso apreciar um sujeito, mesmo que ele não seja um romântico perfeito. Eu ainda gostaria que existissem no mundo homens como nos filmes, mas estou aprendendo a não precisar de tanto e a aproveitar mais a vida real.

Mania de nutrição

Os homens curtem receber a atenção amorosa e as pequenas coisas que as mulheres fazem para mostrar que se preocupam com eles, não é mesmo? Claro que sim! Elas adoram alimentá-los — e eles adoram ser alimentados. Isso é uma verdade que precisa ficar clara — aceitem-na, rapazes! Muitos de vocês admitem que realmente adoram quando nós agimos como Gatas Borralheiras e tratamos vocês como príncipes. Então, por que você está estranhando quando nós também queremos???

É engraçado como certas coisas que vocês gostam de receber das mulheres são as mesmas que vocês reclamam quando elas querem receber de vocês. Quando elas os mimam com gestos de amor, é ótimo. Pense nisso. Vocês ficam com o ego inflado quando recebem um elogio ou uma mulher diz como você é importante para ela. Vocês têm prazer quando são acarinhados, paparicados e amorosamente tratados. Então, por que elas são vistas como exigentes e esquisitas quando também querem um pouquinho?

Como transformar exigências em sorrisos

Vocês reclamam que nós, mulheres, somos criaturas exigentes e, às vezes, isso é verdade.

Vocês reclamam que precisamos de mais do que vocês conseguem dar. Errado! Poderíamos pedir o Sol, a Lua e as estrelas, mas nós nos contentamos com muito menos. Se você aprender a acalmar algumas das necessidades femininas mais prementes, terá uma companheira feliz, sem muitos custos.

As pequenas coisas que falo nas páginas seguintes podem ser a chave para os homens agradarem às mulheres. Com um mínimo de esforço, um homem pode fazer uma mulher tão feliz que ela será capaz de ir ao fim do mundo (para não dizer da cama) por ele!

Neste livro, falarei sobre as pequenas coisas capazes de fazer com que uma mulher se sinta especial. Não se esqueça de que uma mulher que se sente feliz e especial terá vontade de retribuir; considerando-se ainda que somos generosas e gostamos de dar por natureza... Está pronto o quadro! Portanto, rapazes, façam as mulheres felizes para que elas se sintam estimuladas a retribuir!

O problema principal

A necessidade que uma mulher tem de que o homem reconheça a sua existência pode assumir proporções fantásticas: ela é capaz de ampliar um probleminha pequenininho só para chamar a atenção dele. A novidade para você é: deixar uma mulher satisfeita pode ser a coisa mais simples que você já fez na vida. E a recompensa pode ser tão grande que você vai desejar ter aprendido isso antes!

O que um homem vê como sendo necessidade de atenção, freqüentemente é a necessidade de sentir que está conectada a ele, que existe uma ligação entre ela e o seu amado. As mulheres desejam, ardentemente, intimidade e proximidade, mas não podem expressar isso claramente, e os homens interpretam isso como necessidade de atenção.

A necessidade de se sentir conectada à pessoa que gosta é importante para as mulheres. Esta é uma das necessidades mais importantes que um homem pode satisfazer. As mulheres estão conectadas aos amigos desde que eram muito pequenas. Precisam, principalmente, estar conectadas a eles. Quando um homem faz alguma coisa para deixar isso claro para a companheira, está mostrando que se importa com ela, inclusive se for algo cuja necessidade ele *não* sinta. Os casais podem, assim, ficar conectados sem um esforço muito grande.

Pequenas coisas que criam a conexão

Toques

O toque de qualquer tipo pode intensificar a conexão e manter vocês mais saudáveis pelo mesmo preço. Estudos mostram que contatos táteis regulares são imperativos para o bem-estar, tanto dos homens quanto das mulheres. Isso inclui abraços, apertos, carinhos, massagem — qualquer tipo de toque. Longos períodos são mais benéficos, mas qualquer espécie de toque é capaz de manter toda a conexão que elas precisam.

Robert nos contou:

> Mandi e eu trabalhamos em casa. Cada um de nós tem o seu espaço dentro da mesma sala e um respeita muito o espaço do outro. A cada vez que ela se levanta, porém, passa por mim e faz contato. Algumas vezes, é um beijo rápido — uma bicotinha — outras é um toque no meu corpo, enquanto ela está andando em direção ao outro lado. Eu sempre sorrio quando ela faz isso e, recentemente, lhe disse isso. Ela respondeu que este é o seu jeito de permanecer conectada a mim. Gosto disso. Ela pediu que eu me lembrasse de como isso é gostoso quando me levantasse. Agora, faço a mesma coisa com ela e isso me deixa mais próximo dela.

Um leve toque durante um dia cheio mantém sólida a conexão entre um casal. Uma mulher pode dar mais espaço ao seu homem, se se sentir conectada a ele.

Quando meu último namorado e eu líamos o jornal na cama, nas manhãs de domingo, ele gostava de deitar-se na direção oposta à minha, aos meus pés. Fiz tudo que podia para conectá-lo a mim, mas ele me ignorava. Normalmente, ele ficava estendido ao meu lado, de modo que eu me sentia especialmente desconectada nas manhãs de domingo. Expliquei a ele essa minha necessidade. Ele respondeu que gostava de ler o jornal em paz e me acusou de ser controladora porque eu queria atenção. Na maior parte do tempo, ele me sufocava, contudo, quando expressei a minha necessidade de conexão, fui rotulada. Já tinha aceitado que ele esfregasse o meu dedo do pé ou desse um grunhido ocasional na minha direção, apenas para marcar minha presença. Honestamente, um simples toque no dedo do pé deveria ter me apaziguado. Pequenas coisas podem dar grandes resultados!

Palavras

Algumas palavras doces podem solidificar as conexões: um rápido telefonema do escritório, um pensamento amoroso cochichado em público, uma palavra de estímulo, elogios — tudo isso realmente funciona.

Benny comentou: "É um alívio ver que minha mulher não precisa de muito para se sentir próxima. Tenho feito um esforço para dizer algumas palavras gentis, pelo menos uma vez por dia. Ela diz que isso significa muito para ela. Você tem razão, basta fazer um pequeno esforço".

BILHETINHOS

Um bilhetinho ou cartão é um jeito excelente de fortalecer a conexão. Nem precisa ser uma longa carta de amor, qualquer "Eu amo você" será bem recebido. Experimente desenhar uma carinha sorridente com as suas iniciais e enfiá-la no livro que ela está lendo, um pensamento de amor preso no espelho, uma provocante sugestão de alguma atividade para mais tarde colocada dentro da bolsa dela. A internet tornou isso mais fácil para quem está *on-line*: um pequeno *e-mail* para dizer que você está pensando nela toma pouco tempo e conecta vocês. Cheryl disse: "O que me deixava mais encantada pelo Barry eram os seus bilhetinhos. Quando nos conhecemos, eram *e-mails* do tipo 'Espero que você esteja tendo um dia maravilhoso'. Eu nunca sabia onde ia encontrar uma mensagem afetuosa. Isso intensifica nossos vínculos e me deixa segura. Tenho todos eles guardados. São mais importantes do que diamantes — e muito mais baratos!".

GESTOS

Conexões são criadas por uma porção de gestos: olhos que se encontram em um grupo, a ajuda para um problema, acompanhá-la a um evento que é importante para ela, fazer algo assim que ela pede, coisas que digam que você se importa com ela.

Um namorado comprou para mim um filtro de água, numa época em que estávamos com problemas na água da cidade e nossa conexão se intensificou com esse gesto de amor. Pequenas coisas que você faz e que mostram que você usou o seu tempo para agradá-la significam muito para ela. Jane contou: "Uma vez, Peter recortou no jornal uma história em quadrinhos que falava de sentimentos que partilhávamos e deixou embaixo do meu travesseiro, numa ocasião em que ele sabia que iríamos ficar sem nos ver por alguns dias. Isso fez com que eu me sentisse próxima dele e até hoje eu pego a 'tira' dos guardados, quando ele não está. Ela me lembra que ele se importa comigo".

RITUAIS

Gostaria de introduzi-lo agora a algo que muitos homens chamam de "coisa de mulher": os rituais.

Num relacionamento, um ritual é alguma coisa que vocês façam juntos, regularmente: uma meditação de cinco minutos antes de dormir, lavar os cabelos um do outro aos sábados, trocar uma idéia todos os dias por telefone no mesmo horário, jantar à luz de velas às terças-feiras, fazer uma caminhada para conversar, alugar um filme às sextas-feiras, cozinhar juntos todo final de semana, fazer massagens um no outro aos domingos.

Compartilhar os rituais mantém as conexões sempre fortes nesse mundo febril. Craig disse: "Todo dia, Bonnie põe um pequeno regalo na minha sacola de almoço. É sempre uma surpresa. Pode ser um *cookie*, uma fruta exótica, um bilhete, um brinquedo maluco qualquer, não importa. Isso me diz que ela se preocupa comigo e sabe que eu sempre penso nela na hora do almoço".

Conexões dão segurança à mulher. Elas se sentem próximas do seu amor. Criar conexões não custa muito esforço e pode tornar uma relação mais profunda. Embora muitas mulheres adorem receber jóias, flores e outros objetos materiais de presente, as pequenas coisas deixam felizes a maioria delas. Essas pequenas coisas que você faz para mostrar que se preocupa com ela são mais significativas para uma mulher.

Você pode curtir dar algumas coisas que ela quer, se você se preocupa com ela. Ela pode aprender a ser feliz com o que você é capaz de lhe dar. Relacionei mais dessas pequenas coisas que fazem grandes diferenças em capítulos à frente.

Você quer ter um bom relacionamento? Quer ter uma mulher feliz? Na próxima vez que ela disser que quer se sentir conectada a você, pegue a dica e pergunte o que pode fazer. Não vou me cansar de enfatizar que são as pequenas coisas que lhe trarão mais paz. Um pouquinho de atenção dada livremente pode ter um resultado fantástico.

Como trabalhar com as nossas diferenças

Quando encontramos alguém interessante, os incômodos, expectativas e diferenças são normalmente toleradas, num primeiro momento, porque estamos todos mostrando nosso melhor lado. Assim, ela é um pouco exigente? Não... Olhe só como ela é graciosa! Mais tarde, isso pode se tornar inaceitável. Recomendo muito que leiam o livro do Dr. John Gray "Homens São de Marte, Mulheres São de Vênus", que explica as diferenças entre os sexos em termos simples. Compreendê-las pode ajudar você a aceitar mais as mulheres do jeito que são.

Guarde sua criança interior para si mesmo

Os homens são famosos por terem um sentido de orientação interior mais apurado. A atenção feminina é, muito freqüentemente, dirigida a outras pessoas. Um homem se coloca em primeiro lugar. Elas se preo-cupam mais com os outros. Elas reclamam que eles são capazes de ficar absorvidos por si mesmos e esquecerem que um relacionamento é composto por duas pessoas.

É ótimo colocar-se como prioridade número um no próprio mundo e eu estimulo as mulheres a fazer isso. A mulher não pode girar exclusivamente em torno do homem em um relacionamento saudável. No começo, tudo bem, mas logo terá de pagar o preço, de modo que esta não é uma situação que possa durar para sempre.

Teddy nos contou o mau bocado que passou:

> Quando minha noiva se mudou para o meu apartamento, fez tudo como eu esperava. Após algumas semanas, porém, ela disse que não se importava se a situação era boa para mim, mas parecia que nós dois estávamos preocupados só comigo. Fiz uma brincadeira a respeito e Celia parou de fazer as coisas. Fiquei fulo. Outras namoradas tinham feito tudo para mim, por que minha futura mulher não podia? Ela me chamou de pirralho mimado, disse que eu não levava a vida a sério e que naquele apartamento não havia um único cômodo que ela pudesse usar para as suas necessidades. Devolveu-me a aliança e disse que estava indo embora. Aí, acordei! Eu tinha sido mimado no passado, mas nunca amara ninguém como eu a amo. Queria que ela ficasse feliz também. As mulheres tinham me dito que ficavam felizes quando me faziam feliz e eu tomei isso ao pé da letra, como se fosse meu direito de homem. Pedi à Celia uma nova chance. Ela ficou, mas não usou a aliança, enquanto não viu que eu estava falando sério. Hoje, eu faço tanto por ela quanto ela por mim.

Costumamos falar, de brincadeira, que vocês ainda gostam de ser menininhos — mas isso não é nada engraçado! Suas mães devem ter-lhes provido de tudo e as namoradas continuaram fazendo o mesmo. Muitos de vocês são mimados e esperam que todas as mulheres sejam indulgentes com os seus caprichos.

Eu também gosto de deixar a menininha que mora dentro de mim sair para brincar. Ela torna a minha vida muito mais divertida, mas essa criança não pode brincar à custa dos outros. Agir como uma criança pode fazer com que você leve a vida menos a sério, esquecendo as responsabilidades por um momento. É ótimo quando você está se divertindo com os amigos, mas pode acabar com um relacionamento se voltar a esse comportamento muito freqüentemente.

As malditas diferenças

Algumas vezes, homens e mulheres pensam em direções opostas. É difícil trabalhar juntos, quando um recusa-se a sair do lugar. Para o homem, pedir ajuda significa não estar no controle da situação. Elas sentem que têm o controle se pedirem ajuda. Para eles, isso é um sinal de fraqueza — querem achar a solução sozinhos. Elas acham que é uma proeza pedir ajuda e obtê-la.

Não saber alguma coisa não torna um homem menor. Obter respostas por meio de outras pessoas o torna maior, se você pensar que seu conhecimento aumentou! Quem ignora que um homem prefere dirigir durante horas para tentar achar um caminho sozinho? Se tiver tempo e gasolina, aproveite o passeio! Quando uma mulher está perdida, pede informações no primeiro posto de gasolina para achar o caminho mais depressa. Para mim, isso é mais satisfatório do que ter de atravessar dois Estados para chegar aonde queria...

Não estou criticando o direito ou a necessidade de um homem de agir assim. Considere apenas que essa é uma maneira diferente de obter assistência de outras pessoas.

Após a aula que falamos sobre isso, Jay disse:

> Gostaria de lhe contar que, neste fim de semana, pedi ajuda várias vezes. Comecei a fazer isso para experimentar — era o dever de casa. Sábado, deu um crepe no meu carro. Normalmente, eu gastaria o dia inteiro para consertá-lo, se fosse preciso, mas pensei em todas as outras coisas que tinha para fazer e me lembrei do que você tinha dito sobre ganhar tempo com a ajuda de outras pessoas e chamei um amigo — ele achou o defeito na mesma hora. Foi ótimo ter tido tempo para fazer o que eu pretendia. No domingo, Lisa e eu fomos visitar um primo e ficamos perdidos. Normalmente, eu lutaria contra um mapa durante horas, enquanto Lisa fumaria. Ela ficou chocada quando entrei em um posto de gasolina e perguntei o caminho. Chegamos rápido na casa dele. Compreendi que venho teimando em querer fazer tudo sozinho. Este fim de semana acabou se tornando agradável e relaxado. Provavelmente, pedirei ajuda sempre que precisar, daqui para a frente!

Experimente. Você ficará agradavelmente surpreso com o resultado!

No passado, o jeito de os homens fazerem as coisas era considerado, por princípio, melhor. Você pode preferi-lo, o que é bom, mas o jeito feminino — pessoal, intuitivo e detalhado — tem provado a sua eficácia. Existe mais de um jeito para se fazer as coisas. Respeitar o direito do outro de fazer do seu próprio jeito tornará um casal mais compatível.

Sherman explicou como seus problemas com a mulher se tornaram lições:

> Logo que Marley e eu fomos morar juntos, eu brigava com ela porque ela fazia as coisas de um jeito diferente do meu. Isso era uma atitude de macho. Ela se dava um tempo para avaliar antes de tomar uma decisão, enquanto eu já ia me comprometendo. Ela buscava apoios para os seus projetos no trabalho, usando a habilidade do seu

> pessoal, enquanto para mim isso era perda de tempo. Marley acabou ficando tão furiosa com as minhas atitudes em relação a ela que quase foi embora — e isso fez com que eu analisasse a realidade. Eu tinha me apaixonado por ela por causa da pessoa que ela é. As pessoas gostam mais dela do que de mim. Marley tinha sido promovida mais vezes do que eu. Comecei a prestar atenção no jeito que ela lidava com os outros para tentar fazer um pouco como ela. Aprendi a ter paciência e delicadeza com Marley. Foi um acerto de contas no meu trabalho. Faço votos que uma raposa velha possa aprender novos truques — inclusive com uma mulher!

Podemos aprender e absorver as qualidades um do outro ao nos olharmos mutuamente com respeito. Se o casal fala sobre as suas diferenças, elas podem ser atenuadas. Observe sua companheira implementando seu traço forte e encoraje-a a fazer o mesmo, deixando que ela lhe ensine as habilidades pessoais que tem. Aprecie algumas coisas das quais você zomba. Aprender com o outro é um processo crescente para ambos os sexos.

Roberto escreveu:

Acho que todos os homens, de uma forma geral, precisam repensar a maneira como a sociedade os forma, quem e o que são. Precisam aprender também o que significam realmente a verdade e a responsabilidade. E, acima de tudo, precisam tratar a mulher da maneira como gostariam de ser tratados.

CAPÍTULO III

DECODIFICANDO NOSSOS SINAIS EMBARALHADOS:

O Racional por detrás do Irracional

Você telefona para a mulher com quem está saindo para acertar os detalhes dos planos que tinham feito na semana anterior. Agora, porém, ela não está mais tão segura. Você pergunta o que ela quer e ela responde perguntando o que você quer. Sua paciência começa a se esgotar na proporção da ausência de respostas dela. De repente, ela muda tudo e o acusa de a estar pressionando a fazer alguma coisa que, diga-se de passagem, era idéia dela! Você retrocede e ela pergunta se você ainda está interessado nela — ela quer que você aja de um jeito mais entusiasmado em relação aos planos que fizeram juntos. Você aconselha-a a pensar sobre a conversa e ela, friamente, responde que não precisa que você lhe diga o que fazer. Quando você lhe diz para "pegar leve", ela bate o telefone na sua cara. O que as mulheres querem? São todas malucas? Você se sente como quem está chutando a parede, tal a exasperação que ela lhe provoca.

As mulheres podem dizer uma coisa e o significado ser outro; "não" pode querer dizer "sim" e esses sinais podem parecer irracionais para o lado prático de um homem. Elas pairam entre o que querem e o que acham que poderiam fazer. Podem ser exasperantes! Lidar com esses sinais embaralhados pede paciência e compaixão. Inúmeras coisas afetam a resposta feminina a coisas simples: uma TPM, a influência dos amigos, o tesão, assistir a uma cerimônia de casamento e o estresse em geral, tudo pode contribuir para o que você vai ter de administrar.

Como acalmar uma mulher

Todo mundo é capaz de influenciar os pensamentos e ações de uma mulher. A importância de um homem na vida dela aumenta, a partir do momento em que ela vê o seu "sentido do eu" refletido nele. A falta de autonomia dela pode colocar pressão demais nele.

Nós estamos tentando mudar, mas a educação que recebemos — que nos ensinou que devemos agradar aos outros — afeta muitas das nossas decisões — ou, digamos, nossa pouca habilidade em tomá-las.

Nós estamos certas!/vocês estão errados!

Vocês perguntam se eu acho que vocês estão tão errados quanto as mulheres fazem com que vocês se sintam. Podemos criticar o que lhes parece ser cada movimento de vocês. Procuramos coisas erradas e fazemos com que vocês saibam quando as encontramos. Muitos homens confessam que se sentem como um alvo, esquivando-se dos tiros que voam em forma de palavras.

Isso lhe parece familiar?

Brian reclamou:

> Desisti! Minha namorada caía matando em cima de mim por qualquer coisinha! Eu não telefono. Não lhe dou tempo para ela mesma. Ela detesta minhas roupas. E vai por aí afora...! Simplesmente não sei o que fazer. Ela faz com que eu sinta que não consigo fazer nada certo. E olha que ela não é a primeira! Ouço a mesma reclamação dos meus amigos. As mulheres fazem com que a gente se sinta defeituoso ou algo assim... Como se elas sempre fizessem certo, e nós, errado. E elas ainda se surpreendem porque não queremos ficar mais tempo com elas!

As mulheres mandam sinais embaralhados, enquanto lutam para se encontrarem a si mesmas. Elas estavam acostumadas a seguir as regras como parte do seu "Programa das Boas Meninas", de modo que um livro como "As Regras" foi adotado por elas, que cresceram tomando decisões em grupo e ainda seguem o que lhes foi ensinado.

Os homens são mais orientados para a ação e a solução de conflitos, enquanto elas se preocupam com possíveis saídas. Se um homem age despreocupadamente, ela acha que ele não está ligando. Ela quer que você se preocupe com ela. Uma mulher fala longamente sobre o que a está amedrontando e pode agir como se não tivesse nada a ver com vocês. Muitas delas assistiram ao pai e à mãe nestes papéis e seguiram seus passos.

Elas querem ajuda, mas mantendo seus domínios. Já aconteceu de vocês tentarem fazer o serviço doméstico e a companheira assumir o comando? Ela já agiu como se vocês não soubessem trocar a fralda do nenê adequadamente, ou lavar a louça ou a roupa direito?

Da mesma maneira que consertar as coisas é o reino dos homens, o lar é o reino das mulheres. Ela reclama se você não ajuda o suficiente e se intromete quando faz o serviço, achando que sabe fazer melhor.

Isso lhe soa familiar? É difícil para muitas mulheres abandonar uma área que querem sob controle. Assim, em vez de assumir o comando, por

que você não experimenta perguntar a ela como fazer? Diga que você vai
continuar tentando até fazer tudo direitinho.

Percepções diferentes

As mulheres analisam os homens nos mínimos detalhes, tentando
entender o que eles querem. Se eles não conseguem ver o ponto de vista
delas, podem rotulá-lo de tolo e cair fora. Os homens são mais práticos
e precisam entender algo antes de aceitá-lo. As mulheres prefeririam
que eles andassem ao lado delas.

Eles afirmam algo concretamente. Elas desperdiçam energia ficando chateadas. Se eles não percebem, não podem levar as necessidades delas a sério e acabam rotulando-as de "coisas de mulher", tratan-
do-as como triviais ou apenas ignorando-as. Elas podem não saber como
explicar o que querem em termos que eles compreendam. De qualquer
maneira, alguns homens enviam a elas mensagens que informam que
eles não estão interessados em saber.

Manny contou ao grupo:

> Quando Kenya ficava brava porque eu assistia televisão ou lia
> durante o jantar, eu a ignorava. Ela fazia um escândalo e eu nem
> ligava. Eu pensava que ela fosse uma mulher típica, atormentando
> por coisas insignificantes. Ela deve ter dito que era importante interagir
> durante o jantar, mas eu nunca entendi. Achava que ela estava ten-
> tando me controlar e me rebelava. Uma noite, conversamos sobre o
> divórcio dos pais dela. Ela disse que uma das razões que levou a mãe
> a deixar o pai foi o fato de que ela não conseguia se conectar com ele,
> porque ele ignorava as necessidades dela, em coisas que tinham lhe
> ensinado a considerar importantes — os momentos especiais da fa-
> mília como a hora do jantar, por exemplo. Kenya queria ficar comigo
> durante o jantar, achando que, de outro modo, nosso casamento po-
> deria se despedaçar. Assim, isso fez sentido para mim e eu deixo o
> que tenho de fazer para depois do jantar. Se ao menos as mulheres
> deixassem claro o que querem...

Os homens precisam de explicações claras, mas muitas mulheres
não têm a habilidade de se expressar claramente e muitos homens não
têm a paciência e o conhecimento para fazê-las falar do jeito ideal.

Isso fica especialmente difícil quando algo que as incomoda não
incomoda a eles. A sexualidade é um bom exemplo. Elas detestam ser
objetos sexuais, porque tiveram experiências ruins com homens que as
tratavam como se nada mais importasse além do sexo. Muitos de vocês
adorariam que uma mulher dissesse que gostaria de estar no lugar de
um homem, de modo que é difícil para um homem entender por que
ficamos chateadas se ele nos diz isso.

Vocês precisam perder o hábito de desconsiderar o que não entendem. Na próxima vez que sua companheira ficar chateada por causa de alguma coisa que você considera trivial, gentilmente (faça uma forcinha!) peça-lhe que explique o que está sentindo e por que isso é importante para ela. Só porque você não vê alguma coisa como digna de valor, isso não significa que sua companheira está errada. Compreenda e mostre compaixão.

Da defesa à ofensa

É contraproducente levar o que ela fala ou faz para o lado pessoal. Se ela não pediu o seu conselho, isso não quer dizer que você não vale nada. Se ela faz alguma coisa sozinha, ainda precisa de você. As mulheres reclamam como os homens se tornam defensivos quando discordam deles. Não sejam tão defensivos! Isso causa paralisia.

Cheyna contou:

> Ray brinca sobre ser "o homem", mas eu sei que ele fala sério. Quando se oferece para me ajudar, age como se tivesse sido insultado, já que eu mesma faço sozinha. Estou começando a ficar mais auto-suficiente e isso é ótimo. Tenho certeza de que ele faz algumas coisas muito melhor do que eu, mas como posso aprender, se ele faz tudo para mim? Acho que ele é o máximo e procuro nele o homem que é, mas ele não acredita em mim. Se eu não o tratar como um deus-que-tudo-sabe, ele acha que não tenho confiança nas suas habilidades. Isso é ridículo. Temos de alimentar o ego deles como quando eram crianças!

Algumas dessas atitudes defensivas começam na infância. Não quero vir com papo de psicóloga, mas todos vocês foram influenciados em vários graus pelo relacionamento que tiveram com a mãe. A atitude que tiverem em relação à mulher foi em parte moldada por ela. Se ela o censurava muito, você pode ser tornar um menininho defensivo quando interpreta o que a companheira fala ou faz como uma crítica. Ela não o está criticando, quando faz sugestões, nem o vê como defeituoso, só porque está falando sobre alguma mágoa. Ela ainda o ama e respeita sua habilidade quando o desafia em algo que você fez. Lembre-se: se ela não gostasse tanto de você, a maioria das coisas pelas quais ela o repreende não teria importância para ela.

Mentiras — a reclamação número um das mulheres

As mulheres que entrevistei têm sempre histórias consistentes de homens que mentiram para elas e muitos admitem que nem sempre dizem a verdade. Vocês dizem que elas podem os impelir a mentir. Após um encontro, se ela olha para ele com cara de "Por favor, diga que vai telefonar", é difícil não dizer "Eu ligo", mesmo se ele não tem a intenção. Apesar de ser mais embaraçoso, uma frase mais genérica do tipo "Foi uma noite agradável" já informaria que ela não deveria ficar sentada ao lado do telefone, esperando. Sim, rapazes, muitas mulheres ficam em casa, disponíveis, para o caso de vocês ligarem. Nos poupem essa!

Elas forçam vocês a mentir para elas, quando tornam a verdade desagradável. Se a reação dela ao que você está contando for exagerada, mentir parece mais fácil.

Brian contou: "Debbie acha que meu amigo Theo exerce uma influência negativa em mim. Quando me encontro com ele, ela me oferece as costas geladas e não quer saber de sexo, então, falo que fiz outra coisa".

Ryan acrescenta: "Hallie detesta que eu beba com os meus amigos. Quando eu lhe digo a verdade, ela fica emburrada. É mais fácil mentir".

Estabeleça novas fronteiras. Apesar de sua companheira estar pedindo por isso, a mentira mata a confiança em um relacionamento. Diga a ela, gentil, mas diretamente, por que você acha que precisa mentir; afirme que você vai lhe dizer a verdade dali para a frente, e saia da sala se ela reagir de um jeito injusto.

Ela precisa de atenção — como satisfazer essa necessidade

As mulheres costumam deixar os homens malucos com a necessidade de atenção e eles estão sempre perguntando por que elas precisam de tanta! Se você entender essa necessidade e lhe der a qualidade do seu tempo que ela precisa, gastará menos tempo tentando agradá-la.

Uma das razões dessa necessidade é que uma mulher receia sempre perder o seu amado e interpreta uma falta de atenção como falta de interesse. Este medo é o equivalente ao que um homem sente de perder o emprego com o qual está satisfeito. Quando o homem é o objetivo da vida de uma mulher, perdê-lo fará com que toda a vida dela perca o sentido.

Uma mulher quer ser a sua "uma e única". A maioria dos homens tem várias coisas na vida que são importantes. Para muitas mulheres, o homem é "A" única coisa importante, exatamente como lhe foi ensinado. Não é sempre que vocês fazem da mulher a maior prioridade e elas detestam isso! Elas precisam aceitar que um homem não pode ser a sua vida inteira e que ele tem direito a um tempo só para si, mas certamente ela se sentiria mais segura com constantes reforços de que "Você é a mulher mais especial que eu conheço"; "Estou orgulhoso de você"; "Penso em você muitas vezes durante o dia". Sem isso, ela perde a conexão que precisa. Arrumar um tempinho todo dia para lhe dar um pouquinho de atenção vai amenizar grandes brigas.

Abaixo, algumas sugestões que lhe ajudarão a satisfazer as necessidades da companheira e que poderão ser divertidas para você, também, se permitir que sejam. Procure por pequenas coisas para nutrir essas necessidades. A recompensa por uma mulher satisfeita costuma ser grande!

Tenha tempo para ela

Se você não quer compartilhar a qualidade do tempo, o que está fazendo com ela? Para ter quem lave, cozinhe e lhe dê sexo? Às vezes, uma mulher se sente como uma empregada ou uma prostituta. Repare por que você tem tempo para os outros, mas não encontra energia para fazer nada com ela. Se você, propositadamente, não lhe dá atenção porque a necessidade feminina de atenção o aborrece, por favor, reconsidere. Dar à mulher que você gosta um pouco do seu tempo vai lhe trazer alegrias, quando você perceber os resultados positivos dessa atitude.

Faça um esforço consciente para dar um tempo de qualidade para a sua companheira, se vocês vivem juntos, mesmo se forem dez minutos de aconchego antes de dormir. As mulheres precisam fazer conexão todo dia. Façam uma caminhada depois do jantar. Acompanhe-a ao supermercado. Limpem ou lavem o carro. Divirtam-se, fazendo alguma coisa que faziam antes. Inventem um curso. Associem-se a um clube. Apóiem um candidato. Planejem uma fuga. Façam cócegas. Sejam irreverentes.

Não suponha que ela já esteja ganha

Se vocês só estão saindo juntos, isso é mais fácil, uma vez que um tem menos oportunidade de achar que o outro está garantido. Usufruir juntos de um tempo de qualidade ajuda a evitar esse erro. Após um tempo juntos, as coisas tendem a se tornar rançosas. Isso não é necessário! Ficamos complacentes, porque estamos nos sentindo confortáveis. Assim, esquecemos de dizer "Eu amo você" ou mesmo "Tenha um bom dia".

Nunca imagine que o amor da sua parceira está garantido. Trate-a do jeito que você gostaria de ser tratado e com certeza a recíproca será verdadeira.

Mostre a ela que você a aprecia do jeito que é, pelo que faz. Sinta gratidão por ela a cada dia. Expresse os seus sentimentos. Beije-a, abrace-a e não permita que esses carinhos se transformem num hábito, porque essa é a maneira de agir de quem se sente "garantido". O que você diz ou faz representa o que você sente. Assim, se você a ama, mostre-lhe o seu amor.

Trate-a do mesmo jeito que a tratava quando a conheceu

Concordo com vocês quando reclamam que, após um tempo, as mulheres tendem a descuidar da aparência. Elas também admitem que, quando estão vivendo uma relação há algum tempo, param de usar maquiagem e descuidam do que vão vestir para o homem. Isso pode ser mudado sem que seja preciso reclamar.

Você sabe que não consegue fazer isso o tempo todo, mas procure encontrar maneiras de ser espontaneamente romântico. Faça amor com ela provando que ela é mesmo a sua "uma e única". Não importa já há quanto tempo vocês estão juntos, veja-a sempre como a sua amante. É fácil cair no hábito de vê-la como a mulher com quem você está há uma porção de anos, mas procure lembrar-se do que sentia por ela antes. E não se esqueça de dar também um pouco de atenção à sua própria aparência (veja o Capítulo 8). Faça com que ela deseje estar sempre linda para você!

Mantenha acesa a chama da paixão

Use as idéias deste livro para ficar conectado com ela. A maioria das mulheres fará um esforço para ter uma boa aparência e lhe agradar se você fizer o mesmo. Ofereça-lhe flores sem razão ou leve-a para um jantar romântico e ela fará de tudo para lhe ser agradável. Desperte a mulher que mora dentro dela, tratando-a como uma mulher especial. Faça um jantar para ela. Prepare um banho de espuma; mande-lhe bilhetinhos ou telefone de surpresa. Dê-lhe atenção como mulher, não apenas como um ser sexual. Romance funciona maravilhosamente bem.

Regularmente, crie datas especiais com a sua companheira

Não importa quanto tempo vocês estão juntos, trate-a como se vocês tivessem acabado de se conhecer. Um relacionamento pode ficar mais doce com o tempo, se você quiser que assim seja. Trate-a como você a trataria se ela fosse uma nova mulher na sua vida. É divertido! Planeje uma noite para ela como ela gostaria e faça-lhe uma surpresa. Escolha coisas para vocês fazerem juntos, coisas que você sabe que ela vai gostar, mesmo se ir ao teatro ou ao lançamento de um livro não for propriamente a sua idéia de uma grande noite. Deixe que ela faça o mesmo por você, no mês seguinte. O mais importante é passar juntos um tempo com qualidade.

Bernie disse:

> Minha namorada e eu estamos juntos há três anos e ainda gosto de fazer com que ela se sinta especial. Adoro planejar uma noite diferente ou dizer antecipadamente o que pretendo fazer com ela logo mais à noite. Faço com que se sinta especial a cada dia. Ligo para ela durante o dia e digo que estou louco para vê-la logo mais. Digo como é maravilhosa e por que quero fazê-la feliz. Do jeito que estamos hoje, ela continua estimulada como quando saímos juntos pela primeira vez. Acho que o homem precisa tratar a mulher como se ela fosse especial, porque ela realmente é, não é mesmo? Se não é assim que você pensa, por que está com ela?

Crie rituais que envolvam compartilhar o tempo

Não importa quão ocupado você é, arrume tempo. Tire uma noite por semana para ficar na cama com ela assistindo filmes em vídeo. Almoce fora com ela aos domingos ou pelo menos dois domingos por mês. Leiam juntos o jornal de domingo na cama. Prepare para ela um café da manhã. Dê-lhe a mão quando vocês estiverem andando na rua. Meus pais são casados há mais de cinqüenta anos e ainda andam de mãos dadas (porque isso faz sentido para eles), se beijam (porque querem) e ainda ficam excitadíssimos quando pegam o carro e vão viver a aventura de dormir fora. Fui abençoada por ter podido contar com modelos que me mostrassem como um saudável relacionamento de amor pode se sustentar e crescer por tantos anos. Devemos nutrir o parceiro e o amor que sentimos por ele. Se ela for importante para você, isso será o seu prazer. Basta pegar o jeito.

Revele-se espontâneo nas expressões de carinho

Não apenas ela quer o seu tempo — quer que você também queira passar esse tempo com ela; queremos "ver e ouvir" que você realmente se importa com ela.

Charlie disse que se sua mulher quer alguma coisa, ela deveria dizer e ele colocaria na agenda: "Se ela quer flores, posso anotar na agenda, mas ela diz que assim ela não quer, que, se eu a amo, tem de ser espontâneo. É claro que eu faço isso porque a amo. O que as mulheres querem?"

Não querem que você faça as coisas maquinalmente. Ela gostaria de sentir que se o companheiro lhe deu flores é porque sentiu uma necessidade urgente de agradá-la. Fazer coisas pequenas — mas especiais — para a mulher pode ser algo que você curta e que esteja inserido no seu hábito — apenas não use a palavra hábito na frente dela!

Deixe a sua mãe em paz!

NUNCA compare a sua companheira com a sua mãe! Isso pode causar grandes problemas, principalmente se ela for muito sensível. Se você for muito ligado à sua mãe, pode haver ciúme. Você pode gastar mais tempo do que ela acha apropriado paparicando a primeira mulher da sua vida. Sua cara-metade quer ser a prioridade da sua vida, de modo que o fato de você dar atenção demais à mamãe pode gerar ressentimentos.

Uma mulher fica ressentida com a sogra, se ela achar que você está esperando que ela seja igual. Você pode não perceber o número de vezes que diz como sua mãe faz alguma coisa, pensando que você está ajudando com sugestões construtivas, mas normalmente este comportamento não é bem-vindo. Uma sugestão de vez em quando não faz mal. Aproveite para prestar atenção ao jeito com que ela reage — ela pode nem ligar; se, porém, quiser ser a mulher número um da sua vida, sua reação vai lhe mostrar bem depressa que ela não gostou. Seja sensível.

Equilibre trabalho e diversão

A maioria dos homens diz que trabalha demais por causa da responsabilidade de ser o provedor, mas estar fora muito tempo e, quando chegar, não estar inteiramente presente pode matar um relacionamento — e vocês ainda dizem que as mulheres são insuportáveis quando reclamam!

Você está realmente convencido de que se sacrifica pela companheira?

Ouça o que vou lhe dizer: é a sua ambição que o induz a isso, não ela. Se a sua mulher reclama que você trabalha demais, ela não quer que você o faça. Muitos homens trabalham demais para satisfazer o próprio ego; é como se dissessem: "Sou um grande provedor!". Só que trabalhar demais não faz do homem um bom companheiro. Se a sua mulher mandar que você escolha entre ela e o seu trabalho, provavelmente você está trabalhando compulsivamente. Cuidado: o trabalho não vale uma boa companheira. Muitos se arrependem tarde demais por não terem tirado um pouco do tempo que gastaram trabalhando, de modo a terem tido mais tempo para se divertirem e demonstrarem à companheira o amor que sentiam.

Evite esse erro. Deixe o trabalho no trabalho. Se necessário, peça meia horinha de paz, quando chega à sua casa, para desenrolar-se e fazer a transição do trabalho para casa.

É injusto esperar que você vá largar tudo, mas podemos combinar uma coisa: estabeleça limites. E nunca veja sua parceira como "conquista garantida". Nada pode ocupar o primeiro lugar se você deseja um relacionamento com uma mulher feliz. Mostre respeito e consideração. Informe, se for chegar mais tarde. Valorize o tempo dela. Valorize o tempo que gasta com ela. Lembre-se, pequenas coisas podem trazer grandes recompensas.

O que as mulheres realmente pensam

Vocês reclamam que as mulheres não resolvem as coisas. Vocês não compreendem por que elas fazem o vai-e-vem na tomada de decisões. Elas avaliam o que cada um quer, de modo que isso torna as escolhas femininas mais variadas do que as de vocês. Acredite, não é simples tomar uma decisão, quando está-se tentando agradar aos outros. É realmente muito simples explicar por que é tão difícil tomar decisões.

Resolva!

É muito difícil para as mulheres decidirem alguma coisa por causa do conflito entre o que realmente querem e o que acham que vocês querem que elas escolham. A programação de "boa moça" faz com que elas se sintam culpadas se não fizerem tudo direitinho. Vocês tomam decisões baseados no que vocês querem. Elas medem o que os outros poderão querer. Elas concordam porque não querem desagradar a vocês.

Paulette ficou feliz ao descobrir que não era a única:

> Há sempre uma briga dentro de mim entre o que eu gostaria de fazer e o que me está sendo empurrado. Tive um namorado maravilhoso, que disse que poderíamos nos casar, se fosse importante para mim. É importante para minha mãe. Ela espera que eu me case, mas estou feliz vivendo com ele. Fiz muitas escolhas baseada no que os outros esperavam de mim, o que eu detesto. Meu namorado fica impaciente quando eu não consigo tomar uma decisão simples. Onde eu quero jantar? Quero saber onde ele quer jantar. É a velha preocupação de não desagradar ao seu homem. Não quero decidir uma coisa que ele possa não gostar. Agora, quando tenho de decidir coisas importantes no trabalho, não tem problema: o que é melhor para a companhia é fácil saber. O problema é o que eu quero.

A educação que foi dada à mulher traduz: "O que você quer?" por "O que ele gostaria que eu fizesse?". Elas se preocupam demais em tomar uma decisão que seja do agrado de vocês — e, ainda por cima, acabam por aborrecê-los! Isso tudo acaba em insegurança. Como muitas acham que não merecem o que querem, tentam agradar a vocês para que vocês as queiram.

Lendo nossas mentes?

Vocês dizem que tentar dar às mulheres o que elas querem é uma batalha perdida, mas elas embaralham os sinais porque não se sentem à vontade sendo diretas. Giram em torno de si mesmas, esperando que vocês as amem o suficiente para saber. Como usam a intuição, acham que vocês também são capazes de ler a mente delas — e a maioria de vocês reclama que não consegue.

Nem sempre as mulheres se sentem bem aceitando delicadezas e presentes. Elas foram programadas para dar, por isso é difícil receber. Nem sempre você pode seguir literalmente algo que uma mulher diz. Se ela diz, por exemplo: "Você não precisa ir na minha apresentação, vai ser chato para você", esteja lá ou prepare-se para um desastre! Elas falam coisas indiretas, para você "pegar o gancho", por causa da programação — elas não querem se sentir culpadas. Esperam que vocês se preocupem com elas o suficiente para fazer o que é importante para elas.

Se ela diz: "Estou velha demais para receber presentes de aniversário. Não desperdice o seu dinheiro, mesmo porque não estou precisando de nada". Ah! que o seu companheiro compre uma coisa bem bonita, porque o que ela quer é uma demonstração de que ele acha que ela não está velha e merece um presente! Se uma mulher diz que não é necessário que você faça determinada coisa que você sabe que é especial para ela, significa que quer que você faça.

Entende agora a nossa linguagem?

As mulheres falam coisas que não reproduzem o que pensam por insegurança — elas se sentem inseguras em pedir alguma coisa que realmente querem. "Não se preocupe em estar em casa quando eu voltar de viagem", diz ela. Ah! Se você quiser vê-la ressentida, não esteja em casa!

"Não precisa trazer presente nenhum da viagem" é outra! Faça como ela disse apenas se você não está nem aí para sexo. Se ela gostar de algo e comentar como é caro, ela quer que você pense que ela vale a despesa. "Aqui está aquele anel que você viu na vitrine para mostrar como você é especial para mim."

Compaixão, rapazes, este é o segredo! Aprendam a ler os nossos sinais!

Como dar apoio

Os homens são conhecidos por gostar de ajudar. Melhor ainda se ajudarem no que as mulheres querem.

Você se sente responsável por "ajudar" sua companheira a ser uma pessoa melhor? Saia dessa! Enquanto os homens reclamam que elas gostam de dizer a eles o que fazer, muitos fazem o mesmo, com a desculpa de "ajudá-las". Sugestões indesejadas para melhorar as mulheres são nocivas para um relacionamento.

Ajuda X soluções indesejadas

Quando alguma coisa desagrada a um homem, ele dá um jeito ou tenta não pensar no assunto. As mulheres gostam de se livrar dos problemas verbalmente. A programação voltada para metas que eles tiveram os induz a ajudar sugerindo o que fazer. Se um homem não consegue pensar em algo construtivo para dizer, ele freqüentemente ignorará a mulher. E elas não gostam nada disso! Muitos "ajudam", mesmo quando ela não quer ser ajudada.

Existe uma diferença entre "apoio" e ajuda não solicitada. Abaixo, algumas diferenças específicas entre o homem e a mulher, referentes ao que ela precisa quando alguma coisa a está incomodando, que causa paralisia nas interações. Não são nada novas para você, mas tenho de enfatizá-las.

- Se alguma coisa chateia um homem, ele quer espaço e precisa ficar só. A mulher busca conforto em alguém.
- O homem prefere se trancar em si mesmo e não falar. A mulher quer conversar sobre o assunto e busca ser consolada.
- Quando uma mulher se queixa, ela quer palavras de apoio e simpatia. Se o homem não tem uma sugestão prática, pode não dizer nada, o que deixa a mulher chateada.
- O homem é programado para buscar soluções. A mulher é programada para buscar apoio e simpatia. Ela precisa desabafar e almeja uma simpática orelha para despejar seu problema e não receber instruções.

Não leve para o lado pessoal se ela não quiser ouvir a sua avaliação do problema. Ela precisa de você para ouvir e confortar. Sei que freqüentemente a conversa é muito longa — agüente-a! Esse é o jeito dela de lidar com os problemas. Não diga o que fazer; ao contrário, ofereça compaixão e estímulo. Reconheça o direito que ela tem de botar para fora as emoções, sejam elas de raiva, mágoa, cansaço ou irritação. Não as suavize ou diga que não são importantes, isso só ela sabe. Ofereça simpatia, mesmo se você pensa que ela é uma tola em se sentir daquele jeito. De qualquer maneira, ela tem direito aos próprios sentimentos.

Ajuda construtiva

Habitualmente, vocês têm pressa em mostrar seus talentos e provar que são homens mesmo. Isso pode, sem querer, virar excesso de proteção, caso a ajuda não tenha sido solicitada — como se o homem pensasse que é melhor ou mais esperto ou que a mulher não é capaz.

Uma mulher adulta não é uma menininha, mesmo que goste de ser tratada assim. Se um homem quer ajudar, deve dar apoio à mulher. Se ela comete um erro, não diga o que ela deveria ter feito. Em vez disso, lembre-lhe suas grandes qualidades — reforce as habilidades, se foi um problema que ela está lhe contando, ou elogie-a, se ela foi ofendida. Isso é tudo que uma mulher precisa.

Uma mulher não precisa que ninguém ralhe com ela — ela já faz isso por conta própria! (E mais do que o suficiente!) Conforte-a com abraços, palavras gentis e dê-lhe um ombro para chorar. Não diga o que ela deveria ter feito — abraços funcionam melhor! Estimule o empenho da sua companheira. Não tenha medo de perdê-la.

Muitos homens desestimulam os sonhos ou sabotam o crescimento pessoal da mulher, porque têm medo de perdê-la. Não está certo. Ela tem o direito de crescer como pessoa. O que precisa é de apoio e aprovação. Felicite-a, se ela decidiu voltar a estudar ou resolveu arriscar uma mudança na carreira.

Muitos homens tentam manter baixo o nível de confiança da mulher, de modo que ela não tenha outro recurso senão ficar com ele. Não há de ser nessas condições que você há de querer uma mulher! Uma mulher feliz é uma parceira saudável. Se você ama sua companheira, por que ela haveria de querer deixá-lo? E, se você sabe o motivo, esforce-se para fazer alguma coisa a esse respeito, por exemplo, tornar-se um companheiro mais saudável e compreensivo.

TPM — verdade ou desculpa?

Vocês estão sempre reclamando da tensão pré-menstrual. Como nunca experimentaram uma, não conseguem imaginar como é ter o corpo mudado todo mês — desde à maneira mais insignificante até uma mudança debilitante — durante grande parte da vida adulta. Nem todas as mulheres têm os sintomas que vocês associam à TPM: todo mês, uma terrível irritação, um mau humor irracional, capaz de tirar um homem do sério.

Gostaria que você recuasse no seu aborrecimento e nas gozações sobre a TPM e tentasse entender o desconforto que tantas de nós sofrem. Teste a sua compaixão, porque esta é a hora na qual realmente precisamos dela.

As oscilações da TPM

Quer deixar uma mulher maluca? Pergunte a ela: "Você está com TPM?" ou "Você está menstruada?" Muitos homens têm o desagradável hábito de pensar que toda vez que uma mulher perde a paciência ou está de mau humor é porque vai ficar ou está menstruada.

Ficamos chateadas por outras razões, também! Fico irritadíssima se um homem pensa que eu não o estou deixando continuar com alguma coisa porque estou com TPM, porque eu não tenho essas oscilações de humor. Certa vez, tive uma briga com um namorado, que declarou, eufórico: "Toda mulher fica mal-humorada quando está com TPM". Quando eu disse que nunca tinha tido TPM, ele, arrogantemente, disse que enquanto não tivesse visto isso pessoalmente não acreditaria, uma vez que ele tinha certeza de que eu tinha, já que toda mulher tem.

Existe uma diferença entre a variação de humor de uma TPM e a mudança que o corpo da mulher sofre todo mês.

Então, o que é exatamente uma TPM, abreviatura de Tensão Pré-Menstrual?

O corpo da mulher sofre alterações hormonais todo mês, antes da menstruação. Todas as mulheres têm TPM, mas nem todas têm oscilações de humor. Todas ficam com o corpo inchado, os seios inflamados e outros aborrecimentos. Muitas aumentam mais de um quilo no peso e ficam ávidas por comidas salgadas e doces em geral. A diferença é que a TPM pode ter um efeito sério no comportamento.

Preste atenção nos depoimentos. Você gostaria de viver este tipo de desconforto todo mês? Julie acha que muitos homens não querem saber sobre a TPM. Ela explica:

> Não acredito que os homens possam compreender que a TPM pode começar durante a ovulação e durar dez dias — e isso é uma coisa física, causada pela mudança hormonal, sobre a qual não temos controle. Eu fico extremamente sensível e, algumas vezes, só quero chorar. Fico num estado que, se você disser "Oi, Julie!", me desmancho em lágrimas. Algumas vezes, olho para mim mesma e começo a rir — estou sentada, chorando sem nenhuma razão. Então, penso: "Por que diabos estou chorando???" Uma semana antes da menstruação, ganho peso, me sinto inchada, fico sensível e irritada. Isso afeta meu trabalho. É fácil interpretar mal as coisas e ficar irritada comigo mesma no dia seguinte. TPM é o desespero da minha vida.

Teri conta:

> De 3 a 5 dias por mês, alterno entre as lágrimas e a raiva. Qualquer coisinha me deixa furiosa. Faço comentários grosseiros sem saber de onde vieram. Normalmente, não há nada que provoque este tipo de comportamento. Nego tudo e digo a mim mesma que vou sair dessa, mas não consigo. O pior é que eu fico irracional — xingo e grito com todo mundo e não sei por quê. Fica pior ainda quando estou estressada. Continuo pensando que deve ter uma razão para isso, mas não tem.

E Florence:

> Os homens adoram fazer pilhérias sobre a TPM, mas precisariam mesmo era começar a entender o pavor que é viver com isso quase uma semana por mês. Antes de menstruar, já começa: fico com o corpo inchado, os seios intumescidos. Algumas vezes, fico deprimida e cansada demais para fazer qualquer coisa, no maior desânimo. Quero largar o trabalho. Tudo e todos me irritam. Sinto como

se fosse desmanchar. Então, de repente, um idiota goza: "Está com TPM, uh, uh!" — tenho vontade de matá-lo! Os homens deveriam mesmo era agradecer a Deus por não terem essas coisas. Fico totalmente fora de controle. Ah! contei das cólicas horrorosas que tenho durante três dias? Se os homens conhecessem uma TPM, não ficariam dando risada.

Não podemos controlar uma TPM. Não tem cura. A cada mês, muitas de nós sofrem no mínimo por causa dos sintomas. Alguns homens agem como se fosse culpa nossa, como se pudéssemos fazer alguma coisa, se quiséssemos. As mulheres dizem que é assustador saber que podem dizer ou fazer coisas durante esse período e ter pouco controle sobre elas.

O que fazer com a TPM

O que você pode fazer, quando você vê os primeiros sinais da TPM atacando? Mostre compaixão. Da mesma forma que vocês não gostam quando estamos tendo uma, nós gostamos menos ainda. É muito desagradável, então, por favor, tenham paciência. Já foi dito que a melhor maneira de lidar com ela é dar-nos bastante espaço.

Myrna disse: "Conto para meu marido e meus filhos que estou com TPM. Isso significa que devem me deixar sozinha o mais que puderem, que é melhor para eles".

Bob e a namorada desenvolveram regras para o tempo da TPM: "Parece que a Carla vira outra pessoa, mas sei que ela não pode fazer nada contra isso. Resolvemos alguns comportamentos que devo ter nestas ocasiões: algumas vezes, deixo-a só; outras, ela quer o meu calor e eu a abraço. Como já foi conversado, não há surpresas".

Após conversar com o companheiro quando estava num dia normal e instruí-lo sobre o que fazer durante os dias críticos, Julie adverte: "Se sua companheira tiver TPM, trate-a com delicadeza e mantenha o sorriso. Seja sensível".

CAPÍTULO IV

A INSEGURANÇA FEMININA:

A verdade sobre a necessidade de segurança

Sua companheira se arrumou toda, mas você está ocupado e não diz nada. Ela pergunta: "Como estou com esta roupa?" "Bem", você responde, voltando toda a sua atenção para o projeto no qual trabalhava. E leva um susto quando ela reclama que você não gostou da roupa dela. "Como não gostei?! O que a levou a pensar assim?" "Porque você só disse que está bom", diz ela, cabisbaixa. Você pensa durante um momento e diz: "Você está muito, muito bem", pensando que ela entenderá que você adorou a roupa nova, mas ela já deixou a sala chorando e dizendo que você nunca diz nada gentil e que não a ama. O que ela esperava? Você elogiou a roupa dela. É claro que você a ama. Como se espera que você prove isso? Dizendo constantemente "Eu amo você". Beijando-a o tempo todo. "Nem pensar!" Você está com raiva quando se pergunta: "Por que as mulheres precisam tanto ser tranqüilizadas sobre os nossos sentimentos?".

Este capítulo explica por que e ilustra quando a compaixão é mais necessária.

Vocês reclamam que as mulheres podem ser totalmente inseguras. Elas precisam de muitas expressões de amor, elogios e muita atenção em geral. Fazem perguntas sobre a aparência que podem provocar problemas, independentemente da resposta. E vocês estão certos: muitas delas são tão culpadas quanto responsáveis por isso. Lidar com a insegurança feminina é difícil, mas elas também têm dificuldades em lidar consigo mesmas. É preciso colocar-se no lugar de uma mulher para entender de onde vem a programação que lhe impuseram. A compaixão será muito apreciada.

Auto-estima frágil

As mulheres são julgadas em muitos níveis e direções. Quando meninas, foi-lhes ensinado que se forem bonitas e delicadas mais pessoas as amarão. Os professores favorecem as meninas mais bonitas e submissas e elas aprendem que quanto mais "parecerem" mais terão.

Como Agradar uma Mulher na Cama e Fora Dela

Na puberdade, desenvolvem a habilidade de ser o mais atraentes possível para o sexo oposto. E isso se torna uma meta.

Aleijadas pelos julgamentos

Ainda pequena, recebi uma mensagem: se você não cuidar do seu peso, nunca vai arrumar um namorado. Eu não era gorda, mas o fato de não ser *mignon* ou magrinha fez com que eu me sentisse inferior — muito antes de eu descobrir os meninos. As meninas mais populares eram as mais magras. Eu gostava de mim, mas meus quilinhos a mais faziam com que me sentisse uma aleijada. Já os meninos com o tipo físico equivalente ao meu eram considerados normais.

Quando eu tinha 15 anos, um rapaz disse que, com o meu tipo e o meu rosto, eu seria de arrasar se perdesse alguns quilos. Esta afirmação arrasou foi com a minha auto-estima e permaneceu em mim até a idade adulta. Olhando para trás, fico com raiva da audácia dele. Ele tinha uma barrigona horrorosa e criticava o meu peso! Com os namorados, no entanto, não tive problemas. Uma mulher com uma aparência semelhante talvez não tivesse tantos homens à volta. Muitas das minhas amigas sairiam com qualquer um, só para ter o relacionamento que lhes ensinaram que precisavam.

A pressão para ser bonita se quisermos ser amadas é alguma coisa que um homem jamais conseguirá compreender. Pergunto às mulheres o que elas acham que são os fatores decisivos para a insegurança, tanto nelas próprias quanto nas outras mulheres. Algumas respostas:

Mary, 18 anos

> Provavelmente, isso é devido em parte às imagens definidas por Hollywood e pela mídia em geral. Acho também que é porque a mulher é freqüentemente criticada, baseando-se apenas na sua aparência. Muitos pais e mães estimulam suas filhas a enfocar a aparência física, o que pode ser nocivo, principalmente na autoconsciência das adolescentes.

Yvonne, 41 anos

> Acho terrível que tantos homens só se preocupem com a aparência. Eles querem uma mulher que seja como uma modelo e isso nos deixa inseguras.

Nora, 34 anos

> Somos constantemente bombardeadas — pela mídia, por nossos pares, etc. — com a idéia de que presume-se que certas coisas não vêm naturalmente até nós. Acho também que muitas mulheres tiveram relacionamentos ruins com o pai e/ou a mãe e ainda são atormentadas por vozes negativas.

Amy, 20 anos

A educação — os pais que nos educaram sem os elogios adequados; o retrato que a mídia faz do corpo da supermodelo como sendo o mais desejável — faz com que a autoconfiança de uma mulher seja destruída, se ela não se sentir bonita ou *sexy* e se os homens não lhe derem atenção.

Madi, 19 anos

Não conseguimos nos livrar dos estandartes da sociedade.

Lee, 42 anos

No conceito do mundo inteiro, somos cidadãs de segunda classe. E estamos cansadas demais para lutar por algo diferente.

Gia, 55 anos

À medida que vou envelhecendo, sinto-me pressionada a esconder a minha idade. Nunca consegui sentir que eu era tão boa quando se esperava que fosse, mas a idade torna as coisas ainda piores. A juventude é o arauto da mulher. Preciso que meu marido esteja sempre me reassegurando que não vai me trocar por uma mulher mais jovem.

Adria, 29 anos

Não crescemos com confiança e individualidade.

Jackie, 38 anos

As mulheres competem umas com as outras por atenção. Nunca me senti segura rodeada de mulheres atraentes, pensando se pareço bonita; fico preocupada se não vou perder com as comparações. As mulheres bonitas parecem receber tudo pronto; o restante de nós se ajusta. Ou se acostuma.

Jenna, 23 anos

O mundo está cheio de mulheres bonitas. E cada uma quer ter certeza de que, para o homem dela, ela é a mulher mais bela do mundo... E a mais inteligente, a mais doce, a que cozinha melhor, a melhor amante, etc. Somos seres competitivos.

Judy, 41 anos

Só tivemos o direito de votar no século XX!

Carrie, 35 anos

Quando eu era criança, ser inteligente diminuía minha autoestima — eram as meninas bonitas e burras que recebiam toda a atenção! Sempre achei que deveria esconder as minhas habilidades e ampliar a minha aparência. Não sei quem sou, se não tiver orgulho da minha inteligência.

Julgamos a nós mesmas com mais severidade do que vocês nos julgam e podemos ser nossos piores críticos, partindo em pedaços nosso já frágil senso de auto-estima.

A pressão para ser bonita começa com os amigos. Desde cedo, aprendemos a competir por atenção e a sermos ciumentas quanto aos resultados. As meninas ficam com inveja das amigas que têm namorado quando elas não têm, das que têm corpo bonito, cabelos sedosos, roupas maravilhosas, etc.

Até hoje, muitas mulheres ainda são assim. Chegam a elogiar uma à outra com frases negativas, como por exemplo: "Gostaria de ter um corpo como o seu" ou "Quem me dera ter um cabelo como o seu".

Muitos homens se perguntam se não é para as outras mulheres que nos preocupamos tanto com a aparência. A verdade é que podemos ser as nossas piores inimigas. Precisamos ser tranqüilizadas, mas freqüentemente não damos uma segurança sincera umas às outras. A menos que desenvolvamos uma auto-estima real, nosso sentido do eu estará sempre dependendo da opinião dos homens.

A auto-estima

O que é realmente auto-estima?

Vejo-a como uma aprovação incondicional — sentir-se confortável na própria pele; o que uma pessoa pensa de si mesma, enquanto ser humano imperfeito.

Tive um namorado que descrevia auto-estima como sendo o empenho para ser o(a) mais perfeito(a) possível. E ele nunca estava satisfeito consigo mesmo ou comigo.

Ser perfeito é impossível. Auto-estima é aceitar-se, apesar disso. É ótimo querer mudar as coisas. Sinto-me melhor quando cuido da minha saúde e do meu corpo, não para atrair um homem. Muitas mulheres não conseguem. Se estabelecemos metas impossíveis, nunca conseguiremos alcançá-las.

Becky me escreveu, contando:

> Sou uma *designer* de sucesso, mas estou sempre preocupada com a minha aparência. Sou considerada uma mulher atraente, mas, no passado, alguns namorados sempre encontravam algo no meu corpo que poderia ser melhor. Eu dava o maior duro na ginástica, mas achava que nunca estava bom. Quando Ricky e eu fomos para a cama pela primeira vez, eu fiz apologia do meu corpo; ele me reassegurou que estava tudo bem, mas eu não acreditava nele. Um dia, ele me pôs nua e, na frente do espelho, começou a mostrar tudo que gostava em

mim, que ele dizia que era o que ele via quando me olhava. Ele, então, mostrou-me as partes do próprio corpo que ele achava que não eram perfeitas e perguntou se por causa delas eu o largaria. Entendi o recado e comecei a me apreciar cada vez mais. Minha auto-estima está crescendo e agradeço ao Rick pela paciência.

A auto-estima é o que uma pessoa pensa de si mesma, mas as mulheres não foram programadas para pensar por si próprias. Como podemos ter uma auto-imagem positiva se o que pensamos é secundário em relação à opinião de um homem? A auto-estima cresce se eles nos querem e vai embora junto com eles, quando isso acontece. Percebe agora por que precisamos ser tranqüilizadas?

A última fonte de pressão é vocês! Pedi a homens e mulheres que avaliassem a importância de algumas qualidades no sexo oposto. As mulheres não minimizaram a importância da aparência, mas a maioria delas nem de longe lhe deu tanta importância quanto vocês — elas acham que outras qualidades são mais significativas no poder de atração que exercem sobre o homem. Um após o outro, no entanto, os homens se referiram a elas mesmas apologeticamente como tão superficiais quanto eles reconhecem que o excesso de peso define com força a decisão de com quem vão sair.

Agora, você consegue imaginar por que somos tão inseguras com a aparência?

Imagens distorcidas

Já ouvi dizer que auto-estima baixa é como uma epidemia entre as mulheres. Uma grande porcentagem delas inventa defeitos em pelo menos algum aspecto da aparência. A necessidade feminina de ser perfeita torna os olhos atentos na busca do menor defeito de que se tem notícia. Sabemos como ampliá-los. Ficamos estressadas por causa deles. E nos odiamos por tê-los.

Raramente encontrei uma mulher que se sentisse completamente satisfeita com a aparência. Algumas com corpos estonteantes me mostraram algumas microgramas que elas se convenceram de que devem sair de onde estão.Vocês, homens, ficariam surpresos se pudessem nos ver olhando-nos nos espelhos distorcidos criados por nossa mente, em que muitas de nós vêem a si próprias — ganhamos peso e temos insignificâncias que vocês jamais verão.

Mulheres com excesso de peso ou consideradas pouco atraentes se descrevem. Algumas são precisas. Somos obcecadas pela perfeição.

Gwen, 42, uma esbelta manequim, justifica:

Sei que sou magra, mas vocês não viram a flacidez do meu estómago. E as minhas coxas? Não estão firmes como deveriam. Não

> posso me queixar dos homens, mas tenho certeza de que eles foram muito polidos. Não quero que um homem me deixe só porque o meu corpo não é perfeito, por isso não permito que nenhum namorado me veja completamente nua — visto uma lingerie *sexy* e tomo o cuidado de apagar as luzes antes de fazer sexo. Por que correr o risco de ser rejeitada?

Homens que têm fixação pelo corpo da mulher podem acabar desenvolvendo uma neurose em relação à obesidade. Muitos admitiram ter forçado pelo menos uma namorada a perder peso.

Isso nos deixa num estado deplorável. É difícil perder peso sob pressão. *Vocês*, que comem bem sem ganhar nem um grama, não conseguem imaginar quão difícil isso pode ser.

Um dos meus namorados disse, certa vez, que eu ficaria mais bonita se perdesse alguns quilinhos. Quando eu respondi que, neste caso, deveríamos parar de sair para jantar, ele respondeu que eu deveria ir mais à academia. Ele não conseguia relacionar: eu tinha de comer menos para manter o meu peso, mas ele me acusava de não estar fazendo ginástica suficiente.

Os homens são notórios pelos comentários sarcásticos, induzindo uma mulher a entrar para uma academia ou tentando controlar sua comida. É mais do que suficiente para encrespar a insegurança. Críticas vindas de um homem machucam. As mulheres já baixaram o próprio astral o suficiente. Falo sempre para elas que elas não podem mudar os homens e o mesmo vale para vocês. Peguem leve, rapazes. Forçar uma mulher a perder peso não a ajuda em nada. Tentem ampará-la — pode ser que funcione!

Você está ciente de quantas pessoas nos atormentam por causa da aparência? Ganhei alguns quilinhos nas férias e já ouvi comentários. Quando os perdi, nada me disseram.

Os homens não precisam tanto de ser tranqüilizados. John disse: "Elogios deveriam ser o tempero, não a expectativa. Posso passar meses sem ouvir um único e só perceber que não tinha recebido nenhum quando ouvir o primeiro... Sou feliz sem eles e mais feliz ainda com eles".

Muita sorte têm os homens que não precisam de palavras positivas. Talvez eles não sejam tão acanhados. As pessoas não lhes dão tanta atenção. Eles não se importam se alguém repara quando cortaram o cabelo ou se estão usando uma camisa nova. Já a mulher, se o companheiro não diz nada, interpreta a atitude como desaprovação.

Dawn contou:

> Eu ficaria bem se não tivesse de encontrar as pessoas. Olho minha cara no espelho pela manhã e gosto do que vejo. Meu ego pode começar a ser esvaziado na hora do almoço, se alguém pergun-

ta, por exemplo, por que eu cortei o cabelo tão curto — ele parecia melhor, antes. Poderia ter rugas aparecendo sem que ninguém precisasse recomendar que me livrasse delas. Um amigo pode comentar que ganhei alguns quilos. Posso encontrar meu namorado para o almoço e ele não dizer nada de bom, o que me deixará chateada. As pessoas são estúpidas, mas eu levo isso a sério.

As mulheres precisam de palavras positivas, mas recusam-se a acreditar nelas. Um homem não consegue dizer a uma mulher muitas vezes que a ama ou que ela é linda. Ao mesmo tempo que as mulheres dão a vida por um elogio, eles são difíceis de serem aceitos. Apenas nos últimos anos, aprendi a aceitar os elogios e dizer apenas "obrigada". Na maior parte da minha vida, senti-me chateada em resposta aos elogios — primeiro, porque eu não acreditava neles; e segundo, porque me ensinaram que as pessoas gostam mais de meninas modestas.

As mulheres são muito sensíveis ao fato de estarem envelhecendo, principalmente porque existem dois pesos e duas medidas sobre a velhice. Aos homens, ela acrescenta personalidade. Cabelos brancos e linhas marcadas no rosto fazem com que eles sejam distinguidos, torna-os mais afáveis. Quanto a nós, mulheres, não existe uma palavra *sexy* ligada à idade, de modo que receamos que os homens não nos queiram mais se ficarmos parecendo velhas. Isso está mudando — obrigada, mulheres adoráveis como Susy Sarandon e Jane Fonda — mas a maioria de nós ainda associa o envelhecimento à falta de atrativos. Isso é ridículo. Sei que estou melhor agora e saio com homens jovens, ao contrário de muitas mulheres. Mulheres com boa auto-estima ainda não contam a idade. Muitos de vocês apreciam mulheres mais velhas, mas o estigma ainda está aí — outra fonte de insegurança.

Mulheres independentes e bem-sucedidas = atraentes ou ameaçadoras?

Os homens dizem que são atraídos por mulheres independentes e bem-sucedidas, mas muitos de vocês não conseguem lidar com isso. Tenho certeza de que vocês as acham atraentes. Elas têm um sustento garantido, são mais *sexy* e estimulantes, representam um desafio, são capazes de lhe dar mais espaço — mas a programação masculina de provedor e protetor pode não ser tão confortável com uma mulher que sabe cuidar de si mesma.

Essa deveria ser a mulher dos sonhos de muitos homens. Eles a cobiçam, mas acabam ficando com as desamparadas e indefesas meninas de quem reclamam que são muito carentes. Que vergonha para ambos os sexos!

Muitas mulheres sabem que os homens ficam intimidados diante de uma mulher bem-sucedida, confiante, independente e/ou muito inteligente. Foi-nos ensinado que essas qualidades nos deixam "pouco femininas" aos olhos dos homens, o que não nos motiva a mostrá-las a vocês.

Sabemos como jogar esse jogo: quando encontramos um homem que não nos parece muito seguro de saber atuar junto a uma mulher assim, deixamos essas qualidades escondidas por baixo dos panos. Conheço muitas mulheres que acham que precisam "representar" para não assustar demais os homens.

Homens que têm dinheiro e poder, mesmo quando não são atraentes, arranjam com quem sair. Isso porque muitas mulheres são atraídas por dinheiro, sucesso e poder, mas essas qualidades em uma mulher, inclusive em uma realmente atraente, não obtêm os mesmos resultados. Uma mulher desse porte pode ameaçar o seu ego.

Você consegue lidar com uma mulher que tenha mais sucesso do que você? Seja honesto. Uma mulher que consegue ganhar mais dinheiro ou ter um emprego melhor do que o seu faz com que você se sinta menos homem?

Vocês acham independência e sucesso atraentes em um nível, mas muitos homens admitem que ficariam inseguros com uma mulher que tivesse uma carreira mais bem-sucedida do que a sua.

Foi isso o que acabou com o casamento de Sam, conforme ele mesmo nos contou:

> Fui atraído pela Janet porque ela era inteligente. Me apaixonei imediatamente e achava que a carreira dela era maravilhosa. Seu sucesso era estimulante. Nossos primeiros anos de casamento foram felizes e eu aceitava que ela fosse a vice-presidente de uma grande companhia e ganhasse muito mais dinheiro do que eu. Ela crescia mais rápido do que eu na carreira e nossa diferença de salário foi ficando cada vez maior. Eu já não me sentia mais como um homem. Janet não se preocupava com isso, mas queria gastar o seu dinheiro — e eu não queria que ela fizesse isso. Como homem, eu queria pagar a metade do que gastávamos, mas não podia lhe proporcionar o que ela queria. Ela tinha o direito de gastar o que ganhava, mas isso fazia com que eu me sentisse menos do que um homem. Este problema acabou matando nosso casamento. Admito, a culpa foi toda minha. Eu criei o problema. Janet nunca entendeu por que eu ficava tão chateado cada vez que ela gastava dinheiro. É esta merda do machismo arraigado em mim!

Homens com quem saí perguntaram variações do conhecido "O que uma mulher como você está fazendo com um homem como eu?".

Isso é um dilema. Agora, que a minha carreira está indo bem, é difícil encontrar homens que não se sintam intimidados com o que faço. Tenho uma carreira em ascensão, mas gosto que a minha vida pessoal seja simples. Em um relacionamento, adoro ser paparicada e mimada e não quero estar no comando, mas o fato de um homem saber que posso cuidar de mim mesma, muitas vezes, o intimida.

Outras mulheres de sucesso concordam, embora muitos homens se sintam atraídos no primeiro momento. Um homem que não esteja muito satisfeito com a sua própria carreira pode nos ver como se estivéssemos lhe lembrando que ele não está onde gostaria. Os homens gostam de se sentir necessários e não compreendem que uma mulher de sucesso também precisa de um homem — de uma maneira saudável.

Respostas inteligentes para perguntas idiotas

Por que fazemos perguntas que não podem ter uma resposta boa?

Existem milhares de piadas a respeito de futilidades como perguntar "Você acha que esta roupa faz com que eu pareça mais gorda?". Ela pretende assegurar o que cada mulher deveria saber. E assim continuamos a atormentar a vocês e a nós mesmas. A insegurança pode fazer um belo estrago nos nossos pensamentos.

As perguntas

"Você acha que eu pareço gorda?"

Perguntas sobre a aparência, especialmente se se referem ao peso, põem o homem atrapalhado. Raramente ele conseguirá encontrar uma resposta satisfatória, apesar de ela continuar perguntando...

Responder "sim" terá conseqüências óbvias. Responder "não" pode levar a mais perguntas similares, tais como: "Você acha que a minha bunda está muito grande?", porque ela não acredita em você. Quando faz essas perguntas, espera que você consiga encontrar respostas mágicas para tranqüilizá-la de uma vez por todas. E elas não existem. A insegurança feminina faz com que uma mulher consiga suspeitar dos mais sinceros elogios.

John estava frustrado porque sua mulher não conseguia perder os quilos que tinha ganhado. Tranqüilizá-la não foi útil e ele achou a verdade contraproducente, porque ela ficou mais insegura e ganhou mais peso.

John estava frustrado quando nos contou:

> As mulheres têm uma habilidade incrível de distorcer e modificar a realidade, de modo a evitar ter de enfrentá-la. "Você acha que essas calças compridas fazem com que eu pareça gorda?" Não. As calças não fazem com que você pareça gorda. É o grande acúmulo de gordura que você tem no corpo que faz com que você pareça

gorda. A pergunta poderia ser: "Você acha que essas calças fazem bem o trabalho de esconder como estou gorda?" Tive de ouvir essa pergunta pelo menos uma vez por semana.

"Como estou?" Perguntas como esta poderiam ser fáceis de responder, mas também requerem diplomacia. Uma mulher é capaz de encher o saco de um homem com perguntas do tipo "Gostou do meu vestido novo?" "Qual sapato você acha que fica melhor com esta roupa?" "Você acha que eu deveria cortar o cabelo?".

Pense antes de responder a essas perguntas capciosas, a não ser que você goste do gosto de cabo de guarda-chuva na boca. Evite respostas que possam desencadear mais perguntas. Você pensa que dizer que o vestido faz com que ela pareça mais magra é suficiente? Ela pode vir com outra: "Por quê? Você acha que eu normalmente pareço gorda?" Escolha um par de sapatos e ... "Por que escolheu este? Não gosta do outro?".

Nancy admitiu:

> Pergunto o tempo todo ao meu marido como estou. Ele fica maluco, mas não consigo parar. Olho no espelho e fico preocupada, então, pergunto a ele. Ele diz coisas agradáveis, mas eu não acredito, contudo, como quero ouvir, continuo perguntando. Nem eu sei uma resposta capaz de me satisfazer. Sou insegura e receio que, um dia, meu marido acorde, veja o que eu vejo e me deixe. Fico impressionada e me pergunto se não continuo perguntando como estou para testá-lo, para ter certeza de que ele vê que eu não sou perfeita. É um círculo vicioso terrível. Eu pergunto, ele responde, eu não acredito nele e pergunto de novo e assim por diante. Gostaria de me sentir bem comigo mesma. Acho até que estou forçando-o a dizer as coisas negativas nas quais acredito. É ridículo o que pergunto, mas pergunto de novo as mesmas coisas, sabendo que não vou aceitar a resposta dele.

Essas perguntas são parte do jogo de segurança. Eu disse a você o que podemos ver no espelho. Se uma mulher se sentir envergonhada ou em dúvida sobre a sua aparência, vai buscar segurança, mas a baixa auto-estima previne-a sobre a veracidade da sua opinião.

Devo enfatizar que nem todas as mulheres são assim. Algumas fazem perguntas como essa para terem uma informação legítima. Fica claro se a sua companheira é das que querem uma resposta verdadeira ou se é das que querem ser tranqüilizadas. Não amontoe todas as mulheres no mesmo saco.

As respostas

Qual seria a melhor resposta para essas perguntas sem resposta?

"Estou atrasado para uma reunião, preciso correr", ou mudar de assunto raramente funcionam. Gostaria de ter respostas específicas, mas cada mulher e cada pergunta são diferentes. Respostas do tipo "Não, você não parece gorda" ou "Seu vestido é lindo" são muito genéricas e soam como se você estivesse apenas se livrando, sem nem pensar no que diz. A mulher quer saber se você está dando à resposta a consideração que ela merece.

Por favor, rapazes, entendam como as suas palavras são importantes e usem a compaixão para responder. Quando uma mulher pergunta: "Você acha que estou bem/pareço gorda?", ela já sabe o pior e precisa que vocês a façam mudar de idéia.

Algumas vezes, entrar em detalhes ajuda. Dizer por que o cabelo dela lhe agrada naquele momento e por que você acha que ela também fica bem com o cabelo curto, inclusive com elogios, pode realmente funcionar bem. Razões específicas parecem mais verdadeiras. "Seu rosto é bonito; o cabelo curto lhe fica bem porque acentua sua beleza, mas o cabelo comprido é mais *sexy* e eu gosto de brincar com ele." Um pouquinho de ignorância no assunto, mesclada com elogios, também pode funcionar: "Não entendo muito disso, o seu gosto é muito mais apurado do que o meu" ou "Para mim, você é sempre linda" ou "Os dois sapatos são bonitos, é difícil para eu decidir. Escolha você: confio no seu gosto!" Se você disser "Não sei", ela interpretará como uma negativa ou falta de atenção.

Você está entendendo o que quero dizer?

Estou sendo honesta. Se a sua companheira faz perguntas sem resposta e reage bruscamente às suas respostas, seja evasivo, alegue ignorância e faça elogios específicos. Dê detalhes, em vez de dizer "Não, você não parece gorda"; eles serão levados mais a sério. "É claro que você não parece gorda. Esta blusa fica *sexy* em você" ou "Você está ótima. Gosto desta cor para você. Esta blusa é linda/*sexy*/bonita/tem estilo", etc. Aprenda a descrever, de modo que você possa dar respostas melhores para essas perguntas sem resposta. Cuide apenas para não padronizá-las! Use palavras bonitas para dizer o que você sente, elogie o que você realmente gosta.

Algumas vezes, esse comportamente traz consigo uma atitude terrivelmente desleal que é colocar o companheiro — você! — na berlinda, dizendo coisas como "Se você me amasse de verdade, você faria..." para manipulá-lo, induzindo-o a fazer o que ela quer. Por exemplo, você também não precisa ir fazer compras com ela para lhe provar o seu amor ou aceitar que ela o acuse de não amá-la porque você não quer entrar nesse jogo. Gentilmente, esclareça as coisas. Diga-lhe que este é um jeito injusto de ela atingir seus objetivos. Você a ama, mas não precisa fazer compras com ela para lhe provar. A auto-estima é um processo longo — sua paciência, compaixão e reafirmação podem ajudar.

"No que você está pensando?"

Com que freqüência você já ouviu uma pergunta como esta da sua companheira: "Você está tão quieto, no que está pensando?" ou "Você está com uma cara engraçada, qual é o problema?" ou ainda "Está tudo bem?"

Uma mulher pode parecer paranóica: você está com indigestão e ela está lendo no seu rosto que você está querendo deixá-la. Francamente! Muitas são capazes de ficar neuróticas, pensando que alguma coisa pode estar errada, se a sua atitude em relação a ela não for de puro amor e alegria.

Se tivesse jeito, algumas seriam capazes de monitorá-lo 24 horas por dia. Pode achar que os seus sentimentos mudaram, que você a está trapaceando, que você não a acha mais atraente, qualquer coisa que ela for capaz de inventar.

A necessidade feminina de ler os pensamentos de um homem é desnecessária. Ela nunca conseguirá saber tudo que se passa na cabeça dele. E as coisas ficam ainda piores quando ele diz: "Está tudo bem", quando alguma coisa está errada. Ela não consegue distinguir entre o que pode afetá-la e uma indigestão, de modo que se interroga sobre *toda* cara dele que pareça engraçada.

Seja honesto sobre não ter pensamentos para compartilhar ou qualquer coisa que seja, mas não diga isso com uma atitude. Uma resposta calma funciona melhor.

Como apaziguar a insegurança da mulher

Vou-me repetir mais uma vez: o melhor é mostrar compaixão pela insegurança dela. Paciência agora pode resultar em mais paz no futuro. Quando você a tranqüiliza, ajuda a relaxar o medo que ela sente de não ser adequada ou de perdê-lo. Quando a insegurança dela aflora, mostrar o seu amor em vez de se aborrecer pode ter um resultado melhor a longo prazo.

Abaixo, algumas coisas que você pode fazer para que ela se sinta melhor e afrouxe a pressão:

Pare de esperar que as mulheres sejam as criaturas perfeitas que muitas de nós acham que têm de ser.

A perfeição não é real. Afrouxe esta pressão, que é melhor para os dois. Os homens são, pelo menos, parcialmente responsáveis por perpetuar a noção de que as mulheres devem ser perfeitas tanto na aparência quanto nas atitudes.

Ian lembrou: "As mulheres se sentem inseguras durante a maior parte do tempo, mas quem as deixou deste jeito? Os homens!".

Muitos de vocês, quando conhecem uma mulher, colocam-na num pedestal e, então, quando enxergam os defeitos, começam a minar-lhe as bases. Isso não é justo!

Alyssa contou na classe:

> Damon me tratava tão bem quando começamos a sair! Eu me sentia bem comigo mesma. Devagarinho, porém, ele logo começou a fazer o que chamou de sugestões sobre pequenas coisas que gostaria de mudar em mim. Eram alguns "toques": ele sugeriu, por exemplo, que eu fizesse ginástica para firmar o corpo e que usasse roupas que o excitassem mais. Quando eu sugeri que ele gostasse de mim do jeito que eu era, ele respondeu que gostaria mais se eu me aperfeiçoasse. Aperfeiçoasse!!! Na opinião de quem? Até tentei fazer do jeito que ele queria, mas me senti nojenta e disse que ele deveria me aceitar do jeito que eu sou. Ele insistiu que queria que a sua mulher fosse perfeita e que eu deveria querer agradá-lo. Tive certeza de que nunca seria boa o suficiente para agradá-lo e me sentia insegura a maior parte do tempo. Ele não era perfeito, mas eu o aceitava. Finalmente, ele me trocou por uma mulher mais magra. Por que os homens pensam que têm o direito de esperar que as mulheres sejam perfeitas? Eles não são perfeitos!

Pare de criticar a aparência dela

Muitas mulheres reclamam que os homens criticam a aparência delas de um jeito que faz com que elas sintam que, se não perderem peso — ou não mudarem o estilo do cabelo, ou não se vestirem de outra maneira, ou não usarem maquiagem, ou não mudarem de atitude, ou, ou, ou... —, eles poderão deixá-las (ou continuar fazendo com que se sintam horríveis).

A tentativa de atingir essas expectativas tão freqüentemente injustas alimenta a insegurança feminina. Perder peso não é fácil, principalmente sob pressão. Eu sempre perdi peso ou comi mais sem ganhar um grama, quando estava vivendo um relacionamento agradável, com um cara que parecia estar feliz comigo. O corpo digere o alimento de maneira diferente quando está estressado. O apoio amoroso facilita a manutenção da boa aparência da mulher. Renovar a "campanha contra os quilos extras" não vai trazer bons resultados.

Emma contou:

> Quando eu estava com Glenn, quase me matava de fome para perder os quilos que ele detestava. Eu tentava, mas raramente perdia peso. Ficava nervosa com medo de perder Glenn e não queria comer nada o dia inteiro, mas, então, ele me deixava chateada com alguma coisa e eu comia um monte. Eu não compreendia por que perdia tão poucos quilos, enquanto me matava de fome durante semanas. De-

pois que terminamos, encontrei Terry. Ele é muito mais amável e diz que está feliz por eu ser do jeito que sou. Antes, eu vivia tensa, esperando por uma crítica; com Terry, pouco a pouco, fui relaxando e me convencendo de que é mesmo verdade. Não consigo saber por que, mas meu corpo está ficando com uma forma cada vez melhor. Sem a pressão para perder peso para não se perder alguém, os quilos estão indo embora!

Ajude-a a relaxar com o próprio corpo

É complicado quando a sua companheira engorda. As pessoas dizem que é falta de apoio achar que ela não é mais atraente. Eu discordo. Isso é normal e eu não culpo os homens que como John acham que não é fácil de aceitar. A obesidade não é atraente para muitos de vocês, mas todos nós podemos ganhar peso, pelas mais diferentes razões. Esforçar-se com ela para encontrar a causa e o remédio — e estou pensando em aconselhamento e nutricionista, entre outros meios — é a maneira mais gentil de ajudar. Ficar importunando para que ela perca peso raramente funciona, ao contrário, traz sentimentos ruins que podem motivá-la a comer mais.

Muitas mulheres adorariam perder peso e sentem-se mal quando ganham alguns quilos, quer vocês fiquem ou não falando nisso. Elas têm olhos na cara. Assim, apoiar funciona melhor. Quando rompi com meu namorado que vivia me incomodando por causa do meu peso, perdi vários quilos sem fazer força, apenas por ter relaxado a pressão.

Não jogue nela os seus próprios problemas

Se você não se sente bem consigo mesmo, pode acabar atormentando a companheira. Se você não está contente com a sua vida, acha que está abaixo da função que exerce ou que merece um emprego melhor, se você não se sente respeitado... Pode olhar para a companheira de um jeito mais crítico como um reflexo de como você se sente em relação a si mesmo.

Muitas vezes, por não se sentir capaz de controlar o trabalho ou outras pessoas, o homem precisa controlar a aparência da mulher, na tentativa de ter uma fonte de orgulho. Não é justo. Esforce-se para melhorar a si mesmo.

Aceite que ela é humana

A aparência da mulher não é a única área em que são projetadas as expectativas idealizadas. Alguns homens esperam que elas sejam também perfeitas em higiene e nas funções do corpo.

A insegurança feminina   79

Você consegue fazer uma idéia de como é ser consumida pela necessidade de são "uma perfeita *lady*" — quer dizer, arrumada, limpa, delicada, "boa menina"? Coisas que são totalmente aceitáveis em um homem, não são aceitas em uma *lady*: as funções naturais do corpo são olhadas com desprezo, quando vêm de uma mulher.

Não tenho a intenção de ser rude, rapazes, apenas estou jogando na cara de vocês certos fatos que vocês conhecem, mas preferem não pensar a respeito. As mulheres também suam, têm gases e fazem outras coisas que criam odores.

Sherri escreveu: "Alexandre esperava que eu fosse doce e limpa, apesar de ele mesmo não precisar ser nada disso. E eu ainda fico sem graça, se for menos do que a expectativa dele... Por favor, diga aos homens que somos humanas".

Contrariamente às imagens da mídia a respeito de odores e barulhos do corpo, as mulheres têm funções iguais a vocês e muitas passam aperto para escondê-las. Elas costumam negar o que não seja considerado feminino. Já cheguei a ouvir gente dizer que não sua — "transpira", "anima-se"...! Ora, vamos ser realistas! Somos humanas! Nosso próprio medo de que vocês percam o interesse por nós é uma tremenda pressão! Por favor, aceitem-nos em nosso estado humano.

Reafirme que ela está ótima do jeito que está

Os homens precisam aceitar as mulheres do jeito que elas são: imperfeitas, humanas e tudo o mais. Uma mulher precisa que um homem a ajude a parecer atraente, *sexy*, importante e especial — para quem ela é realmente tudo isso! É uma vergonha que nós precisemos tanto de reafirmações, para nos tranqüilizarmos a respeito, mas tivemos muitas regras amarradas com críticas, quando éramos meninas, o que tornou difícil que nos aceitemos como somos. "Seja boa." "Seja arrumada." "Preste atenção ao peso."

Elogios e reafirmações aliviam velhas feridas. Diga que ela faz você feliz e o que a torna tão especial. Isso é realmente significativo. Algumas palavras de amor agora podem deixá-la muito contente. Não é assim tão terrível de dizer e faz com que ela se sinta ótima.

Eis o que diz a Sheila:

> Muitas vezes, me perguntei por que eu precisava tanto de palavras de reforço do meu namorado. Algumas vezes, ele dizia que me amava, mas eu queria ouvir isso com mais freqüência. Eu queria saber se ele se sentia irresistivelmente atraído por mim e se eu era a única mulher no mundo para ele. Tenho um excelente trabalho e sei que outros homens se sentem atraídos por mim, mas, quando estou com Harold, volto a ser a menininha insegura, que precisa que lhe digam que é suficientemente boa. Já fiz terapia, mas não consigo me

livrar disso. A maioria das minhas amigas também sente o mesmo. O que há de errado conosco? Por que saber que somos boas não é suficiente? Por que a afirmação tem de vir "dele" para confirmar aquilo que, sinceramente, já sabemos?

Acrescente algumas palavras aos seus atos

Tive um namorado que nunca fazia elogios ou expressava sentimentos. Isso me deixava louca. Seus atos não deixavam dúvidas a respeito do seu interesse por mim, mas eu precisava que isso também fosse expresso verbalmente. Eu ansiava por elogios, apesar de eles serem ditos pelos olhos dele. Quando eu reclamava, ele me lembrava que tinha dito no primeiro encontro que eu era bonita. Não era suficiente? Não, não era. Isso não amortecia em nada o tanto que eu apreciava a maneira como ele me tratava, mas as palavras também eram importantes. Inclusive eu, uma mulher cheia de confiança na própria aparência, precisava de palavras. Fiquei com raiva de mim mesma. Não gostava de precisar delas, mas isso não muda em nada a necessidade.

Juro que a sua língua não vai cair por causa de algumas palavras de amor. Benn aprendeu isso e ficou bom no assunto!

> Quanto mais Favia pedia, mais eu escondia meus sentimentos. Cheguei a me perguntar se deveria ficar com ela — ela parecia tão insegura! É uma mulher bonita — eu não compreendia por que precisava ficar dizendo isso a ela, repetidamente. Quando estivemos com a família dela, fiz o que você sugeriu: prestei atenção nela, quando estava junto ao pai. Favia ficou nervosa, não sabia o que mais fazer para agradá-lo. E fiquei surpreso como ele a criticava. Do outro filho, ele falava de um jeito positivo, mas não dela. Mais tarde, perguntei como o pai a tratava, enquanto ela crescia, e ela me contou que ele procurava defeito em tudo que ela fizesse; segundo ele, nada nunca estava bom o suficiente. Você estava certa. A insegurança da mulher pode vir do seu relacionamento com o pai. Agora, eu a compreendo e demonstro compaixão. Comento mais freqüentemente como me sinto. Que mudança ocorreu nela! Ela está até mais despreocupada. Eu não conseguia fazer isso antes — pensava que era tolice — mas agora gosto de fazê-la feliz desse jeito. Quem pensaria numa coisa dessas?

Diga as coisas boas que você sente

Você pode não perceber quanto tempo uma mulher leva se arrumando para sair. Se você não reparar, ela ficará decepcionada. Uma mulher pode se olhar no espelho e ter certeza de que está linda, os outros podem elogiá-la, mas enquanto o amado não o faz, ela não sente que foi válido. Dê-lhe o que ela precisa! Diga o que você sente, mesmo se achar que é bobagem. Tente afirmações mais genéricas, do tipo: "É ótimo olhar para você", quando você chega em casa, ou "Adoro ficar com você", se vocês estiverem se divertindo. Não é nada muito complicado e ela adorará ouvir.

Vamos encarar os fatos: muitas mulheres ficariam impressionadas com qualquer coisa que você disser. Não é preciso mentir, mas se você gosta da sua companheira, encontre palavras que tenham a sua cara para dizer isso a ela, de vez em quando.

Valorize-a no que ela tem de melhor e diga-lhe isso

"Penso, logo, existo." (René Descartes)

Quando um homem trata uma mulher de um jeito que lhe informe que ele espera muito dela, as chances são de que ela atenderá às expectativas dele. Se ele enfocar os defeitos dela, ela se tornará amarga e, da mesma forma, atenderá às expectativas negativas dele. Adquira o hábito de expressar sua apreciação pela companheira. Regularmente, diga que você a ama e aprecia sua essência, quer dizer, aprecia a pessoa que ela é. Abrace-a, enquanto diz como ela é importante para você. Reforce a beleza que existe nela e ela terá mais beleza! Maximize as suas qualidades positivas e elas ficarão cada vez maiores!

CAPÍTULO V

O DESCOMPASSO EMOCIONAL:

Como lidar com os sentimentos sem perder o controle

Você gosta da sua nova namorada. Ela tem todas as qualidades que você deseja numa mulher. Vocês ficam cada vez mais tempo juntos. As coisas estão esquentando entre vocês. Quando ela começa a se sentir incrivelmente bem ao seu lado, a lembrança dos dois últimos relacionamentos começa a assombrá-lo. Duas vezes você acreditou e se machucou. Foi preciso um longo tempo para que a última decepção parasse de doer. Então, de repente, você se vê hesitando se deve entregar-se a esse novo amor. E se ela também o magoar? Você esfria um pouco. Ela percebe e pergunta o que aconteceu. É claro que você não quer contar. É melhor se resguardar. Afinal, você acreditou nas outras duas e olha só o que aconteceu... Você, então, se esquiva das perguntas e continua frio. Só que, agora, as coisas entre vocês já não são mais as mesmas. Ela até continua levando tudo numa boa, mas você começa a evitá-la. Ela diz que você não tem coração nem sentimentos. Ah! o problema é que você tem demais e não pode enfrentá-los! Você se surpreende porque não pode sentir as emoções de um jeito normal num relacionamento. Por que diabos as mulheres não podem deixar isso de lado e apenas se divertirem? Você ainda se pergunta: Por que me sinto tão ordinário por estar caindo fora? Por que não consigo achar as respostas para essas perguntas?

Seja bem-vindo ao "Poupe sua vida 101". Este é o capítulo mais longo, considerando-se que desenvolver o seu bem-estar emocional é fundamental para um relacionamento. Após absorver o conteúdo dele, você terá poucos problemas com as mulheres, conseguindo se relacionar melhor com elas. Este capítulo é o trampolim para um relacionamento realmente bom. Em algum nível, a maioria dos problemas está ligada a reações emocionais. Aprender a flexionar os músculos do coração ao esticar as paredes que mantêm juntos os seus sentimentos, mesmo se for só um pouquinho, fará de você um homem forte.

Não recomendo que se faça grandes mudanças *para* uma mulher, a não ser que o relacionamento seja abusivo. Se a mudança faz de você um homem mais forte por colocá-lo no controle de si mesmo e na maneira que reage às próprias emoções, o resultado pode ser um parceiro feliz. Fico rindo só de pensar em quanta alegria você pode atrair com essa nova perspectiva, mas é você quem tem de fazer isso por si mesmo!

As mulheres são mesmo muito diferentes no que toca às emoções? Não, se eu me basear no que vocês, homens, me contaram.

Poucas não colocaram os pés pelas mãos no amor, pelo menos uma vez e sabem como isso machuca. A maioria já experimentou a decepção amorosa em vários níveis e sabe que não é nada bom. Homens e mulheres sentem as emoções da mesma maneira. O que muda é o jeito que as vemos ou lidamos com elas.

Como compreender as reações emocionais de uma mulher

Os homens se queixam de que as mulheres são muito emocionais. Muitas realmente vivem e respiram pelo coração, mas a diferença exata é que elas colocam a emoção que sentem para fora, enquanto eles as guardam para si. Se uma mulher quiser saber o que um homem está sentindo e ele não quiser compartilhar com ela, ela pode se tornar ainda mais emocional, o que pode espantá-lo mais ainda.

A educação da mulher

Apesar de existirem diferenças genéricas na criação dos meninos e das meninas, minha teoria é que as mulheres são mais emocionais porque, desde a infância, fomos condicionadas a usar as nossas emoções. Para nós, as aulas de "Aborrecimento número 101" começam cedo. Lamúrias e lágrimas não funcionam para os meninos. Às meninas, inversamente, é mostrado que, se forem emocionais, poderão ter tudo o que querem. Uma menina chora e ganha uma bala. Um menino chora e recebe rejeição: "Aja como um homem!", dizem as pessoas. Os homens recebem aprovação quando guardam a emoção para si mesmos. Essas mensagens formativas têm um profundo efeito na maneira como lidamos com as saídas emocionais.

Como mulheres, aprendemos que as emoções podem ser instrumentos para encontrarmos a solução. Se papai diz "não" e a menina o incomoda bastante, ele muda para "sim". Quando queremos algo e choramingamos, os adultos nos dão. Manipulamos com lágrimas e manobras emocionais. Já para os meninos, isso não funciona. Mais tarde, adultas, usamos as lágrimas para influenciar as pessoas, enquanto vocês, homens, continuam sufocando as emoções. Manipular as pessoas com as nossas emoções é tão arraigado nas nossas habilidades para a sobrevivência que nem sempre estamos conscientes de fazê-lo. Muitas mulheres ainda não se deram conta de que isso não funciona.

Liz contou:

> Sempre usei as lágrimas para ter o que queria. Aprendi a fingir que chorava na adolescência e continuei usando este ardil com homens delicados. Já mais velha, minhas explosões emocionais não funcionavam tão bem com os homens com quem eu saía: alguns faziam o que eu queria, outros recusavam-se. Quando encontrei Steve, vi nele o homem com quem seria capaz de passar o restante da vida e usei o meu jeito habitual para superar as coisas que não eram do meu agrado. Ele interrompeu a minha trajetória e perguntou o que eu pretendia com aquela atitude. Steve estava apaixonado por mim, mas sentia-se transtornado pela maneira como eu o manipulava com as minhas emoções. Ele me assegurou que teríamos grandes chances de ter um relacionamento sério, se eu tentasse me comunicar honestamente. Tem sido duro parar com alguma coisa que se transformou na minha segunda natureza, mas Steve me mostra quando escorrego. Graças a Deus encontrei um homem que não teve medo de me dizer a verdade. Quem sabe quantos homens perdi no passado, por causa dessa atitude?

Eu também costumava manipular as pessoas com as emoções como uma criança e fiz isso durante bastante tempo, até que, finalmente, comecei a prestar atenção ao tom da minha voz, quando eu não estava conseguindo ter o que queria. Fiquei nauseada: ela era repugnantemente queixosa. Isso fazia parte da minha natureza de tal forma que eu nunca tinha sido consciente daquele tom de lamúria antes. Desnecessário dizer o esforço que fiz para mudar. Até hoje uso este tom de voz quando estou muito chateada, mas posso controlá-lo melhor, a estas alturas. Algumas mulheres não conseguem.

Você ainda se surpreende por que não conseguimos parar com o hábito de usar as emoções quando queremos alguma coisa e por que vocês não se sentem à vontade expressando-as?

Não é fácil interromper programações de uma vida inteira. Meninos valentões se tornarão homens valentões, auto-suficientes, sem emoção. Meninas delicadas e melindrosas se tornarão mulheres enfadonhas e emocionais. Estamos cansadas de ver isso se repetindo, sabemos que não funciona, mas não sabemos o que fazer para interromper o ciclo. Talvez entender onde estes padrões se formaram o ajudará a ter um pouquinho mais de paciência conosco.

A raiva na mulher

A raiva é um grande elemento catalisador das emoções. Se um homem não quer dar à mulher o que ela acha que deve ter, primeiro, ela fica frustrada; depois, com raiva. Explosões emocionais podem ser o resultado de emoções reprimidas. Quando um homem expressa a insatisfação, considera-se que ele emitiu a sua opinião. Quando uma mulher faz o mesmo, a reação das pessoas pode ser negativa. Fomos programadas para sermos gentis, quietas e a guardar a opinião para nós mesmas. Somos boas meninas — até que a raiva nos sature.

As mulheres podem ser um grupo enfurecido. Recebemos propostas amorosas que não nos interessam e nos sentimos frágeis; recebemos salários menores; freqüentemente convivemos com dois pesos e duas medidas. Temos também poucas maneiras socialmente aceitas para extravasar a raiva e acabamos sufocando-a muito. Um aborrecimento bobo pode fazer com que atinjamos nossos limites. Raivas anteriores podem se transformar numa reação e atingir vocês como a explosão de um dique.

Quando reclamamos com as amigas, elas podem alimentar a nossa raiva. Entender por que sentimos raiva é a chave para não perdê-la conosco. Precisamos de uma reação amorosa. Dizer "Você tem de se acalmar" ou ficar com raiva também aumenta a possibilidade de alimentar essa raiva. A compaixão é a única coisa que realmente funciona.

Sue contou:

> Não é preciso muito para me deixar com raiva. Meus irmãos tiveram muito mais liberdade do que eu. Supunha-se que eu fosse a boazinha. Do lado de fora, eu tinha de vê-los se divertindo do jeito que eu gostaria de estar me divertindo, também. Era injusto, mas eu não estava autorizada a reclamar. Quando falei com a minha avó, ela respondeu que era assim para as meninas. Quando fiquei mais velha, comecei a sair com homens que me tratavam como se eu fosse um pedaço de carne, o que me deixava com raiva. Minhas amigas e eu reclamávamos, mas só servia para ficarmos com mais raiva ainda. Na semana passada, meu marido e eu estávamos quase prontos para uma festa quando ele me pediu que usasse o meu *sexy* vestido vermelho. Fiquei maluca de raiva. Todas as lembranças despertaram no tom inflamado da minha voz, tudo que eu pensava sobre não ser um pedaço de carne ou ter de agradá-lo com o meu vestido. Pobre, Jon... Não fazia a menor idéia de toda a raiva que um simples pedido pode despertar!

> Os homens têm saídas mais direcionadas para desafogar a própria raiva: quebram coisas, gritam com as pessoas, esmurram a parede. Se têm um ataque de raiva, todo mundo encara como normal para homens. Já as mesmas reações são consideradas indesejáveis na mulher, fazendo com que ela contorne a raiva ficando ressentida, reclamando e jogando a culpa nos outros. O que uma mulher precisaria é apenas libertar essa raiva.

Mary escreveu:

> Algumas das saídas para a raiva que os homens usam são saudáveis e poderíamos aprender com eles, por exemplo, a sermos mais

incisivas e apunhalar menos pelas costas. Algumas são francamente estúpidas, por exemplo, esmurrar o ar ou se deixar levar por álcool e drogas. Ensinaram-nos a ser boas meninas, a não nos expressarmos, de modo que acabamos represando a raiva até que ela atinja o ponto de ebulição.

A fama de "sem coração"

Como vocês se sentem quando são acusados de não terem sentimentos, quando sabem que realmente os têm? Como vocês não os mostram da mesma maneira que as mulheres, elas costumam dizer que vocês não têm coração.

A maioria dos homens diz que tem sentimentos normais, mas não consegue expressá-los como gostaria. A maioria das mulheres acredita em vocês, mas não gosta que escondam os sentimentos. Elas também dizem que vocês são criaturas sem coração, quando vocês não dão o que elas querem.

Frieza repentina

Preciso fazer com que vocês entendam como é devastador para uma mulher quando um homem passa, subitamente, do comportamento mais amoroso para o mais glacial. Raramente lhe é dito o motivo. A reclamação número um que ouvi das mulheres sobre os homens — e aí me incluo, também — é de que vocês podem ser gentis e apaixonados num momento e, no momento seguinte, erguer paredes — grandes e potentes fortalezas protegidas por pingentes de gelo e lanças pontiagudas, que machucam se as tentamos ultrapassar. Já experimentei e acho que são mais do que horríveis. É difícil encontrar palavras para descrever o estrago que vocês fazem na nossa autoconfiança e auto-estima. Após ficar com um homem que passa da paixão para a geleira num segundo, uma mulher precisa de um bom tempo para se recuperar — a autoconfiança dela pode ser dissolvida.

Qualquer pessoa entende um homem que fica frio quando algo o aborrece, o que combina com a fama de não ter emoções, mas eu garanto que se uma mulher ficar fria com vocês sem explicação vocês também vão se sentir pouco à vontade. Como as mulheres raramente se comportam assim, vocês dificilmente saberão como elas se sentem.

Quando uma mulher fica fria, provavelmente tem muito mais drama escondido. E tem mais: somos muito mais gentis ao expressar o problema, porque queremos que vocês entendam o que nos aborreceu. Tentem entender como nos sentimos e vocês compreenderão como isso nos machuca.

Lanette contou:

> Meu relacionamento com Bob começou nas nuvens. Após quatro meses vivendo a maior paixão da minha vida, ele, subitamente, mudou. Ficou formal e desagradável. Praticamente parou com todas as demonstrações de afeto com as quais vivia me paparicando antes. Perguntei o que estava acontecendo e ele respondeu com o tradicional "nada". Como se eu fosse idiota! No primeiro momento, entrei em pânico com medo de perdê-lo. Preocupava-me se realmente o conhecia. Questionei meu julgamento em escolher um homem que me magoava com a sua frieza. Perguntei-me se ele não estaria me usando. Como pode um homem que dizia que eu era o mundo dele mudar assim tão completamente, da noite para o dia? Mais tarde, ele admitiu que tinha ficado assustado porque o relacionamento estava indo depressa demais — no conceito dele! Ele não se sentia seguro sobre seus sentimentos. Tinha sido magoado por uma namorada em quem acreditara. Continuamos nos vendo, mas a confiança tinha acabado. Eu ficava pensando que tipo de monstro tinha feito aquilo comigo. Minhas amigas disseram que isso é coisa de homem. Não acredito que um homem possa não saber como esse comportamento nos machuca. Como podem tratar assim uma pessoa que eles dizem querer tanto? Foi um tempo terrível.

Levante a mão quem já fez isso algum dia!

Aposto quc muitas mãos estão levantadas!

Não importa quantas vezes possamos viver uma situação dessas, jamais conseguiremos descrever como um homem pode se esconder dentro de si mesmo, ficar frio ou não querer nada com a mulher por um tempo, se os seus sentimentos não mudaram.

Muitos homens me asseguraram que, quando mergulham nesse baixo astral, não representam nenhum prejuízo, é apenas o jeito deles de enfrentar as coisas. Alguns contam que os medos resultantes de relacionamentos anteriores que os decepcionaram, das coisas acontecendo muito depressa naquele momento e/ou de compromisso fazem com que eles precisem dar um passo para trás e avaliar a realidade. A realidade, no entanto, é que eles estão nos magoando, machucando mulheres, que, provavelmente, não fizeram nada diretamente para criar o problema. Isso é muito injusto.

Joe só compreendeu isso quando perdeu Myria. E ele conta:

> Meu casamento nunca foi bom. Minha mulher era muito fria. Um ano depois da separação, encontrei Myria, que era tudo que a minha ex não era: apaixonada, gentil, espirituosa, sensual e independente. Fiquei louco por ela. Ela queria levar o envolvimento mais devagar, mas eu telefonava o tempo todo. Conversávamos muito e vê-la era inacreditável. Quando assinei os papéis do divórcio, senti uma pancada — finalmente estava sozinho! — e achei que talvez

O descompasso emocional

89

> estivesse me vendendo barato por ter me envolvido tão depressa com outra mulher. Talvez eu devesse ter conhecido outras, antes de ter me estabelecido. Myria não forçou nada, mas ela era o tipo com quem eu gostaria de passar o restante da vida, então, entrei em pânico. Sumi. Raramente ligava. Ela me perguntava o que estava acontecendo e eu respondia "nada". Aí, ela começou a forçar e eu pulei fora mais ainda. Não pude contar àquela mulher absolutamente maravilhosa, que sempre tinha sido tão correta comigo, que eu estava confuso. Algumas semanas mais tarde, me forcei a explicar, mas o estrago tinha sido grande. Ela disse que tinha perdido a confiança em mim, já que eu não tinha sido honesto antes. Eu a magoara muito e faria qualquer coisa para tê-la de volta. Acabei perdendo a minha chance de ter um bom relacionamento com a mulher mais especial que já conheci.

Vocês pensam que somos tão idiotas a ponto de acreditar que "não há nada", quando vocês levantam paredes entre nós? Nós estamos sondando as respostas, apesar do medo de perder vocês.

Quando confiamos emocionalmente num homem e abrimos o coração e ele nos fecha o seu sem uma palavra, não apenas esmaga a confiança que temos nele, mas também em nós mesmas.

Como vocês podem ser tão gentis e, então, mudar completamente? A velha pergunta "O que há de errado comigo?" nos acena de longe...

Vivian contou para a classe:

> Quando Warren começou a levantar as paredes entre nós, me desesperei. Normalmente, ele era amoroso e estava sempre ansioso para ficar comigo, mas, um dia, ficou frio como se não quisesse mais saber de mim. Emocionalmente, ele já estava ausente. Presumi que ele não gostasse mais de mim. Uma semana mais tarde, ele voltou a ficar carinhoso, mas eu estava destroçada. Ele disse que eu não tinha feito nada errado, mas não deu nenhuma explicação. Após algumas semanas de glorioso amor, ele ficou frio novamente. Quando isso acontece, é como se ele fosse um estranho. Parece que Warren são dois. Minhas amigas e eu nos referimos a isso como o "feitiço do Warren". Temos algumas semanas ótimas e, então, uma semana ruim. Finalmente, esperei por um dia em que ele estivesse de bom humor e disse quão paranóica ele está me deixando. Ele ficou chocado por eu ter tomado isso como um caso pessoal e explicou que quando as coisas não estão indo bem no trabalho, ele fica assim, deprimido, achando que nada está bom. Foi um alívio. Agora, que conversamos a esse respeito, ele fica assim muito menos vezes.

A alienação que sentimos quando vocês ficam frios de repente é horrível. As paredes rompem as conexões que precisamos e o homem pode tornar-se um estranho após uma hora de silêncio. As mulheres interpretam o distanciamento como falta de confiança e atenção. A maioria de nós tem compaixão demais para ter coragem de fazer o mesmo com vocês. Não podemos despersonalizar o comportamento do homem o suficiente para entender que as paredes não têm nada a ver conosco diretamente, ou com o que fizemos ou com os sentimentos dele em relação a nós.

Será que estou adentrando um pouquinho as tais paredes?

Levantar a guarda é a defesa que faz com que vocês se sintam seguros no momento, mas não é saudável para um relacionamento. Um homem precisa estar consciente do estrago que esta frieza cria e conversar com a companheira, mesmo se ele só disser que alguma coisa o está incomodando e que precisa de mais espaço para lidar com isso.

Experimente ser mais gentil: não ir embora para tão longe é melhor para você, se comparado com todo o longo caminho que vocês ainda vão trilhar. Será certamente mais fácil trabalhar os seus medos em vez de se esconder deles.

Personalização

A mulher tende a personalizar os atos dos homens. Se ele está frio, ela acha que ele está bravo com ela. Se ela não consegue descobrir o motivo, fica analisando a situação com as amigas. Se um homem fica frio, quando há pouco estava bem, ela busca o que fez de errado.

A mulher se sente responsável pelo andamento do relacionamento. O medo que sente de perder o homem faz com que ela logo ache que o problema está nela e por isso ele não a quer mais. O que deveria ser uma coisinha de nada, que não tem nada a ver com ela, transforma-se em uma grande crise. E ela continua se perguntando o que está errado...!

Pam contou:

> Admito que fico maluca quando me preocupo com o Joel. Tenho certeza de que ele me ama, mas também não leva a nada me preocupar quando ele não telefona na hora que combinou ou está de mau humor. Sempre me pergunto se fiz algo de errado. Quando eu descubro a razão verdadeira, fico aliviada, mas isso não quer dizer que não vou me preocupar na próxima vez. Minhas amigas fazem a mesma coisa e acham ainda maiores razões para se preocupar. Se Joel soubesse o tormento em que eu me lanço a cada vez que ele sai um pouquinho do normal, ele provavelmente riria de mim.

Elas ficam paranóicas! Ficam estressadas por causa de nada e ainda colocam as coisas fora de proporção.

Por quê?

Lembra-se da insegurança feminina?

Não preciso lhe recordar mais uma vez o tamanho do medo que uma mulher tem de perder o seu amado, portanto, seja paciente com ela. Se você realmente tiver carinho e atenção para com ela, experimente contar pelo menos uma migalha do que o está levando a agir daquele jeito que a leva a entender que você está tendo problemas com ela. Você nunca conseguirá tranqüilizá-la o bastante, mas vale a tentativa.

Emoções práticas

Os homens mantêm as emoções mais sob análise do que as mulheres. John escreveu: "Tenho sentimentos, sim, mas ainda uso a razão para analisar primeiro os benefícios e as conseqüências ao expressá-los".

As emoções femininas podem não ter uma razão aparente. As mulheres não entendem como os homens podem ser tão razoáveis com os próprios sentimentos. Para elas, os sentimentos acendem a paixão, o fogo, o movimento e a expressão. Vocês podem controlar a própria emoção tão bem que parece que não estão nem ligando. Elas sabem apenas o que vêem. Pode-se compreender a extensão dos seus sentimentos se vocês permitirem que elas os conheçam, pelo menos em parte.

Julia contou:

> Sei que os homens têm emoções e sentimentos e tentam mantê-los a sete chaves. Detesto isso. Meu namorado fica furioso quando eu o acuso de não ter sentimentos. E por acaso posso ler a mente dele? Faço perguntas e ele dá respostas evasivas. Pergunto sobre os relacionamentos anteriores e ele responde que foram bons, mas acabaram. Sei que alguém o magoou. Ele é muito sensível a reações exageradas a respeito de certas coisas. Eu poderia levar mais coisas em consideração, se entendesse, mas ele não quer falar. Algumas vezes, ele é doce e amoroso, mas de repente fica tão frio como se fosse outra pessoa. Isso me assusta.

Sabemos que vocês não são criaturas sem coração, mas freqüentemente nós precisamos de mais do que vocês costumam nos dar.

David contou que tem uma completa gama de emoções, mas não as expressa com freqüência. Ele diz: "Trago minhas emoções em rédeas curtas. Me sinto mais seguro".

Rédeas curtas: isso indica controle. Nós achamos que as emoções podem ser expostas. Não podemos nos controlar. Controlá-las nos parece frio.

Qual é o grande problema de manter as emoções escondidas? Vou contar a vocês!

Os homens adoram consertar as coisas, mas sentimentos feridos não estão na lista do que fazer. Richard explicou: "O maior problema que a maioria de nós enfrenta no que toca os sentimentos é que nós não queremos ver os nossos problemas emocionais. Meus amigos gozam de como as mulheres trabalham os seus, recusando-se a ver como é ruim ignorá-los. Precisei de anos para mudar de atitude".

Se os homens prestarem atenção aos seus sentimentos, sua natureza voltada para as metas pode motivá-los a consertar o que não estiver bem, mas como eles não têm as ferramentas necessárias, parece mais fácil ignorar esses sentimentos. Quer vocês aceitem ou não, as mágoas do passado rastejam em direção ao relacionamento atual e cabe a vocês colocá-las para fora.

O estoque

Os homens evitam fazer referências às mágoas que carregam a qualquer custo. Quando perguntei sobre os problemas não resolvidos de relacionamentos anteriores que afetaram os relacionamentos seguintes, muitos responderam que não tinham nenhum. Fiquei surpresa de ver quantos homens que eu conhecia e sabia que tinham problemas "dependurados", presos lá atrás, respondendo que não tinham nenhum... Até mesmo aqueles que conversavam abertamente na classe, quando interrogados, mais tarde, sobre as situações em que tivessem sido magoados, afirmaram que não carregam nenhuma mágoa consigo. Parecem estar cegos, mas de fato conhecem o problema em outro nível.

Jerry contou:

> Minha última namorada quase me destruiu. Eu estava tão apaixonado que não conseguia me segurar. Ela brincava com os meus sentimentos e colocava o sexo acima de tudo. Comecei a entrar na dela. Nós nos curtíamos muito, nos relacionávamos bem e compartilhávamos as emoções. Então, ela começou a usar as minhas fragilidades — que, claro, eu lhe confessara — contra mim, brincando com os sentimentos que eu lhe expusera. Ela teve problemas e jogou-os para cima de mim. Quando olho para trás, constato que vivi momentos difíceis. Foi um alívio quando terminamos. Confiei muito nela e agora não quero mais acreditar em nenhuma mulher do jeito que acreditei nela. Admito que estou em posição de defesa e fechado para as mulheres. Não quero me envolver com ninguém.

Sufocar as emoções eventualmente machuca. Ignorá-las aumenta a sua capacidade de sentir raiva. Yvonne disse: "Quando os homens são magoados, carregam medos para o resto da vida".

As estatísticas mostram que, hoje em dia, mais mulheres estão deixando os homens do que o contrário. Paula acredita que "Os homens perdem a confiança após um divórcio ruim. Sentem-se inseguros e receosos de baixar a guarda".

As mulheres lidam melhor com as rupturas porque têm um sistema de apoio. O que você tem? Um problema para resolver? Alguém brigou feio com você? Desculpas para si mesmo que você sabe que não adiantam nada? Cair fora de um relacionamento com uma mulher que o faz feliz? Acorde e assuma que o que você vem fazendo não está funcionando.

As mulheres conversam com as amigas. Expressam sua raiva. Xingam, brigam, choram. Ultrapassam o problema, pelo menos até certo nível. Os homens preferem empacotar os problemas e esquecê-los, mas eles não vão embora.

Vocês não devem usar o jeito expansivo das mulheres como um modelo para lidar com as emoções, mas procurar descobrir o seu próprio jeito para mandar os problemas embora, em vez de escondê-los, para que não se acumulem mágoas, ressentimentos, hostilidade e dor. Existe mais de um caminho para lidar com as emoções (técnicas mais específicas serão dadas no final do capítulo); busque o jeito mais aceitável para você ou, pelo menos, não intolerável, e trabalhe-o. Quando você parar de embrulhar as suas mágoas e guardá-las, desfrutará a vida com um fardo leve.

Emoções que jogam os homens "para baixo"

Quando o homem ignora as próprias emoções, elas afloram de várias maneiras. A raiva é uma das mais destrutivas. Ela o motiva a perder o sangue-frio, o que o faz exagerar as situações.

Perder a calma é considerado parte de "ser um homem". Jeanna descreveu: "Em geral, os homens prendem as emoções dentro de si, até que chegam ao ponto de ebulição, quando, então, explodem para cima da mulher, deixando pilhas de resíduos de testosterona por todo o quarto. Eles confundem mágoa com raiva. Quando se sentem muito magoados, expressam esta mágoa pela raiva, em vez de admitir a sua vulnerabilidade".

Ela tem razão: freqüentemente, a reação de um homem quando se sente magoado é a raiva. E ele dirige muito dessa raiva para a mulher: por ter-se permitido ser magoado, por ter baixado a guarda e ser vulnerável, por ter acreditado nela. Quando um homem fica triste por ter sido magoado por alguém, ele converte esse sentimento em raiva — mais aceitável para um homem.

As mulheres fazem o oposto: quando estão com raiva, os sentimentos são magoados e elas ficam tristes, o que é considerado mais aceitável para uma mulher; assim, elas ficam magoadas por atos que as deixam com raiva.

Em um grupo de homens, Edgard contou:

> Honestamente, sempre pensei que sabia lidar com as minhas emoções. Fui educado daquele jeito antigo, que prega que os homens devem guardar os próprios sentimentos, e nunca vi problema

algum nisso até ter vindo para este grupo. Sempre achei que todos os problemas de um relacionamento fossem causados pela mulher. Elas me decepcionaram — admito que isso dói, mas eu pus minha máscara de forte e segui andando. Agora, vejo que meus sentimentos em relação a cada mulher que me magoou transformaram-se em raiva e eu passo isso para a frente, de uma para a outra. Não quero ser magoado e ficava furioso comigo mesmo por ter sido magoado — achava que deveria ter sabido lidar melhor com aquela situação. Eu seria capaz de perder a paciência com uma balconista, se ela dissesse algo que me lembrasse uma mulher que tivesse me magoado; cairia fora de um namoro, se a namorada, por acaso, fizesse algo que, remotamente, pudesse me magoar. Agora, estou tentando usar as ferramentas que você nos ensinou e está funcionando. Escrevo as coisas e converso a respeito com a Cindy.

As mulheres ficam com raiva quando não conseguem o que querem, quando alguém faz alguma coisa negativa para elas, se autoriza o homem a levar vantagem sobre ela. Os homens ficam com raiva quando as mulheres os criticam, quando são magoados nos seus sentimentos, quando são abandonados, quando se sentem traídos, quando dão uma martelada no dedo. Exceto pela última razão, as mulheres não costumam reagir com raiva. Elas ficam com raiva e contam a vocês como se sentem; são acalmadas pelas amigas; deixam que um pouco da raiva se vá. Vocês não se permitem sentir mágoa e esses sentimentos podem se transformar em raiva, o que pode fazer com que você se aliene ou fique irado, além de procurar magoar outras pessoas próximas, freqüentemente a mais importante de todas.

Você está feliz assim?

O ciúme é outra emoção que leva à confusão. Pode ser infundado e surgir em razão da falta de confiança na mulher. Isso normalmente vem da insegurança, o que é um problema seu, não dela.

Estamos sempre comentando com as amigas sobre namorados que tinham ciúme de todos os homens. Tive um namorado que morria de ciúme de todo homem com quem eu conversasse. Acusava-me de estar dando bola para o açougueiro da minha rua, apenas porque eu era gentil com pessoas que conhecia havia anos. Ele tinha sido traído por uma mulher no passado e daí derivava todo o seu ciúme.

Quantos de vocês têm ciúmes irracionais?

Cuidado: daí não costumam vir coisas boas.

Sentimentos feridos explodem de uma maneira tão variada que você nunca será capaz de esperar ou identificar, porque a dor não se dissipa apenas porque você quer. Nora disse: "Meu atual namorado estava sempre com mulheres que o manipulavam e ainda pensa que tudo que digo tem uma segunda intenção disfarçada". Após terminar este doído relacionamento, ela aconselha:

O descompasso emocional   95

> É preciso muita paciência e flexibilidade para lidar com senti-
> mentos feridos por outros relacionamentos. Continuar preso a pa-
> drões anteriores pode estragar o relacionamento atual, porque você
> não está vivendo o momento, nem está dando o melhor de si à rela-
> ção. Acho que o melhor é não se envolver com ninguém por um
> tempo, até que se reestruture e fique feliz como uma pessoa sozinha.

Existe algum motivo real, que lhe diga respeito, para você não confiar na mulher com quem está? Se não há motivo algum para que você não acredite nela, mas você teve esse tipo de experiência antes, identifique o que o está perturbando e trabalhe o problema. Conversar com ela sobre o que o está incomodando, de um jeito amigável e não acusatório (veja mais sobre isso no Capítulo 6), fará com que você se sinta melhor a longo prazo. Ficar frio ou hostil nada faz para melhorar um relacionamento. Mágoas não resolvidas são nocivas.

Jenna comentou: "Tudo sobre os nossos relacionamentos do passado influenciam o jeito que lidamos com as coisas no futuro. O mais importante é reconhecer que cada relação tem vida própria, com as suas características e pontos positivos e negativos.

Emoções feridas/más escolhas

As emoções afetam nossos julgamentos. Você pode ignorar como uma mulher o magoou, mas o seu subconsciente evitará outro relacionamento por causa disso. Infelizmente, o mais freqüente é que aconteça com uma mulher que o faria feliz. Você pode dizer: "Ah! Você está louca! Por que eu evitaria uma pessoa que me faria feliz?".

Explico: porque uma mulher saudável, feliz, sem problemas é a que lhe parecerá perigosa, se o que você quer evitar é outra mágoa. Homens com quem eu saí me contaram depois que me consideraram perigosa, porque sou saudável e poderia ser fácil se apaixonar por mim. A longo prazo, isso não é engraçado — então, freqüentemente o cara cai fora.

William confessou à classe:

> Fui magoado algumas vezes e jurei que isso não iria me acon-
> tecer novamente. Reconheço que o que você falou é o que eu venho
> fazendo: evitar mulheres por quem possa me apaixonar de verdade.
> Admito que não quero ser magoado outra vez. Há pouco tempo,
> estava saindo com alguém — um tremendo avião. Sheryl tinha uma
> boa carreira, amigos interessantes e grandes atitudes. Eu não conse-
> guia ver um defeito nela. Ela respeitava os meus sentimentos e não
> me pedia nada. Então, o que eu fiz? Dormi com uma mulher que me
> procurou porque precisava de ajuda. Contei para Sheryl. Talvez no
> subconsciente eu quisesse dar uma freada nela, mas ela não quis mais
> me ver. Disse que sou perigoso, se durmo com qualquer uma desse
> jeito. Ela tem razão. A outra mulher é confusa e dorme com todo

mundo. Senti como se tivesse destruído de propósito um relaciona-mento em potencial, apenas para ter sexo com uma mulher que não me serve. Ainda estou saindo com ela. Não consigo me segurar.

Uma prostituta ou uma mulher problemática podem parecer tão seguras quanto uma mulher saudável. Você provavelmente não ficará tão envolvido e já tem pronta uma desculpa quando precisar se mandar. Se você foi magoado, pode ligar-se emocionalmente a uma mulher machucada, mas isso não o fará feliz.

Alex comentou como os homens têm expectativas irreais, sobretu-do depois que foram magoados. "Os homens gostam dessa idéia, que a gente tanto vê nos filmes, de que eles vão salvar uma mulher. É como se o fato de tê-la salvo impedirá que ela nos deixe. Errado! Isso é ficção."

Criar laços com mulheres negativas não o levará a um relaciona-mento positivo. Você até pode ter algumas das suas necessidades satis-feitas por meio de uma má candidata para um relacionamento: pode se sentir necessário, ter o propósito de consertá-la, satisfazer o seu apetite sexual, mas uma relação saudável é mais divertida a longo prazo.

Mulheres que brincam de terapeutas

Como bem conta o estereótipo de "alimentadoras", adoramos en-contrar mil maneiras para "ajudar" vocês. Escarafunchamos os seus mi-olos e oferecemos um ouvido amigo para abrir o coração.

Larry fez uma pergunta que já ouvi em milhões de variantes: "Por que as mulheres nos estimulam a mostrar-lhes as nossas entranhas?".

Não é imaginação de vocês: nós os analisamos e buscamos solu-ções. Como acreditamos que somos melhores para lidar com as emo-ções e buscar as saídas emocionais, muitas de nós não resistem a "aju-dar" o homem que amamos, o que é mais ou menos como brincar de terapeuta. É isso. Só que brincar de terapeuta pode ser uma forma de manipulação com "boas intenções".

A segurança de uma terapia

As mulheres encorajam os homens a se abrir, esperando que isso os torne mais próximos. Adoramos dar apoio a vocês. Compartilhar sentimentos e experiências infere confiança — e queremos que vocês acreditem em nós. Então, com a ajuda das amigas (as co-analistas), ana-lisamos o valor da sua verdade em relação ao que achamos que os seus sentimentos por nós podem ser.

Carrie contou à classe:

> Era a quinta vez que Jeremy e eu saíamos juntos e fiquei muito feliz por ele ter me contado várias coisas pessoais. Ele parecia tão

confiável... Minhas amigas concordaram que isso era um bom sinal. Elas me aconselharam a fazer com que ele se abrisse ainda mais. E foi o que eu fiz. Encorajei-o — apoiando-o e nutrindo-o — e dei sugestões sobre como lidar com diferentes emoções. No começo, me senti tão próxima dele, parecia que teríamos um relacionamento longo, mas, então, ele começou a ficar frio. Não entendi nada, mas eventualmente ele pulou no meu pescoço por causa das minhas análises. Agora, acabou. Bom demais para durar.

Quando uma mulher induz um homem a se abrir, o problema aparece depois: a confiança foi dada prematuramente. Quando se passa a maior parte da vida sem compartilhar emoções, uma ouvinte doce e simpática pode ser uma fonte de consolo, naquele momento, mas o homem pode interromper o fluxo, quando percebe que se abriu para uma mulher que não conhece o suficiente para confiar, independentemente de quão agradável ela possa parecer. Muitos homens vão até este ponto e abandonam a terapeuta e suas amigas tentando analisar o que deu errado.

As mulheres brincam de terapeutas por razões erradas. Queremos aumentar a nossa segurança, pensando que, se conseguirmos ganhar a confiança dele, ficaremos mais próximos um do outro; se você ficar dependente do nosso apoio, você precisa de nós. Algumas de nós têm uma visão enganosa de que se deixarmos você nos inundar com os seus problemas, você não nos deixará. Você conhece o acordo que se esconde aí.

Abrindo as entranhas

Adoramos abrir as suas entranhas, pensando que o fato de você compartilhar conosco seus sentimentos e experiências desenvolverá um clima de confiança. Não entendemos que o melhor é dar tempo ao tempo. Muitas vezes, brincamos de terapeutas pensando em fazer de você um homem melhor.

O problema é a SUA versão do que é melhor... Ouça Gary:

> Harriet começou perguntando sutilmente. Eu me sentia bem conversando sobre a minha namorada anterior, porque eu ainda estava cheio de raiva, e quanto mais eu falava, mais ela perguntava. Mais tarde, me senti mal, pensando no tanto que ela sabia. Parei de falar e ela ficou me interrogando mais. Continuei pensando sobre o que ela sabia e senti que não a conhecia o suficiente. Acabei rompendo com ela. Agora, estou saindo com a Susan. Achei melhor não falar nada. Depois, contei um pouquinho, conforme você tinha me recomendado. Pedi a ela que respeitasse meus limites e ela assim o fez. Estou começando a confiar nela e a lhe contar mais coisas de mim. Me senti bem contando à Susan o que eu queria, não o que ela conseguia arrancar de mim.

Minha recomendação: não se abra muito depressa, mesmo se ela lhe parecer especial. Pode parecer ótimo poder contar certas coisas, mas isso pode estragar o relacionamento, se uma sólida base de confiança não tiver sido construída, ou se você compartilhar coisas das quais possa vir a se arrepender. Não conte nada sobre as ex no começo, a não ser coisas positivas. Compartilhar histórias passadas e a bagagem emocional é uma instância em que a comunicação deve ser limitada. Vá devagar, independentemente do tanto que ela o estimule a se abrir. Conte um pouquinho de cada vez. Use os elogios para se distrair!

Controlando a necessidade de controlar

Uma reclamação bastante comum que as mulheres fazem é que os homens são controladores. Para vocês, essa idéia pode estar ligada ao estereótipo do homem encarregado de tudo ou que deve cuidar delas, mas desenvolve-se com a programação masculina que coloca o homem como o responsável pelo bem-estar da mulher. Quando as coisas não estão do jeito que *vocês* acham que deveriam, vocês tentam corrigir a situação. A programação manda que vocês sejam os provedores e protetores, mas alguns homens exageram. O controle parece ser o melhor jeito de manter o tradicional papel masculino na relação, mas cria tensão e é injusto para a sua companheira.

Sobre a necessidade de controlar

Controlar as pessoas é algo inflexível, pois a situação só tem um lado — o do controlador — e isso não é exatamente uma particularidade masculina: tanto os homens quanto as mulheres gostam de controlar a vida das pessoas. Quanto mais a mulher tolera, mais o homem tenta controlá-la. Vocês não tolerarão uma mulher controladora de boa vontade. Tendemos a ser mais tolerantes no começo do relacionamento, quando queremos aquele homem em especial em nossas vidas, então, deixamos que vocês nos controlem e reclamamos com as amigas. E isso não é bom para nenhum dos dois.

É a insegurança que nos motiva a controlar o que pudermos. Se você achar que está perdendo o controle sobre alguma parte da sua vida, especialmente no trabalho, controlar a companheira pode fazer com que você se sinta melhor. Um homem pode colocá-la "para baixo", mantendo-a insegura e manipulando-a, se a auto-estima dela estiver baixa o suficiente para ainda ficar na relação. Você fica ressentido com a companheira se ela tiver um emprego melhor do que o seu, um chefe que se preocupa com ela, enquanto o seu nem liga para você, um horário menos rígido, amigos mais atenciosos, etc.?

Para sentir que realmente controla as coisas, um homem pode impor como elas devem ser, sem se interessar pelo que a companheira acha. Alfred contou ao grupo:

Antes da Mary, as mulheres diziam que eu era um grande controlador. Ora, eu estava apenas sendo um homem. Meu pai era quem mandava lá em casa — agora, isso era responsabilidade minha. Era eu quem tinha de tomar as decisões em casa. Recentemente, Mary e eu nos casamos. Ela ficava brava quando eu decidia alguma coisa por ela. Eu insistia que deveríamos fazer certas atividades no fim de semana e via isso como sendo bom para ela. Ela chamava de coerção. Outro dia, comprei comida chinesa, achando que poderíamos saboreá-la juntos, mas ela se recusou a comer. Disse que eu deveria tê-la consultado antes. Ouvi os homens contando que são controladores e como se sentem infelizes a longo prazo e, pela primeira vez, perguntei para a Mary o que ela esperava de um homem. Ela respondeu que queria um amigo, não um ditador. Contou que o pai controlava tudo em casa e ela via como a mãe era infeliz. Disse que não tem a intenção de seguir esse exemplo e que, se eu precisasse controlar alguém, não haveria de ser ela. Estou tentando parar com isso. Tem sido difícil, mas pedi a ela que me dissesse quando achar que a estou controlando.

Como controlar os medos

Os medos nos motivam a controlar o que for possível. Se fomos magoados por alguém no passado (e quem não foi?), tomamos mais precauções contra qualquer pessoa que queira nos envolver. Tentaremos controlar tanto quanto possível, para evitar que sejamos magoados novamente.

Tive um namorado que era ótimo, mas queria tudo do jeito dele. Antigas namoradas o decepcionaram e ele não podia deixar que isso acontecesse novamente. Só havia um jeito de fazer as coisas: o dele! Todos os outros estavam errados. Muito deste controle vinha disfarçado de "cuidados" ou dados com tanto entusiasmo que eu não podia dizer "não". Eventualmente, meu ressentimento aflorou. Tentei conversar sobre o respeito que ele devia aos meus sentimentos e necessidades, mas ele se fechou. Tive de deixar partir um homem realmente bom, porque ele queria que as coisas fossem sempre do jeito dele.

Um dia, ainda na época que eu estava saindo com ele, fui almoçar com uma amiga. Quando comentei sobre ele, ela disse: "Ele está fazendo o mesmo que eu! Precisei trabalhar isso em terapia durante anos — e ainda continuo trabalhando". Ela perguntou sobre a infância dele e disse que era similar à sua: ambos tinham crescido numa família com muita regra e pouco calor. Ele via o pai como ela via a mãe: sempre no comando. E explicou:

Muitas coisas pareciam fora do meu controle, enquanto eu crescia, e isso me deixava apavorada. Quando me tornei adulta, acreditei que, se eu tornasse minha vida mais compacta, poderia administrá-la melhor. Criei uma bola de vidro ao redor de mim e, durante anos, acreditei que estava controlando tudo. Sentia-me segura. Meu mundo era completamente isolado. Eu tinha apenas uma maneira de ver as coisas. As pessoas à minha volta tinham de fazer tudo do meu jeito ou não poderiam morar na minha "bola". Minha vida era um pacote simpático e arrumado. Nada que não tivesse o meu molde poderia entrar. Seu namorado está fazendo o mesmo que eu. Ele está assustado e quer moldá-la, para que você se encaixe na bola de segurança dele. Anos de terapia me ensinaram a focar o controle apenas sobre a minha pessoa. Assumo os riscos e aproveito a vida muito mais. Ainda tento controlar meu namorado, de vez em quando, mas ele sabe que estou tentando, então, procura ser paciente comigo. Você não imagina como foi difícil sair fora da minha bola!

Você vê a si mesmo colocando uma bola em volta do próprio mundo? Espera que a companheira faça as coisas do seu jeito? Se você vem sendo acusado de ser muito controlador, é hora de acordar, para o seu próprio bem. Anote os seus medos numa folha de papel (falaremos mais sobre isso logo adiante). Vou fracassar? Ela vai me deixar? Escrever as suas preocupações ajuda a dar-lhe uma perspectiva. Leia-os objetivamente e compreenda que precisa administrar cada um deles. Se é o medo que motiva uma pessoa a ser controladora, ela não está realmente no controle, e sim ele, o medo. Uma pessoa pode se sentir segura colocando sua vida bem arrumadinha, mas isso não é saudável e, muito menos, justo em relação aos outros. E nem divertido é! Os medos só desaparecem quando a gente os enfrenta!

Uma agenda para dois

É ótimo ser forte, independente e decidido, se você for flexível o suficiente para se lembrar de que um relacionamento é feito de duas pessoas. Você não pode tomar todas as decisões. Da mesma maneira que eu disse para as mulheres que elas não devem brincar de mamãe, vocês não devem brincar de papai. Um relacionamento saudável é feito de companheirismo. Diga à companheira o que você acha e pergunte o que ela acha, sem apresentar uma decisão já tomada. Combinem juntos as coisas. Existe mais de um jeito de fazer praticamente tudo e a sua maneira é apenas uma delas.

Muitos homens tomam decisões baseados no que lhes parece lógico. Se você acha que esse jeito é bom para você, você talvez não vá discuti-lo e fará planos sem consultar a companheira. As mulheres reclamam dos homens que tomam as decisões sozinhos e acham que está tudo bem. Elas têm razão: é um desrespeito. Isso informa a elas que vocês não valorizam a opinião delas.

Jordan quase perdeu a namorada por causa disso:

May concordou em mudar-se de cidade comigo. Minha vida virou uma loucura no mês anterior e eu não tinha muito tempo livre. May reclamava que eu não tinha tempo para ela, mas eu achava que, se vivíamos juntos, isso poderia não ser levado em conta. Estava tão convencido disso, que ignorei os seus pedidos para lhe telefonar, de vez em quando, ou para passarmos juntos um tempo com melhor qualidade. Eu fazia o que achava que deveria fazer e caí das nuvens quando ela me deixou uma mensagem dizendo que não iria mais se mudar comigo. Ela tinha me dito isso pessoalmente, mas eu não lhe dera oportunidade de se expressar. Só depois que eu prometi que tomaria as decisões com ela e não por ela, concordou então, em ficar comigo. Controlar tudo não é mais importante do que perder a May.

Você só pode ser responsável por si mesmo. Você só pode controlar a si mesmo. Não importa o tanto que você a ama, não importa o tanto que ela parece precisar de ajuda, não importa o tanto que você acha que o seu jeito está certo; controlar as coisas provoca ressentimento a longo prazo. Ela é responsável por si mesma. Ofereça conselhos se ela for receptiva. Você não tem, porém, o direito de insistir, exigir ou implementar mudanças, se ela não estiver aberta a elas. Este tipo de atitude empurra-a para longe de você.

Existe uma grande diferença entre controlar cada coisa da sua vida e estar no controle da própria vida. Este último é o único controle pelo qual devemos lutar. Se a mulher não quer tudo do jeito do homem, deixá-lo lhe parecerá ser o melhor caminho.

Se você é desse tipo, acostume-se a perguntar o que ela pensa. Conversem sobre as razões que o levam a querer controlar as coisas e por que você se sente responsável. Deixe que ela o apóie. Em vez de deixar a companheira ajudar, muitos homens estoicamente assumem todos os problemas por meio do controle e da manipulação até que a aliene. Quando você gosta que alguém se alimente do seu controle, pode acabar permitindo que o álcool, as drogas ou a depressão controlem você. É importante fazer isso? Você sabe a resposta.

Como ficar mais em contato com as próprias emoções de um jeito confortável

Não é necessário estimular as mulheres a ficar mais em contato com as próprias emoções — elas já o fazem. Ensinaram aos homens que as emoções devem ficar sob controle, mas elas precisam sair de alguma forma. Esmurrar a parede não fará com que você se sinta tão bem quanto dizer à parceira como você se sente e deixar que isso vá embora. Encontre o seu próprio jeito de expressar as emoções. Compartilhar os pensamentos deixará vocês mais próximos um do outro. Ela não precisa saber tudo. Você ainda é o dono dos seus sentimentos.

Esse medo de mostrar emoções diante das mulheres não é infundado. Ainda não é fácil para algumas mulheres aceitar muitas emoções vindas de um homem, independente do tanto que elas digam que querem isso. Apenas não estão habituadas. Existe um meio-termo entre não estar em contato com as próprias emoções e vivê-las exageradamente — encontre aí a sua área de conforto.

As mulheres precisam sentir mais sensibilidade nos homens; isso lhes mostra que vocês são humanos, que o coração de um homem não é frio ou inexistente. Fazer um esforço para dar a ela o que está pedindo não vai lhe deixar extenuado e isso a fará feliz — e você também ficará feliz por não ter de manter tudo trancado dentro de você.

Quatorze passos para o bem-estar emocional

Aqui estão os passos que você deve dar para ficar em contato com os seus sentimentos. Alguns são minúsculos, mas vão levá-lo longe. Outros lhe parecerão tão difíceis, que você terá a sensação de estar comendo fogo. Dê-se o tempo que precisar. Ponha ao menos a ponta do pé no primeiro degrau, para começar. Isso o colocará na trilha de um relacionamento mais aberto com a sua companheira e consigo mesmo.

1. RECONHEÇA QUE VOCÊ TEM MAIS EMOÇÕES DO QUE PERMITE QUE AFLOREM

Admitir que você tem emoções exige muita coragem, pois você passou a vida inteira sufocando-as. Mostrar vulnerabilidade é um risco. Sabemos que você está com receio de ser magoado, de perder o controle, de não parecer macho, etc., se deixar que os sentimentos e emoções lhe escapem. Ser humano é assim. Não faça mais do que pode administrar de cada vez, mas faça alguma coisa!

2. REDEFINA AS ATITUDES DE UM MACHO

Sabemos que só um homem de verdade encara as emoções e que atrás da fachada de macho e valentão esconde-se um homem inseguro. Se você pensa que macheza e coragem são sinônimos, pense mais um pouquinho. É preciso força para sair do refúgio protetor da fachada de macho e buscar soluções para os problemas emocionais.

3. BUSQUE SABER DE ONDE VEM A SUA ATITUDE ATUAL SOBRE AS SAÍDAS EMOCIONAIS

Descobrir por que você não consegue lidar com as coisas referentes aos sentimentos lhe dará mais chances de deixá-las voltar para o passado.

Como foi a sua infância? Implicavam com você, quando você chorava? Seus amigos reforçam o estereótipo de que um homem não deve ligar para as emoções? Lembre-se de que você pode ser uma pessoa diferente agora, com poder de controlar todas as suas ações e reações.

4. ACEITE QUE É NORMAL SER VULNERÁVEL

Você não precisa ser sempre forte. Tire a armadura e relaxe de vez em quando. Carregar o peso das emoções pode ser exaustivo. Não o estou estimulando a entregar de bandeja todos os seus segredos para qualquer uma, mas você pode começar devagarinho. Teste a área e os degraus que o levarão à abertura conversando com uma pessoa especial. Experimente, antes de fazer isso regularmente. Entendo a sua relutância em se abrir muito, mas andar lentamente é melhor do que ficar parado. Avalie e escolha as situações com a pessoa em quem confie e permita-se ser humano!

5. PARE DE VIVER NO PASSADO

Estamos vivendo no passado quando permitimos que mágoas antigas afetem o que fazemos hoje (falaremos mais a respeito disso logo adiante). Devagar, vá desembrulhando os pacotes velhos, desfazendo as malas e logo verá que as feridas estão sendo cicatrizadas. Assim, você poderá interagir com a parceira atual baseando-se no que sente hoje. Fica difícil ter um relacionamento saudável com ela se você permanecer fechado.

6. NÃO PUNA UMA MULHER NOVA POR UMA MÁGOA ANTIGA

Quando você deixa alguma coisa que alguém fez afetar a sua vida presente, sua parceira atual sofre a repercussão. Não é justo! Quando você interage com uma mulher com medo de ser magoado novamente, ela reage baseada nas defesas desenvolvidas por uma mulher antes dela. Isso dói. E magoa você também, porque você abandona ou magoa uma mulher que poderia ser uma companheira amorosa. Já vivi na pele ver um namorado pulando fora de repente, ficando frio ou adotando uma atitude de descaso, normalmente quando as coisas estão começando a esquentar ou mesmo ficando ótimas. Ou começam a me questionar sobre meus motivos por fazer ou dizer alguma coisa completamente inócua. Não gosto de pagar o preço por algo que outra pessoa fez e o magoou. Nenhuma de nós gosta.

Sheila explicou:

> Normalmente, tenho de gritar para um namorado que não sou a sua namorada anterior e pedir que pare de me punir por coisas que outras pessoas fizeram com ele. Minhas amigas têm mil histórias de homens que, subitamente, ficaram frios ou mesmo insuportáveis, por

causa de um comentário inocente ou algum ato que os tenha lembrado de alguém que os magoou. Isso não é justo! Meu namorado atual é muito sensível ao seu passado amoroso e estou cansada de levar na cabeça por causa de coisas que ELAS fizeram. Os homens precisam ultrapassar isso e reagir objetivamente ao que está acontecendo no NOSSO relacionamento, não ao que aconteceu no passado.

7. APRENDA COM O QUE O MACHUCOU NO PASSADO

Pense nos incidentes dolorosos do passado sem se culpar. O que pode ter causado isso? Como você acabou ficando tão vulnerável? Será que você não entrou nessa depressa demais? Neste caso, tenha cuidado e vá mais devagar na próxima vez. Você contou a ela demais sobre si mesmo? Experimente conversar sobre as coisas atuais com a sua próxima namorada. Ela o enganou? Será que você consegue analisar e entender por que ela fez isso? Será que você a estava negligenciando? Você pode evitar que isso aconteça outra vez. Procurar identificar no passado o comportamento que o levou a desapontamentos e mágoas lhe dará a chance de fazer diferente agora.

George reconheceu isso:

> Há cinco anos, eu estava vivendo um relacionamento ruim. Bridget brincou comigo antes de terminar. Eu estava apaixonado e fazia tudo que ela queria. Aconteceu tudo muito depressa: não parei para tomar ar ou pensar nos detalhes. Quando terminamos, fiquei muito nervoso, mas comecei uma história nova com a Carin. Foi outra relação rápida e intensa; mais tarde, vi coisas que deveria ter visto antes. Depois dela, achei que era demais, dois relacionamentos com final doloroso. Comecei a sair casualmente com as mulheres e magoei muitas que eram gentis, sabotando quaisquer chances de que alguma coisa boa acontecesse, de modo a evitar ser magoado. Quando encontrei Claire, não queria perdê-la e comecei a pensar sobre o que tinha destruído meus relacionamentos anteriores: deixar que tudo acontecesse rápido demais e não procurar conhecê-la ao longo do caminho. Então, fiz com que as coisas acontecessem bem devagar entre Claire e eu e não sabotei as nossas chances como fizera com outras. Acho que vamos nos casar. Preciso de um pouco mais de tempo, mas já estou menos receoso.

8. ESTABELEÇA NOVAS FRONTEIRAS

Dê mais espaço para que seus sentimentos respirem. Pratique com uma amiga. Uma mulher não vai julgá-lo como os amigos do seu sexo. Não deixe que sua companheira o empurre muito depressa, quando você quer lhe dar apenas um pouco. Se ela reclamar, peça-lhe paciência. As mulheres podem ser exigentes — dê-lhes um pouco e, freqüentemente, elas vão querer mais. Lembre a ela, delicadamente, o que você está tentando alcançar. Faça isso do seu jeito, mas faça! Abra-se devagar, para desenvolver a confiança e vá encontrando o seu jeito, à medida que for avançando.

9. ACHE O SEU NÍVEL DE CONFORTO

Existe uma grande diferença entre depender de uma mulher e compartilhar a vida com ela. Preste atenção nessa diferença. Ser dependente de alguém vai contra a sua programação de estar no comando. Você pode ficar preocupado, se o fato de ela estar inteirada sobre os seus sentimentos não vai fazer com que você perca poder na relação. Não direi que isso não acontece, porque acontece, sim. Confiando nela pouco a pouco, porém, você pode ir testando o seu nível de conforto. Compartilhar emoções é tudo ou nada. Experimente um pouco. Veja o que acontece. Se for o caso, compartilhe um pouco mais.

Clark concorda:

> Quando fomos morar juntos, Shawna reclamava que eu não contava para ela o que estava sentindo. Eu tinha sido desiludido pelas últimas namoradas e achava que sabia o que fazer. Estava no papel de macho e me recusava a responder perguntas pessoais. Vim para este grupo porque Shawna estava quase me deixando. Dizia que eu era um cara frio, um estranho para ela. O que eu era mesmo era um perdedor. Evitava os sentimentos para não ser magoado, mas estava perdendo a mulher que eu amava. Você fez com que eu percebesse que estava me machucando por não conversar com ela sobre o meu passado. Finalmente, me abri um pouquinho e pedi-lhe que tivesse paciência comigo. Quando ela viu que eu realmente estava tentando, ficou um pouco mais aliviada. Contar para aquela mulher adorável como eu tinha sido magoado foi um enorme alívio. Ainda não contei tudo, mas ela está mais feliz e eu me sinto muito melhor. Aprendi que, quando uma mulher merece a verdade como Shawna, é bom se abrir.

10. ESCLAREÇA O QUE VOCÊ PRECISA

Se uma mulher perguntar "O que você tem?" e você precisa de espaço para pensar a respeito, diga isso a ela. Quando as coisas estiverem bem, explique que, quando você está com a cabeça cheia, prefere ficar sozinho para pensar até que se sinta pronto. Diga também que é assim que você gosta de lidar com os problemas e que não tem nada a ver com ela. Peça-lhe que respeite essa sua necessidade. Diga como é importante para você que ela não veja isso pelo lado pessoal.

11. DÊ A ELA AO MENOS UMA IDÉIA DO QUE ESTÁ ACONTECENDO, QUANDO ALGUMA COISA O ESTIVER AFETANDO

Como muitas das suas reações emocionais estão atreladas à falta de compreensão da parceira à maneira como você se sente, pode ser reconfortante se você fizer um esforço para lhe dar uma pista. Elas não sabem ler pensamentos, apesar de estar sempre tentando e de gostar de analisar o que imagina que possa ser. Querem compreender o homem para se sentirem próximas e esta conexão as ajuda a se sentirem seguras. Explicar o que está acontecendo dentro de você, mesmo se for apenas gases, as ajudará a relaxar. Você pode ter muita paz em troca de uma discussão honesta.

12. EXPLIQUE, QUE ELAS ENTENDEM

Tudo que os homens e as mulheres fazem ou dizem tem uma razão definida, mas, freqüentemente, ninguém pensa nisso. Você e sua companheira podem estar habituados a se perguntar de onde as suas necessidades vêm. Quando compartilham os sentimentos que se escondem atrás dessas necessidades, o que vocês precisam começa a fazer sentido e pode ficar mais fácil de ser aceito. Explicar os motivos para alguma coisa que você queira ou ser específico sobre por que determinada situação o aborrece pode motivá-la a fazer um esforço para lhe dar até mais do que você pediu.

Barney deu um excelente exemplo dessa situação ao grupo:

> Eu costumava dizer a Evelyn que, quando eu chegasse em casa, após o trabalho, queria encontrar o jantar pronto e a sua atenção totalmente voltada para mim, de modo que eu pudesse lhe contar como tinha sido o meu dia. Como o homem da casa que dava duro o dia inteiro, eu insistia que tudo deveria ser do meu jeito. Ela também trabalhava, mas seu trabalho parecia simples diante do meu. Poucas vezes, ela me deu o que eu queria numa boa e voltar para casa era desagradável para nós dois. Depois que entrei para o grupo, compreendi que o jantar e toda a atenção para mim eram importantes por causa da minha infância. Meu pai tinha dois empregos, mas sempre jantava em casa. Este era o jeito dele de dizer como éramos importantes para ele. Nesta hora, sempre compartilhávamos histórias sobre o que tinha acontecido durante o dia. Era um momento especial para mim e eu queria ter os mesmos momentos com Evelyn. Quando reconheci o que o trabalho representava para ela e expliquei o que o jantar representava para mim, ela me deu um grande abraço e, desde então, tenho tido todos os jantares do jeito que queria.

Se Barney não tivesse explicado a Evelyn, ele ainda teria uma esposa de mau humor e batatas frias no jantar. Agora, ela sabe que ele não estava sendo chato. Barney nunca tinha se questionado por que precisava daquela rotina, de modo que Evelyn o via como irracional. Agora, ela está feliz por agradá-lo.

Por que encrespar com coisas com as quais podemos ser cooperadores? A compreensão pode nos tornar mais razoáveis. Devemos nos encorajar um ao outro a colocar uma luz nas coisas que são importantes para nós. Explicações criam uma cooperação que pode durar a vida inteira.

13. Lembre-se de que todas as mulheres são idiotas até que provem o contrário, também!

Abra-se um pouco. Eu disse às mulheres que todos os homens são idiotas até que provem o contrário e isso se aplica a elas, também. Essa expressão significa que você não deve confiar em ninguém, antes que a pessoa mereça a sua confiança. Não caia na primeira impressão que a pessoa lhe deu, quando estava no seu melhor momento. É assim que permitimos que os outros nos magoem. Deixe que ela prove que não é idiota pelas suas ações ao longo do tempo. Isso não significa "não ir", mas apenas "ir mais devagar"! Não devemos entregar a nossa confiança facilmente a ninguém, sob nenhuma circunstância. Ela é algo que é preciso merecer. É claro que aí estão incluídos alguns riscos.

14. Aprenda a perdoar

O perdão é um ponto crítico em um relacionamento (falaremos mais sobre isso logo adiante). O rancor estimula a raiva. Converse sobre o que a está chateando e mude de rumo. Se ela admite que errou e tenta corrigir o erro, esqueça essa falha ocasional. Não aceite um comportamento injusto constante; nesse caso, pare de ficar com raiva e comece a pensar em terminar o relacionamento. Você não tem por que ficar com uma pessoa que o magoa regularmente, mas se você confia nela e acha que não é de propósito que ela age assim, esqueça e deixe que isso se vá.

Viva o presente

Aprendi uma grande lição com o Dr. Peter Reznik, doutor em psicologia da saúde em Nova Iorque. Contei a ele que minha carreira tinha sido motivada pela garota que eu tinha sido, que não tinha tido permissão para estudar "Negócios". Ele respondeu: "Se seus atos forem baseados em sentimentos sobre as suas experiências passadas, você segura firme os medos e as limitações da pessoa que você foi".

É verdade. Eu era mais sensível por causa da raiva que sentia da minha infância. Lembrei a mim mesma de que agora sou uma mulher adulta, com muito mais possibilidades de escolher do que quando era adolescente e me senti fortalecida. Meu sucesso aumentou depois que coloquei meu passado na perspectiva correta. Sou uma mulher mais forte. Uso essa técnica muitas vezes, principalmente com os homens. Lembrar a mim mesma de que sou uma mulher diferente daquela dos relacionamentos antigos impede que os medos do passado afetem muito meu presente.

O Dr. Reznik explicou que somos um acúmulo de experiências. Uma ferramenta importante para lidar com os problemas é ver as coisas como elas são, não como eram. Aprenda por que as experiências passadas aconteceram e previna-se de um jeito saudável, para que não aconteçam novamente, em vez de evitar intimidade. Muitas coisas aconteceram desde então. Sua vida não é a mesma. Você não é o mesmo. Compreenda por que isso aconteceu assim e você se aproximará das mulheres de outra maneira, não apenas "evitando a aproximação". Memórias emocionais não devem assombrá-lo. Imagine um futuro mais feliz, agora, porque você encontrou a causa dos seus problemas passados, aprendeu com eles e deixou-os lá, no passado.

Mostre as suas emoções

Quero compartilhar com você um instrumento maravilhoso para achar boas saídas para as emoções: escrever. Usar a caneta para botá-las para fora pode ser incrivelmente terapêutico — e fácil! Esqueça o tempo da escola, quando você detestava escrever. Este tipo de escrita pode ser uma arma privada para manter um controle saudável sobre as emoções. Escrever os sentimentos, pensamentos e emoções pode ser um grande alívio. Isto tira o peso dos seus ombros. E ninguém precisa ler o que você escreveu.

Quando falo isso, muitos dos meus clientes ficam céticos — até que tentem, claro. Quando nos sentimos desapontados, com raiva, culpados, amedrontados, ou envolvidos por sei lá qual emoção, freqüentemente nós as mantemos próximas da superfície como uma forma de proteção. Algumas vezes, pensamos em saídas duvidosas, receando esquecer e cometer o mesmo erro outra vez. Essas emoções ruins provocam enfermidades físicas: dores de cabeça ou de estômago, indigestão, úlceras. Colocar os sentimentos no papel alivia a pressão e permite que você os coloque numa perspectiva correta, de modo que possa olhar para eles. Não precisa sequer ficar se lembrando, porque, se for preciso, pode-se recuperar completamente aquela emoção: afinal, ela está escrita. E, normalmente, quando escrevemos o que nos incomoda, essas coisas tornam-se menos importantes.

Elliot tentou e nos contou, depois:

> Eu não sabia por que estava sempre quebrando o pau com a Liv, só sei que não conseguia me controlar. Qualquer coisinha errada

O descompasso emocional   109

e eu já perdia o controle. Acontecia o mesmo em todos os meus relacionamentos. Coisas que tinham me aborrecido com cada uma das mulheres com quem eu tinha estado envolvido se erguiam quando cada um dos relacionamentos terminava. Você me sugeriu que fizesse três listas: na primeira, eu deveria escrever as coisas que a minha mãe fazia e que me deixavam com raiva; na segunda, as coisas que as mulheres faziam e que me deixavam com raiva; na última, coisas que eu gostava na Liv. Fiquei surpreso com o tamanho da lista da minha mãe. Percebi, então, quantas coisas me irritaram na minha infância e como elas continuam me irritando até hoje. Não tinha entendido por que você tinha me pedido que escrevesse sobre ela, até que escrevi sobre as outras mulheres — muitas coisas me deixam com raiva porque me lembram o que a minha mãe fez. Que revelação! Depois de uma semana acrescentando coisas à lista, li novamente e descobri que a maioria das coisas que me irritavam nas mulheres não tinham mais a mesma importância que eu lhes tinha dado. Fico caçando briga com a Liv e ela é uma boa companheira. A lista que fiz sobre ela colocou isso em foco. Foi como uma mágica: assim que escrevi tudo e estudei a lista, fiquei conscientemente com menos raiva. Meus problemas de estômago melhoraram. Foi como se eu tivesse colocado a raiva para fora de mim e deixado que ela ficasse no papel. Foi como você descreveu e é assim que me sinto. Estou planejando fazer mais exercícios de escrita.

As listas nos ajudam a ver as coisas claramente. Elas também nos ajudam a tirar o peso dos ombros. Eu não consigo dormir bem se estiver com alguma coisa na cabeça. Agora, levo papel e caneta para a cama e escrevo o que está me incomodando. Escrevi cartas para os homens de quem eu tinha ficado com raiva, contando como eu me sentia, mas elas nunca lhes foram enviadas. Escrever os meus sentimentos e emoções me ajuda a dormir. Depois que escrevo, não sinto mais tanta raiva.

Recomendo que você escreva uma lista das coisas que o incomodam ou deixam com raiva, culpa, ciúme, etc. Tente uma (ou todas). Mantenha cada tópico em separado. Escreva o que sente sobre alguma coisa ou como se estivesse falando com uma pessoa. É o seu ponto de vista. Mais tarde, leia tudo que escreveu e entenda os seus sentimentos. Deixar a raiva ir embora pelo papel pode deixá-la também fora do seu coração. Algumas vezes, queimei tudo e a minha raiva virou fumaça!

Peter disse, durante uma sessão: "Fiz uma lista de tudo que me deixava com raiva e outra dos meus medos. Uau, elas foram compridas! Depois que as reli, porém, percebi que podia administrá-las. Obrigada".

Se você está com raiva da companheira, escreva tudo o que sente antes de partir para a briga. Dê uma caminhada por perto para espairecer e coloque no papel o motivo da raiva, antes de conversar com ela. Escrever pode dissipar a sua raiva e colocar as coisas em perspectiva. E isto lhe dará a chance de pensar sobre o que vai dizer de um jeito que ela possa entender o que é mais importante. Só então, diga a ela por que está com raiva.

A prática do perdão

Praticar o perdão é resolver a raiva e buscar outro rumo. Mostra fé. Se você não esquece, a raiva pode virar ressentimento, o que estraga qualquer relacionamento. Se ela fez alguma coisa que o aborreceu, veja se a reação dela é aceitável e esqueça. Você deixa sua companheira em baixo astral, se reclama muito. Pode-se também levar as coisas ao extremo, mas dizer: "Desculpe-me" faz com que todo mundo se sinta melhor. Perdoar é sinônimo de confiança. Se você confia na palavra dela e acredita que ela está sendo sincera ao se desculpar, perdoe.

Carl contou:

> Antes da Darlene, eu tinha sido ferrado por várias namoradas, que me traíram. Comecei a confiar menos. Ficou difícil aceitar um pedido de desculpas por coisas insignificantes. Quando conheci Darlene, fiquei esperando que ela me magoasse. Quando ela cancelou um encontro no último minuto, por um motivo perfeitamente compreensível, fiquei com raiva durante dias. Ela passou maus bocados comigo! Então, ela se esqueceu de me dizer que estava trabalhando até mais tarde. Quando, finalmente, nos encontramos, eu estava uma fera. Ela pediu desculpas e eu continuei furioso, então ela disse que eu deveria ter tido más experiências, porque não era capaz de acreditar nela o bastante para perdoar-lhe os enganos. Ela me lembrou que nunca tinha me dado motivo para duvidar dela e que se eu quisesse punir alguém pelos erros de outras pessoas ela estava fora e eu poderia ir embora. Ela estava certa. Pedi desculpas e ela me perdoou por ser tão idiota. Foi assim que aprendi a importância do perdão. Quase perdi uma mulher e tanto!

Lembrando a necessidade masculina de ter razão sempre, pode ser difícil para um homem admitir que está errado. Afinal, vocês são famosos por nunca dizerem "Desculpe-me", mesmo quando estão errados. Assim, ser capaz de reconhecer que se enganou ou fez uma acusação injusta fará com que você marque muitos pontos com a companheira.

Force-se a pedir desculpas! É difícil perdoar um cara que não seja capaz, sinceramente, de se desculpar por um erro. Mesmo que você não acredite que tenha feito algo errado ou que, propositadamente, a tenha magoado, diga que sente muito por isso. Quando um homem me magoa e gasta toda a sua energia defendendo o que fez, sem mostrar compaixão pelos meus sentimentos, é difícil me livrar das emoções negativas. O perdão nos permite deixar a raiva para trás. Quando você perceber como isso é bom, ficará contente por ser capaz de perdoar alguém de que gosta e de ser perdoado.

Mais dicas para ter emoções saudáveis

Escreva as características positivas da parceira para poder apreciá-las conscientemente. Ela lhe dá nos nervos? Por que você está com ela? Focalize o lado positivo. Pense em como é bom estar com ela. Você volta para casa estressado, pensando no que o chefe disse ou como tem coisas para fazer? Perceba como você reage pelo lado negativo das coisas e mude o foco. Não traga problemas para casa e mantenha-os longe da companheira. Acalme-se primeiro. Escreva o que o aborrece. Quando você deixa uma situação estressante, adquira o hábito de respirar devagar e ouvir uma música relaxante no rádio ou em um *walkman*. Jogar os problemas para cima da parceira como se a culpa fosse dela não serve a um propósito construtivo. Botá-los para fora, pode ser. Deixá-los para trás e ter uma noite relaxante é, definitivamente, o que funciona.

Seja aberto às queixas dela. Muitas vezes, um homem agiu comigo do jeito que apelidei de "Síndrome de Popeye": ele diz com palavras e/ou atos: "Eu sou do jeito que sou", quando não tinha razão. Sim, ela deve aceitar você do jeito que você é, mas você não é perfeito. Quando ela fala de algo que o deixa aborrecido, adquira o hábito de ouvir objetivamente. Finalmente, pensar no que lhe foi dito, em vez de ficar na defensiva, fará com que seja mais receptivo. Um pouquinho de compaixão o levará longe. Ignorar a companheira a deixará ressentida.

Quero compartilhar com vocês uma técnica que sempre recomendo para casais. Combine com ela que vocês dois vão se sentar um em frente ao outro, confortavelmente, uma noite por semana. Sugiro que vocês tornem a ocasião especial, acendendo uma vela ou tomando vinho ou chá e, então, compartilhem suas emoções de um jeito pacífico. Dar uma arejada na relação não deve ser algo desagradável ou que tenha aparência de confronto.

Vocês podem compartilhar de maneiras diferentes. Cada hora um fala, por exemplo, explicando como se sente a respeito de determinado assunto. Vocês podem também escrever uma carta e entregar ao outro com antecedência. Podem ainda fazer e trocar as listas ou lê-las um para o outro. Então, delicadamente, conversem sobre o que aprenderam.

Ficar mais em contato com as emoções não dever ser uma mudança brusca no seu programa normal. Encontre a sua zona de conforto. Aceite que ter experiências negativas é inevitável quando você está lidando com o sexo oposto. Relacionamentos sempre têm obstáculos a enfrentar, mas você pode removê-los ou atenuá-los e deixá-los para trás com as ferramentas certas. Espero que você consiga mesmo acabar com eles, assim, ficará mais no controle de si mesmo.

CAPÍTULO VI

QUEBRA NA COMUNICAÇÃO:

Encontrando uma linguagem comum

Sua companheira diz aquelas duas palavrinhas que você mais teme: "Precisamos conversar". Você procura um jeito de escapar, porque detesta isso, mas não tem jeito. Ela começa explicando o que a está incomodando e você sente as suas defesas se armando. Quando ela pergunta como você se sente diante do que lhe foi exposto, você tenta responder o melhor que pode, mas ela quer mais. Você fica com raiva, mas começa a fazer um esforço para lhe dizer o que acha que ela quer ouvir. Ela reclama que você não entende nada de comunicação. Você não consegue sacar nada. Ora, você não se comunica bem com os amigos? Por que ela não aprecia o esforço que você está fazendo? No passado, você nem sequer tentava! Agora, veja só, ela quer mais. Você se surpreende: por que está sendo acusado de não se comunicar, quando está justamente fazendo isso? Por que ela é incapaz de compreender isso? O que ela quer, afinal???

O segredo de um bom relacionamento é a comunicação, apesar de ser esta a maior reclamação dos casais. Os homens reclamam que as mulheres dizem que eles não estão se comunicando, quando eles, de fato, estão. O conceito de comunicação fica confuso, já que elas interpretam de um jeito diferente do deles.

O que é uma boa comunicação?

É uma interação, na qual um fala enquanto o outro ouve, e vice-versa. Uma boa comunicação não é jogar palavras ou fazer gozações fingindo que está ouvindo, quando, na verdade, não está. Há homens especialistas nisso! Uma boa comunicação é prestar atenção real ao que o outro diz. Isso pode ser difícil para os dois. A mulher, freqüentemente, não consegue calar a boca o tempo suficiente para ouvir o que você tem a dizer até o final e você, normalmente, não quer ouvir porque não está gostando do que ela está dizendo!

Vamos mudar isso!

Dialetos diferentes

Nem sempre as mulheres entendem que comunicar-se não significa fazer as coisas do jeito delas. Os homens nem sempre percebem que também não significa ignorar o que elas falam, enquanto balançam a cabeça para fingir que estão prestando atenção.

Entendeu, agora?

Deveria, se quiser conhecer o grande segredo para agradar a uma mulher.

Uma comunicação verdadeira não é assustadora, quando você aprende a arte e ainda se mantém intacto. Segundo Jenna, uma boa comunicação acontece quando o homem fala e ouve igualmente; quando ele realmente presta atenção; quando ele se lembra de algo que você disse, casualmente, dias ou mesmo semanas atrás. Isto mostra que ele realmente está ouvindo, não que você está lhe "arrancando" alguma coisa.

As necessidades da comunicação

Em geral, cada sexo tem um estilo diferente de expressar os pensamentos. Um homem diz menos para marcar um ponto cruzado, usando o mínimo de palavras. A mulher embeleza as frases e pode entrar em mais detalhes do que um homem acha necessário, porque esses detalhes intensificam a conversa dela.

Nenhum dos dois está certo ou errado. Elas gostam de usar e, às vezes, de abusar das palavras. Eles têm menos necessidade de verbalizar a expressão dos sentimentos. Elas podem ser levadas pelas emoções e fazer verdadeiras dissertações verbais. Eles reclamam que, uma vez que uma mulher começa a falar, é difícil fazê-la parar.

Muitos homens perguntam por que as mulheres gostam tanto de falar — na minha opinião, quando ouvimos nossos pensamentos sendo expressos em voz alta, temos a chance de colocá-los para fora. Assim, ouvir a opinião de vocês nos ajuda. Não é muito difícil dar-nos pelo menos um pouco do que queremos.

Alex tem a sua própria filosofia:

> A necessidade da mulher pela comunicação pode ser aplacada pelo simples ato de dizer alguma coisa, freqüentemente, não importa o quê. Se estão exaltando alguma coisa, melhor ainda. A toda hora, ouço homens dizendo a uma mulher o que ela quer ouvir, sem ser verdade — eles apenas obedecem a um impulso. Revira o meu estômago perceber como é fácil levar uma mulher na conversa e como ela aceita isso.

Eu preferiria que vocês fossem sinceros, mas as nossas necessidades não são difíceis de serem encontradas. Gostamos de falar sobre coisas mais pessoais, ao contrário da maioria dos homens. Nunca esperem que tenhamos um ponto definido, quando estamos falando — isso é para vocês! Conversar pode aumentar a intimidade por que nós tanto ansiamos, de modo que adoramos envolvê-los numa conversa que parece não ir a lugar algum, segundo a cabeça prática de um homem. Vemos essas conversas como algo que nos coloca mais próximas de vocês e é por isso que são importantes para nós. Tenha um pouquinho de humor. Gostamos de conversar com vocês por causa da conexão que estabelecemos por meio das palavras.

Estilos de comunicação

Homens e mulheres comunicam-se de maneira diferente com os amigos do mesmo sexo. Elas gostam de papos longos e íntimos com as amigas; eles têm uma conversa mais casual e muito mais curta. Lee disse: "Os homens são menos prosaicos. As mulheres se comunicam entre si em vários níveis".

Nós gostamos de "olho no olho", principalmente quando temos a oportunidade de olhar de frente uma para a outra. Freqüentemente os homens conversam sentados um ao lado do outro, sem o contato dos olhos, em um bar, num jogo de futebol ou numa sala de conferências.

Os homens reclamam que nós ficamos aborrecidas se eles falam conosco do mesmo jeito que falam com os outros homens. O estilo masculino é, muitas vezes, mais grosseiro do que o nosso. Freqüentemente, achamos até mesmo ofensiva a linguagem que eles usam. Os amigos concordariam que isso é parte da maneira de ser de um homem, e a nossa maneira de ser pediria que vocês falassem conosco de um jeito mais delicado.

Podemos encontrar um meio-termo. Muitas mulheres não querem que um homem fale do mesmo jeito que ele conversa com os amigos. Podemos estabelecer fronteiras justas, por exemplo, nada de berros e palavrões.

Barry contou que isso aconteceu com ele:

> Maggie me criticava por causa do jeito que eu falava, depois que fomos morar juntos. Ela dizia que eu estava trazendo os maus hábitos dos amigos para casa. Quando estava com eles, eu praguejava e xingava — e estava fazendo o mesmo com ela. Ela ficava furiosa e dizia que isso era um desrespeito. Quando namorávamos, eu me sentia bem tendo um bom comportamento, mas quando fomos morar juntos, achei que podia, afinal era a minha casa e eu queria me sentir à vontade nela! Me senti ressentido com Maggie, me chamando a atenção por causa do meu jeito de falar e, provavelmente, fazia mais só por vingança. Meses atrás, fomos a uma festa da família.

Estávamos na cozinha, minha mãe, Maggie e eu, quando meu tio começou a falar comigo do jeito que eu falo com meus amigos: alto e com muitos palavrões. Minha mãe reagiu na hora e disse que havia senhoras presentes. Ele riu, mas o jeito que ele falou com a minha mãe me deixou chateado. Maggie só me olhou e eu saquei! Agora, estou mais cuidadoso: é claro que, de vez em quando, esqueço, mas ela compreende porque sabe que estou tentando.

Uma boa comunicação

Você pode comunicar-se efetivamente, inclusive conosco. O esforço fica válido quando você tem a resposta que queria! Escrevi os "Dez Mandamentos da Boa Comunicação para Homens" modificando alguns que eu dei às mulheres, para seguir o estilo masculino natural de comunicação. Alguns parecem óbvios, aborrecidos, tolos ou totalmente idiotas, mas funcionam, de modo que sugiro que você lhes dê uma chance. Seguir esses mandamentos o tornará capaz de manter uma comunicação real no nível mais objetivo possível, sem precisar de muito esforço. Não é uma boa combinação?

Os dez mandamentos da boa comunicação para homens

1. ENCONTRE UM JEITO PACÍFICO DE FALAR

Se possível, evite conversas sérias quando você está aborrecido, apressado ou distraído. Se isso significa aguardar um dia ou dois para se acalmar, esperar um tempo mais, ou focar no que tem a dizer, espere. Não use isso como uma desculpa para postergar a conversa indefinidamente, mas encontre o tempo para convencer a companheira do que você deseja nas melhores condições possíveis. A hora mais construtiva para uma conversa objetiva é quando os dois estão de bom humor. Se isso não for possível, procure o melhor humor dentro das circunstâncias. Postergar discussões por muito tempo faz com que os problemas se tornem maiores. Seja um homem e ache a melhor hora.

2. MOSTRE A ESSÊNCIA E DIGA O SUFICIENTE PARA DEIXAR ESSE PONTO CLARO

Quando você fizer um esforço para se abrir com a companheira, escolha cuidadosamente os seus temas. É fácil ser levado para outras paragens, quando você finalmente encontrou a trilha da comunicação. Não bote para fora tudo o que o aborrece e que você conseguiu segurar até então. É uma tentação incluir tudo de uma vez, para que você não precise conversar de novo por um bom tempo, mas não faça isso. Diga exatamente o que quer.

As mulheres vêem os homens como pessoas que falam outra língua. Nora disse: "Algumas vezes, os homens dão indiretas, dizendo coisas como 'Bem, se eu estivesse com raiva por causa disso, eu poderia...'" Diga que você está com raiva! Não use palavras genéricas para evitar colocar para fora o que você sente.

Um dos meus ex-namorados usava a palavra "engraçado" para explicar todas as suas emoções. Fiquei espantada, no começo: em vez de dizer "É bonito", ele dizia "É engraçado". Sexo era engraçado. O jantar que eu tinha preparado para ele era engraçado. Finalmente, aceitei "engraçado" como um elogio. Parecia interessante quando ele usava "engraçado" em momentos que eu gostaria que ele usasse uma palavra mais romântica. Mantenha um dicionário por perto, se tiver dificuldade com as palavras!

Use o mínimo de palavras, mas deixe claro o seu ponto de vista. As mulheres tendem a falar demais — super-habilidade de conversação. Os homens, por outro lado, querem jogar duas palavrinhas em cima delas, sem nenhuma explicação, e chamar de diálogo!

As mulheres ODEIAM ser manobradas sem habilidade! Ian adverte: "Seja direto, claro e incite mais perguntas. Diga a ela exatamente o que você quer, com exemplos para facilitar o entendimento".

Seja específico sobre as suas informações e claro nas reações. Estamos acostumadas com detalhes, então, dê-lhe alguns, pelo menos. Se ela pedir maiores explicações, respire fundo e comece tudo outra vez. Paciência!

3. Fale com o mesmo respeito que deseja para si

Pense em como você se sentiria se o mesmo tom de voz e atitude estivessem sendo usados por ela em relação a você. É um jeito respeitoso ou condescendente? Ouça-se falando. Como você se sentiria se alguém falasse com você desse jeito?

Ao tomar consciência da maneira como nos comunicamos, estamos nos tornando capazes de fazer isso mais efetivamente e menos ofensivamente. Preste mais atenção ao seu próprio jeito. Você pode não gostar do tom da sua voz, por exemplo, e não ter consciência disso. Pessoalmente, livrei-me do jeito lamentoso que usava para falar com o meu homem, depois que, conscientemente, me ouvi falar pela primeira vez. Você pode não gostar do que está ouvindo em si mesmo, mas isso pode ser uma motivação para mudar e buscar novas formas de apontar o problema.

4. Comece e acabe com uma afirmação positiva

Como a companheira pode ficar irritada quando você fala alguma coisa que vê como construtiva, estabeleça um tom positivo primeiro.

Ficar na defensiva durante uma conversa séria afeta a maneira com que o outro nos escuta. Quando sei que alguém está tentando jogar para cima de mim algo que não vou gostar, minha cabeça está formulando uma defesa em vez de escutar objetivamente. Ajude sua companheira a ficar aberta dizendo alguma coisa agradável antes, por exemplo: "Estou contente por estarmos juntos" ou "Estou feliz por podermos compartilhar as coisas". As defesas serão abaixadas mais facilmente. Você sabe o que ela gosta de ouvir e, quando estiver falando, faça-o com a mente positiva, considerando o que você disse como algo amável ou elogioso. "Você está ótima para conversar comigo" é um bom exemplo.

Após fazer a companheira se desarmar, encaminhe a conversa para o tema do seu interesse. Não minta ou tente manipulá-la com as palavras. Encontre algo que seja significativo e diga-o sinceramente. No final, termine com uma mensagem positiva, também, para ajudá-la a absorver a mensagem mais objetivamente. Deixe-a com um sentimento bom e você também se sentirá bem.

5. EXPLIQUE, NÃO RECLAME

Algumas páginas atrás, comentei que os homens não apreciam a chamada "crítica construtiva". Se você quer que sua companheira o ouça com a mente aberta, não a censure, acuse, critique ou diga algo desabonador sobre ela. Explique apenas mediante exposição dos fatos. Não fique muito pessoal. Se ela pensar que você está querendo lhe dizer o que fazer, ficará desconcertada. Comunique-se de um jeito que sugira que ela tem escolha.

6. USE PALAVRAS POSITIVAS EM VEZ DE NEGATIVAS PARA DIZER A MESMA COISA

Vá com calma! Um jeito mais amigável, elegante e positivo pode deixar o que você tem a dizer mais fácil de engolir. Em vez de dizer, por exemplo, "Você está fazendo alguma coisa errada", diga: "Posso lhe sugerir outro jeito?". Escolher palavras menos negativas lhe permitirá dar um tiro certeiro para fazê-la ver o seu ponto de vista. "Eu não gosto" pode virar "Eu preferiria".

7. PEÇA A ELA QUE CONSIDERE O SEU PONTO DE VISTA, EM VEZ DE LHE DIZER PARA FAZER DO SEU JEITO

Nenhuma mulher muda porque você disse que sabe mais ou um jeito melhor. Peça a ela que considere as suas sugestões. Ela se coloca em estado de alerta imediatamente se suspeitar que você a está controlando. Respeitar o direito de ela ser do jeito que é e de tomar as próprias decisões pode manter a cabeça dela mais aberta. Nem o homem nem a mulher devem esperar que o(a) parceiro(a) mude porque ele(a) quer do seu próprio jeito, mas se alguma coisa o irrita, peça a ela que esteja mais consciente do como você se sente. "Por favor, fique do meu lado, meu amor" funciona melhor.

Esclareça especificamente o que o está aborrecendo. Por exemplo, se ela o ataca com reclamações assim que você chega em casa após o trabalho, diga por que isso o incomoda, sem uma atitude. Explique como você está cansado — se ela esperar até que você se restabeleça, você a ouvirá com menos irritação, mas não conte com uma complacência total. Pergunte como você gostaria de ser lembrado, se se esquecer, em vez de ficar berrando para ela calar a boca. Uma frase do tipo "Lembre-se de que preciso acabar de chegar" ou um beijo seguido de um "Eu amo você" e uma saída rápida para a outra sala pode acionar o botão de "pausa" dela. Se ela esperar, agradeça por ter sido paciente. Pedir sensibilidade sobre assuntos específicos nos quais você tem um problema, em vez de pedir uma mudança, lhe dará mais do que você precisa.

8. SEJA PACIENTE

Não espere uma boa reação só porque finalmente vocês conseguiram dialogar. Ela pode precisar de um tempo para pensar; provavelmente dirá mais do que você gostaria e o aguilhoará por pequenos detalhes. Ouvir pacientemente por alguns minutos pode acalmar a necessidade que ela tem de compartilhar. Force-se a responder pelo menos a algumas perguntas. A paciência é realmente uma virtude — e pode agradar à sua companheira de um jeito que também o agradará no final!

9. PRESTE ATENÇÃO AO QUE ELA DIZ

Freqüentemente, nós nos esquecemos de que um diálogo inclui ouvir, o que é considerado uma arte (falaremos mais sobre isso logo adiante). Você pode não ser um especialista no assunto, mas pode aprender! Muitos homens dizem que a melhor maneira de acalmar uma mulher é concordar com tudo que ela diz ou dizer o que ela quer ouvir. Isso afasta os problemas a curto prazo, mas ela eventualmente saberá que você não pensa assim.

É difícil para muitos homens reconhecer sinceramente todos os comentários e perguntas de uma mulher tagarela, mas perca o hábito de dizer sempre "sim" para ela. Jennifer contou: "Hector não estava prestando nenhuma atenção. Eu estava tentando salvar o meu casamento e ele concordando com tudo sem ouvir uma palavra. Ele concordou quando eu disse que estava indo embora e está tentando ter a minha atenção para voltar, mas, agora, é tarde demais".

As mulheres costumam falar muito, mas isso não quer dizer que falem montes de besteira. Elas sabem o que os homens estão fazendo, o que não sabem é como mudar isso — exceto ir embora de vez. Leve a sua companheira mais a sério, se você valoriza a presença dela em sua vida.

10. RESPONDA AO QUE ELA LHE PERGUNTA

Se ela lhe disser alguma coisa, responda. Sua resposta alimenta a conversa e ela precisa disso. Resmungos e movimentos do corpo não são a mesma coisa. Uma palavra ambígua ou duas também não. Amy disse que uma boa comunicação é "Sair de um diálogo ou argumentação com um entendimento mútuo de o-que-vai-aonde... Não sentindo-se como se batesse a cabeça na parede ou como se um estivesse falando uma língua estrangeira".

Faça um esforço, mesmo se ela não parecer satisfeita. Explique que você está tentando. Se você lhe dá comunicação e ela está resmungando, diga-lhe que só vai continuar tentando se ela for paciente. Isso é o melhor que você pode fazer por hora. Assim, a paciência faz um bom trabalho.

Diferentes estilos de ouvir

Os homens reclamam que as mulheres os acusam de não ouvir o que elas dizem, quando, na verdade, ouvem. Isso acontece porque as mulheres têm métodos diferentes para absorver o que alguém está dizendo. Elas tendem a ser ouvintes mais ativas, realmente dando ao outro uma atenção total. Os homens tendem a ser ouvintes mais passivos, freqüentemente dando à companheira o que eu chamo de "serviço de orelha", em vez de realmente absorver o que ela diz. As mulheres não gostam disso e muitos homens não entendem por que elas reclamam.

Deixe-me ensinar-lhe a arte de ouvir.

A importância de ouvir

Efetivamente, ouvir significa fazer um esforço para escutar o que a companheira está falando. Não é uma fachada de atenção, para depois servir de gozação. Conhecemos todos os artifícios masculinos. Um bom comunicador tem de ser um bom ouvinte, o que significa ouvir com a intenção de escutar o que foi dito. Se você estiver absorvido pelos seus pensamentos e não concentrado nos dela, não está se comunicando — está ouvindo a si mesmo enquanto fala.

James dividiu conosco a sua experiência:

> Tive várias namoradas antes de Jo-Ellen. Eu ouvia vagamente quando elas tagarelavam sobre uma coisa ou outra, presumindo que as mulheres não diziam mesmo nada do meu interesse. Meus amigos e eu sempre ríamos de como elas falavam bobagem e comparávamos as maneiras que usávamos para fingir que estávamos atentos ao que diziam. Eu ainda era assim quando encontrei Jo-Ellen e não lhe dava

muita atenção. Uma noite, fomos a uma festa, junto com meus amigos e suas mulheres. Precisei voltar em casa e fiquei muito surpreso, quando retornei, ao encontrar Jo-Ellen conversando alegremente com um grupo de homens no salão principal. Muitos deles disseram que me invejavam por ter uma mulher que conseguia manter uma conversa tão interessante. Estavam maravilhados pela conversa dela, porque tinha opinião pessoal sobre as coisas. Pensar que antes eu nunca tinha lhe dado sequer uma chance de se mostrar! Depois disso, comecei a ouvi-la mais, ouvindo de verdade — e descobri que ela tinha mesmo muito a dizer! Dei uma chance a mim mesmo e, hoje, gosto de ouvi-la. Estou certo de que aprendo muitas coisas.

A habilidade de ouvir bem promove a aproximação entre você e sua companheira. Em vez de conversar por obrigação, pense nisso como uma troca de experiências. O que uma mulher diz é importante para ela, mesmo que você não concorde. Se ela é importante para você, leve a sério os pensamentos que ela expressa. Não os tome como sendo de segunda linha ou triviais. Você sabe que isso é injusto. As mulheres não são tão previsíveis como os homens pensam. Vocês podem não perceber porque adoramos falar de assuntos que vocês consideram supérfluos — os problemas das amigas, as compras, uma discussão no trabalho, o que vestir.

Ei, você se preocupa com as mulheres ou não? Então, tenha um pouco de interesse pela vida da sua! Afinal, se os pensamentos e opiniões dela o aborrecem, o que você está fazendo com ela? Nora sugere que você pergunte como foi o dia dela. E comprometer-se a ouvir um pouco é razoável.

Não ouvir é algo desrespeitoso. Quando criança, você pode não ter dado bola para os papos da sua mãe, mas sua companheira não é a sua mãe. As opiniões dela são tão válidas quanto as suas — e você não iria gostar se ela as ignorasse.

Amy explicou: "Minha maior frustração é ouvir palavras como essas saindo da boca de um homem: 'Ligo depois', 'Amanhã', 'Segunda-feira', 'Farei isso ou aquilo', 'Estarei lá às x horas', sabendo que atrás delas tem ZERO pensamento de fazer. Eu realmente as levo em consideração e, se as palavras de um cara não são seguidas de ação, não faço mais questão de que ele abra a boca".

Se você aprender a ouvir ativamente o que uma mulher quer e der respostas coerentes com o que ela disse, as coisas serão muito mais fáceis para você. Não seja tão teimoso! Isso não é assim tão complicado!

"Ouça o que estou dizendo" = dê-me toda a sua atenção

Os homens e as mulheres ouvem de maneiras diferentes e não há nada de errado nisso, mas muitas mulheres não vêem os homens como ouvintes legítimos e, assim, querem que eles ouçam do jeito delas. Um homem pode estar alegremente consertando ou lavando o carro, enquanto uma mulher fala com ele; ele continua fazendo o que fazia, ela fala mais alto, ele ouve o que ela diz, pelo menos o que quer ouvir, mas ela reclama que ele não estava ouvindo. O que aconteceu? Você pensou que estivesse ouvindo o que ela dizia.

Para uma mulher, a definição de ouvir é diferente da dos homens. Basta que as palavras estejam entrando vagamente dentro do ouvido, para um homem achar que está ouvindo. Segundo Mary, boa comunicação é "Um mútuo entendimento, no qual os dois chegam a soluções e à compreensão do que o outro tem a dizer. A atenção e a ausência de egocentrismo desempenham um papel importante, assim como ouvir ativamente. A chave do segredo é o contato olho no olho".

Uma mulher só se satisfaz com a atenção total. "Preste atenção ao que estou dizendo" quer dizer "Olhe dentro dos meus olhos quando eu falo". Isto também significa que você deve parar tudo que estiver fazendo e voltar para ela toda a sua atenção.

Olhar nos olhos e dar toda a atenção é parte desta conexão tão importante para as mulheres. Você pode não gostar, mas deixará de sentir o efeito de muita mágoa no futuro.

Eu também fico maluca quando um cara não presta atenção ao "meu estilo" e Ginny concorda conosco:

> Quando converso com um cara, quero olhar para o rosto dele, não para a nuca ou o queixo. Não importa o que ele diz, se ele não me olhar, parece que não está me ouvindo. Preciso ver os olhos dele. Os olhos falam muito. Os homens escondem muito do que dizem, com essa mania de olhar para os lados, mas os olhos contam tudo o que sentem. Talvez seja exatamente por isso que eles evitam olhar para a mulher quando estão falando alguma coisa mais pesada. Os homens são ótimos nesse contato.olho no olho para nos levar para a cama, mas quando precisamos conversar, eles fogem. A maioria deles é covarde. Um homem de verdade deveria saber encarar a mulher que fala com ele. Se os homens pudessem olhar as mulheres nos olhos e superar essa falha pessoal, teríamos muito menos problemas nos relacionamentos.

Por que as mulheres falam tanto?

Quando uma mulher começa a falar, pode falar, falar, falar e não parar nunca mais. É duro ouvir, especialmente quando você o faz de uma maneira crítica. Eu disse antes que as mulheres encaram os problemas, enquanto os homens os evitam. Da mesma maneira que muitos deles consertam carros, canos ou eletrodomésticos, elas gostam de consertar os problemas que vêem no relacionamento.

Você já reparou que muitas mulheres repetem mil vezes o que acabaram de dizer? Ah, ah, ah, tenho certeza de que sim! Elas não fazem assim para se ouvir falando. Se o homem não responde, ela continua falando, blablablá...

As mulheres receiam o silêncio. Um homem pode se sentar e assistir a um jogo ou consertar alguma coisa com um amigo sem falar uma palavra sequer. As mulheres não. Já aconteceu de alguns amigos ficarem malucos comigo, perguntando o que aconteceu, apenas porque fiquei calada por alguns minutos. Nós, mulheres, não estamos acostumadas ao silêncio. É a insegurança que fala quando pressionamos por uma reação. Se percebemos que alguma coisa está errada, precisamos falar. Assim, se o homem ignora a companheira, a relação tenderá a ficar difícil, porque ela vai ficar frustrada e falará mais.

A dinâmica da repetição

Ficar enfadonha é o extremo do repetir-se. As mulheres freqüentemente ficam enfadonhas (isto é, dizem a mesma coisa várias vezes), se não tiverem uma resposta satisfatória. Funciona igual com as crianças e é difícil cortar o hábito. Não há quem não conheça um homem que não acabe cedendo, se for devidamente espezinhado.

Uma mulher insiste em algo por várias razões: ela quer que você faça algo; ela fica frustrada porque você não respondeu; ela quer que você veja o ponto de vista dela, mas você não quer ou não pode; ela não conseguiu ter uma resposta direta para o que pediu; ela quer controlar o homem.

A maioria das mulheres pensa que fica se repetindo até que tenha uma resposta apropriada. Lea contou ao grupo por que ela faz isso:

> Ainda pequena, aprendi que, se eu quiser alguma coisa, tenho de pedir mil e uma vezes — só assim é possível que me ouçam. De fato, detesto ter de ficar repetindo o que quero ao Ralph, mas, freqüentemente, não tenho outra escolha: se deixar por conta dele, vai ignorar tudo que eu tiver pedido. Na semana passada, ele prometeu consertar a máquina de lavar roupa. Perguntei quando e ele respondeu: "Logo". Depois de dois dias, perguntei novamente e recebi a mesma resposta. Preciso lavar a roupa, então comecei a perguntar repetidamente. Ele me chama de chata. Já inventaram uma palavra para definir o homem que se esquiva das suas responsabilidades domésticas? Ele não faz o que promete e a chata sou eu. Fico pedindo a mesma coisa mil vezes porque me frustra não ter uma resposta direta. Se os homens cumprissem com as suas obrigações, as mulheres se repetiriam muito menos.

Relatei o que Lea disse. A mulher faz perguntas e recebe grunhidos, meneios de cabeça ou respostas evasivas. Isso é frustrante, então, ela "enche o saco", alfinetando ou repetindo o pedido até que obtenha o que quer. Dê a ela respostas diretas quando ela pede uma informação, mesmo se você está pouco ligando. Se, por exemplo, ela pergunta o que você acha de convidar os primos para um almoço ou jantar, não diga "tanto faz" ou "tudo bem". Dê dicas e sugestões. E se o assunto se refere a ela, dê-lhe alguma importância. Mostre respeito pela necessidade dela de saber a sua opinião.

Repetir-se é um péssimo hábito que as mulheres têm ou tiveram em algum momento de suas vidas. Preste atenção na palavra — hábito — e trate-a como tal: significa que precisa de tempo para ser quebrado, sobretudo se estiver bastante arraigado, mas você pode fazer alguma coisa a esse respeito.

Num momento tranqüilo, explique à sua companheira, de um jeito gentil, como você se sente quando ela começa a se repetir. Siga os meus mandamentos para uma boa comunicação. Diga que as constantes ferroadas dela deixam os seus nervos em pedaços. Ela pode não saber, honestamente, a profundidade das farpas que envia. Diga com palavras amáveis e explique a ela que repetir-se não funciona. Diga calmamente que essa atitude só provoca sentimentos negativos em você e que se ela procurar controlar-se, você, por outro lado, procurará lhe dar respostas mais objetivas. Sugira outras maneiras de ela ser mais direta com você para conseguir o que quer.

Falar ao telefone

Falar ao telefone é algo tedioso para a maioria dos homens — eles gostam de falar apenas o que têm a dizer, se têm. Já as mulheres ficam felizes ao ouvir a voz do seu amor por causa da sensação de conexão. Falar ao telefone com ele é uma extensão da alegre tagarelice com as amigas. Como elas gostam de manter uma conexão com amigos e amantes, não compreendem por que a maioria dos homens detesta ficar ao telefone por um tempo longo, seja para marcar um encontro, dizer um alô ou contar alguma novidade. As mulheres adoram conversar bastante. Os homens querem logo largar o telefone.

Ela se sente negligenciada se você não quer falar com ela e você não gosta que alguém o prenda ao telefone quando tem coisas para fazer. Explique que isso não tem nada a ver com ela e que você está sempre aberto, mas não quer ficar batendo papo ao telefone indefinidamente. Defina quanto tempo é bom para você.

Nem todos os homens se importam de ficar falando ao telefone, mas se for o seu caso, este é um tema para ser conversado — longe do telefone, é claro!

Mais paredes

O que vou falar abaixo não se refere a todos os homens, mas preciso tocar nesse assunto.

Quebra na comunicação

Uma coisa que frustra demais as mulheres é a maneira como muitos homens levantam paredes quando ela está tentando falar sobre alguma coisa séria. É similar às impenetráveis paredes das quais falei no capítulo anterior, exceto porque essas acontecem de repente, durante a conversa. A mulher já está perturbada e o homem se cala, enquanto ela fala — eis a situação mais frustrante que se pode imaginar. Já vivi esse tipo de experiência com meus namorados. As coisas estavam correndo suavemente e, então, uma barreira aparece. Eu tentava explicar o problema e sentia as farpas geladas se introduzindo entre nós. Nada do que eu dissesse ou fizesse podia atravessar essa barreira.

É horrível, é assustador estar com alguém que você quer bem e que sabe que também gosta de você e vê-lo quase fora do mundo estando fisicamente presente. Aquele sujeito simpático e atencioso ficou frio em apenas um instante, como se não tivesse coração. Já vi isso acontecer sem conseguir interromper o processo. Sempre procurei falar, mas sabia que era uma causa perdida.

De muitos homens que assim procedem eu até já conheço os sinais: a voz fica robótica, enquanto ele fala algumas poucas palavras geladas. Ele vira outra pessoa, vira um estranho. É como se a alma tivesse se separado do corpo, deixando apenas uma concha vazia para trás. Acredite-me, não estou exagerando.

Shari nos explicou:

> Quando falo para o Bob que alguma coisa está me aborrecendo, ele freqüentemente vai para outras esferas. Ele está ali, mas não está — é como se fosse para outro mundo, onde nada que eu dissesse seria certo. Nunca sei o que aciona o mecanismo. Algumas vezes, converso com ele e tudo bem. É um alívio, mas, normalmente, de curta duração. Eu o amo e ele diz que também me ama, mas até quando saberei lidar com esses humores, ou seja lá que nome tenha? Meu coração se aperta quando ele vai para esse lugar. Não importa o tanto que eu tento, nada entra dentro dele nesses momentos. Já falamos sobre isso, mas ele se lembra vagamente do que faz e disse que eu não deveria falar com ele quando isso acontece. Só quê eu não acho justo. Acho que não tem nada a ver eu ignorar o que me aborrece, porque ELE tem um problema. Provavelmente, terei de deixá-lo.

Quando isso aconteceu comigo, eu sabia que não conseguiria penetrar dentro dele, mas, ainda assim, tentei. Sempre tentamos, se o cara é importante para nós. A gente parece que fica sem sentimentos nessas horas. A alienação e a falta de habilidade do homem para sentir compaixão por estar nos magoando com a sua recusa a nos ouvir honestamente se escondem atrás das palavras e são devastadoras. Para dizer a verdade, os homens com quem vivi essas situações me pareciam irracionais, porque nada que eu dissesse era ouvido objetivamente. Isso levou-me às lágrimas. Quando meu último namorado fez isso, fiquei tão mal que comecei a gritar, numa última tentativa de ser compreendida — e eu tenho mais ferramentas para lidar com isso do que a maioria das mulheres!

Gostaria de encontrar palavras melhores para explicar quão assustador é ver um homem que a gente gosta se transformar num estranho. E, ainda, quando acaba, ele pode agir como se nada tivesse acontecido!

Qual é a resposta?

Não tenho certeza. Alguns homens sugerem que calar-se é o jeito de não encarar o que está sendo dito, ou o que se deve fazer ou mesmo o problema em si. Ele pode recear ser magoado ou não saber como lidar com um problema que não sabe como solucionar, então volta-se para dentro de si mesmo como uma forma de proteção.

Acontece que ele está magoando alguém de quem gosta. Experimente ouvi-la falar do problema em uma ocasião em que não esteja acontecendo, para compreender o impacto que provoca nela. De qualquer maneira, isso também não é bom para você e deve ser trabalhado, porque aliena a sua companheira e prende você no mesmo lugar, sem resolver os seus próprios problemas.

Desentendimentos saudáveis

Mesmo em um bom relacionamento, muitas vezes, um parceiro não concorda com o outro. A chave para aparar as arestas — as diferenças — é o respeito que um deve ter pelo outro, admitindo que um tem o direito de não concordar com o outro. Isso não significa que você sempre conseguirá a concordância dela. Já está ótimo se um não pensar sempre o oposto do que o outro pensa.

Os benefícios dos desentendimentos

Os homens são famosos por evitarem um conflito a qualquer custo. As mulheres são famosas como sendo grandes provocadoras. Alguns homens se vangloriam de nunca terem tido uma briga com a parceira. Isso absolutamente não me impressiona. O fato de não brigarem não significa que não tenham problemas. Uma boa discussão (verbal) é saudável para um relacionamento. Discordar é normal.

Quanto mais as pessoas ficam juntas, maior é o potencial para discordar. Os amigos brigam. As pessoas de uma mesma família brigam entre si. Gente que se ama, briga. As mulheres brigam de outro jeito. As brigas dos homens entre si tendem a ser barulhentas. As mulheres, por outro lado, jogam sujo, usando lágrimas e manobras emocionais para criar culpa.

Os casais que não brigam raramente resolvem os problemas. Trazê-los para o espaço aberto pode limpar os sentimentos negativos. Desentendimentos não têm de ser sempre significativos ou escandalosos. Se um trata os sentimentos do outro com respeito, é possível terem um relacionamento forte.

Depois de cada desentendimento, perdoe. Mesmo se você sabe que tem razão, desculpe-se por tê-la feito sentir-se mal. Lembre-se da compaixão. Você não precisa desculpar-se pelo que sente, mas pode dizer a ela que está chateado por causa do jeito que ela se sente. BÔNUS: Reconciliar-se pode ser muito gostoso!

Acredito que desentendimentos saudáveis aumentem a confiança. Se ficamos rodeando as saídas sem alcançá-las, os desentendimentos fermentam. As coisas podem parecer pacíficas, mas um de vocês pode estar com uma raiva não expressa e, eventualmente, o outro pode descobrir isso de um jeito bastante desagradável. É difícil confiar se você se surpreende com o que não foi dito.

Meus amigos e namorados nem sempre gostam do que digo, mas apreciam o fato de que, quando algo me aborrece, eu falo. E, depois, deixo o problema ir embora. Algumas vezes, o que digo resulta em uma disputa acirrada, mas chegamos a um denominador comum e acreditamos ainda mais um no outro, porque sabemos o que pensamos — a verdade. Dizer "Está tudo bem" é desonesto.

Não tenha medo de discutir. Mantenha o respeito durante todo o tempo. Se você estiver disposto a, sinceramente, ouvir o ponto de vista dela, vocês tornarão o relacionamento mais forte.

Alan contou:

> Eu pensava que brigar com uma mulher era tempo perdido. Não tinha a menor esperança de fazer com que ela visse o meu lado. Quando conseguia, poderia ter uma sessão de lágrimas. Minha mulher e eu fomos fazer terapia de aconselhamento e começamos a brigar durante as sessões. Em vez de ficarmos descontrolados, começamos a entrar em acordo e, freqüentemente, achamos a solução. Aprendi muito sobre minha mulher durante os nossos desentendimentos. Parei de pensar neles como brigas, porque não gritamos — apenas contamos um ao outro as coisas que nos aborreceram e as colocamos para fora. Nem sempre estamos de acordo, mas aprendemos a aceitar que estamos autorizados a pensar diferente sobre as coisas. Nosso casamento ficou mais sólido.

Se você acha que ela está chateada, ela poderia imitá-lo num primeiro momento, dizendo: "Está tudo bem". Diga-lhe que ela é importante para você e, sinceramente, queira saber o que a está perturbando (mesmo se isso for a última coisa que você quer saber!). Então, o assunto poderá ser negociado e esquecido. A mulher sempre quer que o companheiro saiba o que a está incomodando, mas, algumas vezes, precisa saber que ele se interessa por ela o suficiente para ajudá-la.

128 *Como Agradar uma Mulher na Cama e Fora Dela*

Seja homem e faça o que tem de ser feito! A comunicação resolve problemas e sabemos que você adora resolvê-los!

Como trabalhar os problemas

Nunca me cansarei de repetir a importância do respeito ao direito de opinião do outro. Isso habilita o casal a trabalhar para encontrar uma solução para os problemas. Quando as coisas estiverem indo bem, sentem-se em um lugar relaxante e discutam opções para quando os problemas se apresentarem. Gentilmente, explique o que o enlouquece durante uma discussão. Peça a ela que faça o mesmo. Se vocês conseguirem compartilhar e explicar, em vez de criticar e culpar, desenvolverão a cooperação. Não se ponha tanto na defensiva sobre o que ela diz, porque isso apenas atrapalha a comunicação. Aprenda a manter a mente aberta, enquanto pratica a habilidade da comunicação.

Greg nos contou:

> Zena e eu somos muito diferentes. Na maior parte do tempo estamos de acordo, mas evitamos conversar sobre coisas que poderiam trazer problemas. Outro dia, ela me chamou e pediu que eu me sentasse. Pensei: "Xi, lá vem coisa!", mas não, ela apenas me perguntou como eu gostaria de conversar sobre coisas que eram importantes para o crescimento da nossa relação. Ela discordava de muitos dos meus métodos e queria que eu soubesse disso. Minha primeira reação foi sumir, mas gosto muito dela e queria continuar com ela, então conversamos sobre as brigas que tínhamos tido em outros relacionamentos e o que nos incomodava durante os desentendimentos. Adverti-a de que eu poderia perder a cabeça e que esse era o motivo principal pelo qual eu evitava brigar. Ela perguntou se eu me importaria se ela apenas deixasse o aposento quando eu me inflamasse. Hoje, nossos desentendimentos estão mais pacíficos do que no passado, porque estabelecemos as regras do jogo. Um não quer magoar o outro, de modo que trabalhamos para que isso não aconteça.

Estabelecer as regras é eficaz. Conversem sobre as coisas que desagradam a ambos durante uma conversa quando estiverem bem. Assim que vocês se conhecerem um ao outro, aprenderão os padrões mútuos para lidar com os desentendimentos. Um de vocês pode explodir (você?). Um de vocês pode querer entrar em detalhes desnecessários (ela?). Cada um tem pelo menos alguns padrões ou atitudes que trazem aborrecimentos para administrar em uma discussão, mesmo se vocês não reconhecem os seus pontos fracos. Em vez de "cutucar" o outro com provocações, o melhor é ir direto ao assunto em questão, estimulando-a a fazer o mesmo. Conversem a respeito durante os momentos tranquilos; assim, você poderá ser mais sensível sobre o que torna um problema ainda pior.

Se um argumento usado não funciona, peça um tempo. Andar em círculos para convencer o outro e ficar ainda mais irritado não é uma boa. Respire! Reconheça que é hora de dar uma parada. Ela pode protestar, é claro. As mulheres gostam de resolver os assuntos na hora — mesmo quando o problema pede um tempo. É da natureza delas falar até que achem a solução, sem medo. Elas receiam que o homem as abandone se estiver com muita raiva, então querem que tudo fique resolvido antes que ele vá embora. Tranqüilize-a, pois, explicando que o problema pode — e, eventualmente, vai — continuar sendo trabalhado, de modo que ela se sinta bem em lhe dar espaço para esfriar a cabeça e pensar.

Meus dez mandamentos da boa comunicação funcionam durante um desentendimento. Mostre os seus pontos. Não deixe que a raiva o desvie para outras saídas que também possam vir a incomodá-lo mais tarde. Se ela insistir em algum ponto, não ataque para se defender ou isso poderá tornar-se uma guerra desnecessária. A solução dos problemas de um relacionamento envolve duas pessoas. Se a sua parceira tem dificuldades para cooperar, você vai precisar ter paciência pelos dois. Comunicar-se como um time lhe dará a melhor chance de ter um relacionamento saudável e bem-sucedido.

Os casais parecem se comunicar bem no começo. Quando um está apenas interessado em conhecer o outro, os dois estão ansiosos para conversar e dar uma boa impressão. Assim que a relação evolui para um namoro mais sério ou vocês vão morar juntos, essa necessidade pode, facilmente, se dissipar.

Alguns homens comentam que, como conversam muito no trabalho, querem ficar quietos em casa e adorariam parar totalmente de pensar, se pudessem! Só que as mulheres querem conversar sobre assuntos que não sejam só rotina. Elas precisam saber que eles estão ouvindo, para alimentar a conexão tão do agrado delas.

Boas interações fora da cama podem levar a melhores interações na cama. Criar brincadeiras engraçadas e diálogos interessantes a deixarão de bom humor para outras atividades ainda mais divertidas.

CAPÍTULO VII

PROGRAMAÇÕES DE VIDA:

Desfazendo-se das expectativas

Vocês estão juntos há seis meses e ela começa a sugerir um compromisso, mas você só quer divertir-se. Foi horrível ter ido a um casamento, na semana passada. Uma amiga teve um nenê e ela olha para a jovem mãe de um jeito engraçado. Você já comentou com ela que as mulheres têm fixação por compromisso e que ela poderia pensar mais a esse respeito. Você sabe que as amigas dela tornam as coisas piores. Ela diz que você está muito fixado em necessidades básicas como sexo, comida e festas e ela sabe que os seus amigos só fazem piorar as coisas. Por que as mulheres não podem relaxar e apenas se divertir? Por que elas têm esse tipo de expectativas? Você concorda plenamente com os seus amigos. Vocês dois poderiam estar apenas curtindo a vida e o sexo. Por que ela segue dizendo que eles têm uma expectativa errada? Eles não têm nenhuma! Nem eu!

Ambos os sexos têm uma agenda sobre os relacionamentos, marcando a melhor hora para que isso ou aquilo aconteça. A dos homens pode ser mais sutil. As mulheres, o sexo agradável por natureza, pode se afastar do próprio caminho para colocar as necessidades do seu amado em primeiro lugar, de modo que os relacionamentos habitualmente começam a favor do homem. No começo, elas têm um bom comportamento, principalmente para provar que arranjaram um bom parceiro. À medida que o tempo passa, elas tendem a puxar o homem para o compromisso.

Expectativas irreais

Já expliquei de onde vêm as necessidades das mulheres. Nossa vida foi programada — da mesma maneira que a sua. Casamento e filhos ainda são vistos como o objetivo final. Acredite-me, isso tem força! Muitas mulheres estão tentando mudar, mas é difícil quebrar o hábito de uma vida. Os homens estão ligados a muitas coisas que elas acham que precisam para serem felizes. Não é culpa dos homens, nem culpa nossa. É apenas o jeito que as coisas são.

Uma porção de programações

Acredito que quando uma mulher marca um encontro com um homem, freqüentemente ela já tem em mente uma escala. Os homens vêem um encontro como uma oportunidade de se divertirem e talvez de terem sexo. Para uma mulher, é difícil relaxar e apenas se divertir, quando ela vê o homem como um companheiro em potencial. Ter a missão de encontrar um provedor acrescenta muita pressão e ela não consegue deixar rolar. As necessidades femininas e masculinas não são equilibradas.

Muitas mulheres nunca aprenderam a ser independentes. Se não lhes foi dito que deveriam ir para a universidade e conseguir um bom diploma; se não lhes foi ensinado que são pessoas inteiras por elas mesmas, sem necessidade de ter um homem ao lado; se elas pudessem acreditar que são atraentes sem que um homem precisasse lhes dizer isso, tenho certeza de que tudo seria diferente. Entretanto, do jeito que elas foram educadas, como separar um homem do conceito de felicidade de uma mulher? Não foi uma escolha dela fazê-lo tão importante em sua vida — foi-lhe enfiado na cabeça! Se os homens fossem criados como as mulheres, eles também teriam programações a cumprir.

Patti assim explicou esse dilema feminino:

> Sou vice-presidente de uma empresa de médio porte e trabalhei duro para chegar aonde cheguei, embora durante toda a vida adulta eu tenha feito esta grande pergunta a mim mesma: "Quando você vai arranjar um marido?" Minha mãe tem o maior orgulho de mim em certo nível, mas está sempre dizendo que o meu sucesso real seria o casamento. Detesto visitar a família porque eles sempre me perguntam a esse respeito. Tenho brigado contra isso, mas o que me assusta é que estou sempre olhando em volta, buscando um bom parceiro. Fico envergonhada por ter aceitado que essa idéia se enraizasse dentro de mim, mas eu realmente quero muito um homem, mesmo quando ajo de um jeito que prove que não preciso de nenhum. Ainda tenho uma opinião melhor a respeito de mim mesma quando estou vivendo um relacionamento. Isso é assustador. Não consigo separar se quero um homem por causa dele enquanto pessoa ou para preencher essa minha necessidade. De qualquer maneira, isso me suga!

As mulheres fazem terapia e têm habilidade para conversar sobre os problemas. Os homens têm independência. Fico impressionada como tantas mulheres concentram a sua terapia/auto-ajuda em encontrar um homem. Nos meus cursos, mulheres inteligentes e bem-sucedidas confessam que não se sentem felizes sem um homem.

Dê uma olhada nos livros que falam de "como encontrar e manter o seu homem". Você ainda se admira que uma mulher possa ir jantar com um macho da espécie sem levar as suas necessidades dependuradas no ombro junto à bolsa? Elas continuam tentando encontrar o "Homem Certo" e, na falta deste, acabam aceitando o "Homem-não-tão-certo-assim" e tentando encaixá-lo no molde.

Os fazedores de programações

As necessidades femininas podem ser numerosas e específicas. Sei que elas deixam vocês malucos! Normalmente, nós também ficamos malucas, mas você sabe como elas se desenvolveram? Com as outras mulheres. Elas se juntam, decidem quais os relacionamentos que devem vivenciar ou não, estabelecem as regras. É justo? De maneira alguma! Muitas discutem e superanalisam; uma alimenta a raiva da outra. Separam e escolhem o que lhes serve. Elas se enturmam em particular contra vocês, se estão com raiva ou não conseguiram obter o que *elas* acham que um relacionamento deveria lhes dar. Uma reforça a necessidade da outra por um homem que lhes proverá o que *elas* acham que ele deveria. Vocês são julgados e sentenciados por júris de mulheres, com critérios injustos nos relacionamentos.

Antes que você fique muito indignado, vou mostrar o que vocês fazem: os homens estabelecem como as mulheres devem se apresentar e agir. Vocês falam que os seus amigos podem ser duros quando se trata da aparência de uma mulher e das expectativas do que elas poderiam fazer por vocês. Quando homens e mulheres estão juntos, é difícil para elas descobrir o que realmente querem, porque estão sempre à sombra dos valores dos seus amigos.

Ned contou:

> Fiquei maravilhado quando Susan e eu nos encontramos pela primeira vez e logo entramos em um ritmo perfeito para fazer as coisas juntos. Após quatro meses, percebi nela uma mudança sutil: ela queria coisas preestabelecidas, queria que nos víssemos mais. Eu tinha dúvidas sobre meu trabalho e sentimentos em relação a família, de modo que quase caí fora como tinha feito das outras vezes, mas, em vez disso, perguntei o que estava acontecendo. Ela ficou embaraçada e contou que uma prima e algumas amigas estavam, de certa forma, forçando-a a pensar no futuro. Perguntei o que ela queria. Ela começou a chorar e disse que ninguém se interessava pelo que ela queria. Contou que a família a tratava como uma perdedora, porque eu ainda não tinha assumido um compromisso com ela. Tudo isso com apenas quatro meses de namoro! Ela gostava do nosso relacionamento, mas estava sendo pressionada. Respondi que gostava dela, mas que ainda era cedo para um compromisso formal; que eu estava disposto a deixar rolar para ver se nosso relacionamento se fortaleceria, mas queria que tudo acontecesse entre nós dois, não que se tornasse uma conspiração da família e dos amigos. Nós dois ficamos felizes outra vez e eu realmente senti por ela: imagine, tanta pressão para fazer o que os outros decretam como se fosse lei!

Se você está vivendo uma situação semelhante, sugiro que vocês dois ponham as suas expectativas em cima da mesa. Vamos, você também tem expectativas — e talvez sejam um ótimo sexo e muito conforto, mas são sempre expectativas! Apenas fale nelas como uma conversa normal, sem raiva ou rebeldia. Use as sugestões do Capítulo 6 para comunicar como se sente e o que gostaria. Estabeleça os seus pontos de vista de um jeito amigável. Não a critique por ter uma agenda programada. Use a compaixão para entender por que ela precisa de certos compromissos, mas diga que isso o deixa pouco à vontade. Tente comprometer-se. Duvido que ela mude de idéia totalmente, mas pode se segurar um pouco, ou, pelo menos, não ir tão direto para cima de você.

Não são todas as mulheres que são mercenárias ou estão inclinadas a arranjar um marido como objetivo de vida. Quando se está vivendo um relacionamento, acredito que as necessidades dos parceiros são mais equilibradas. Você pode ter visto as necessidades dela como menos urgentes, porque você ainda não as tinha compreendido. Rod disse: "Os homens são criaturas simples. Dêem-lhes amor, sexo, afeto e algum espaço e uma mulher pode fazer praticamente qualquer homem feliz". As mulheres também não precisam muito mais do que isso. Dêem-lhes afeto, elogios, intimidade. Conecte-se com ela em pequenas coisas e ouça o que ela está dizendo, se quer vê-la feliz. As necessidades femininas não pedem um esforço maior do que as suas — elas são apenas diferentes.

Diferentes agendas para o sexo

As programações femininas e masculinas para os assuntos da cama são freqüentemente diferentes. Um homem pode querer o sexo como um alívio físico. Se for com alguém que ele ama, melhor ainda! As mulheres normalmente querem sexo para se sentir amadas. Elas levam a ternura do homem, as palavras doces e o entusiasmo a sério demais. Muitas vezes, para vocês, elas só têm significado naquele momento, enquanto elas querem que seja permanente. Muitas mulheres pensam que se um homem fez sexo com elas, ele ficará. E o homem sabe como lidar com isso, também.

Perguntei a homens e mulheres por que faziam sexo. A maioria das razões femininas estava ligada a se sentir amadas, à necessidade de afeto ou para se sentir mais próximas, apesar de o tesão também ter sido considerado importante. Por outro lado, a maioria dos homens reconhece que sexo com uma mulher que amam é o máximo, mas o foco está mais no prazer físico do que para elas.

De acordo com a programação da mulher, vemos que ela está mais focada no homem do que o contrário. Continuadamente, ela torna o homem mais importante do que o sexo.

É difícil para uma mulher separar sexo de amor. Todas elas lêem o que querem em cada beijo apaixonado, em cada toque delicado, em cada olhar de amor. Um "Ooooh, esse orgasmo foi demais!" é interpretado como "Estou louco por você!".

Tenha cuidado com a maneira como age, quando você não está certo do que sente. As mulheres levam para o lado pessoal tudo que um homem faz na cama. Sexo pode criar pressão. As expectativas dela a seu respeito podem mudar e ela começar a vê-lo como o homem da vida dela por causa de uma reação apaixonada ao orgasmo.

A atração da segurança

Os homens reclamam de duas coisas: que muitas mulheres agem como se a conta bancária deles fosse mais importante do que a pessoa que são e que poderiam levar, em cada encontro com uma nova mulher, um resumo da vida pessoal para entregar, sem precisar esperar pelas perguntas absolutamente iguais que certamente virão.

As mulheres marcam encontros do mesmo jeito que fazem compras e "ticam" você na lista como uma mercadoria já comprada. Se você não for um bom parceiro em potencial, vira história bem depressa. Concordo plenamente se você está pensando que as mulheres têm valores complicados e difíceis de entender quando o assunto é segurança, mas também conheço o outro lado e sei quão forte a pressão pode ser.

É assustador para uma mulher achar que não é uma pessoa inteira sem um homem. Você acredita que os parentes *ainda* me perguntam quem vai cuidar de mim quando eu ficar velha, caso eu não me case? Alguma vez alguém já lhe perguntou isso?

Julgamento rápido

Em uma classe composta só de homens, Lou perguntou: "Como pode uma mulher fazer um julgamento instântaneo sobre a minha pessoa?". Bert completou: "Por que elas não tentam me conhecer primeiro?".

Muitos homens dizem que as mulheres os cortam fora da jogada num segundo, se acham que não entram nos pré-requisitos básicos delas. Não somos tão más assim, mas quando a programação é forte e clara e a pressão mais forte ainda, uma mulher pode escolher só sair com bons partidos em potencial. Da mesma maneira que ela não experimenta uma roupa que não seja exatamente do jeito que quer, também não vai perder o seu tempo saindo com um cara que não se enquadra no padrão do seu interesse.

Lembre-se, porém, de que não somos as únicas a julgar: os homens admitem que fazem um julgamento instantâneo baseados apenas na aparência, e se esta aparência não estiver de acordo com a programação, eles não vão perder tempo conversando com a mulher.

Gary admitiu:

> Não gosto de mulheres que fazem muitas perguntas: sobre a minha profissão, se pago pensão alimentícia para minha ex-mulher ou para meus filhos, se pretendo ter filhos, etc. Eu tinha na minha cabeça que as mulheres eram superficiais, até que comecei a prestar atenção nos meus amigos solteiros: eles contam das mulheres com quem saíram e analisam cada centímetro do corpo delas. Um parou de sair com uma porque os seios dela eram pequenos. Outro, porque achava que poderia conseguir uma mulher mais magra. Muito pouco ouço sobre o que eles pensam delas como pessoa. Isso é uma coisa típica dos homens, eu acho, escolher uma mulher pela aparência. Checamos tudo: o corpo, o cabelo, os olhos e muito mais. Aprendemos a julgá-las em conjunto. Discutimos o que elas têm de atraente e evitamos aquelas os amigos poderiam fazer gozação em cima. Enquanto isso, as mulheres aprenderam a buscar coisas como segurança e casamento nos homens. Somos todos superficiais!

O que as mulheres acham que precisam é reforçado pelas pessoas à sua volta. A habilidade dos homens em ganhar dinheiro suficiente para viver é colocada em xeque quando os amigos, amigas e parentes perguntam com quem ela está saindo e logo soltam a pergunta fatal: "O que ele faz?", variante de "No que ele trabalha?" Se o cara não tiver um trabalho que eles acham que seja apropriado, percebe-se na hora pela expressão do rosto. Infelizmente, todos agem de um jeito que mostra a preocupação muito maior com o *status* financeiro do namorado em potencial do que pelo tipo de pessoa que ele é. Como as mulheres são programadas para agradar, a maioria delas procura homens com as qualidades que lhes disseram ser essenciais.

As duas medidas do lado feminino

As mulheres dizem que querem ser tratadas com igualdade. Brigamos por causa dos tais "dois pesos, duas medidas". Reclamamos que não temos oportunidades iguais. Brigamos pela equiparação de salários. Muitas dizem que não precisam de ajuda e se rebelam se um homem abre uma porta para elas. Mesmo que outras façam escândalos se ele não pagar o jantar.

Nos meus cursos, pergunto às mulheres o que mais as torna hipócritas. O que estamos falando? Que queremos direitos iguais quando isso é do nosso interesse? Que vocês não podem usar "duas medidas", mas nós podemos?

Estamos acostumadas à maneira como os homens nos tratam. Isso faz com que nos sintamos especiais e não queremos perder isso. Da mesma forma, muitos homens não se sentem à vontade quando uma mulher paga a conta. Alguns homens com quem saí me deixaram pagar, mas nós enviamos sinais dúbios, se, pelo menos, não oferecermos.

Mulheres com uma atitude semelhante nos encontros concordam comigo. Outras que querem ser levadas aqui e ali, receber presentes, sair para jantar e ser agraciadas com tudo escarnecem das minhas palavras. Fiquei horrorizada quando Gail descreveu uma experiência que viveu no verão:

> Conheci Joseph no Hamptons. A atividade social mais importante era ir a festas na casa dos amigos ou em clubes e era o que fazíamos juntos todos os finais de semana. Eu estava atraída por ele e começamos a trocar beijos, num dia em que ele me levou em casa. Seis semanas depois, ele queria fazer sexo comigo. Fiquei furiosa e perguntei como ele se atrevia a esperar que eu dormisse com ele se ainda não tinha pago nem mesmo um jantar para mim!

Fiquei com vontade de perguntar se ela era uma prostituta, já que não dormiria com um cara enquanto ele não lhe pagasse um jantar.

Muitos homens ficam com raiva de uma mulher que lhes pareça muito mercenária. Concordo. Nossos atos, às vezes, fazem parecer que queremos igualdade quando ela é a nosso favor. Algumas mulheres estão acostumadas a um estilo de vida caro e querem um cara que as banque. Alguns homens se dariam por felizes com uma mulher com quem compartilhar os interesses do seu estilo de vida. Se você quer uma companheira que o valorize mais do que ao seu dinheiro, não saia por aí com uma que não o faz, a não ser que o mais importante para você seja o sexo. Ela não vai mudar quando se apaixonar. Os valores dela irão assombrá-lo à medida que ela o forçar para avançar na carreira. Encontre uma mulher que tenha os mesmos valores que você. O mundo está cheio delas!

Case-se comigo, case-se comigo!

Nunca poderei enfatizar o suficiente como o casamento está infiltrado nos sonhos de uma mulher. Conheci uma moça que era obcecada por casar-se — mas não porque ela quisesse um homem com quem compartilhar a vida: é que ela tinha planejado a cerimônia do casamento desde a mais tenra infância. Assim, cada homem com quem ela saísse enfrentava uma sabatina sobre casamento. E ela se desinteressou de alguns excelentes partidos porque eles não poderiam realizar o seu sonho logo, como era seu desejo, para, finalmente, casar-se com um cara que ela definiu como um babaca. Teve o casamento conforme queria e agora está tentando se convencer de que isso era o mais importante. Um casamento pode ser ainda mais sedutor quando foi idealizado a vida inteira.

Ensinaram às mulheres que o casamento é parte da vida delas. Ensinaram que o casamento define a vida. Casar-se significa que um

138 *Como Agradar uma Mulher na Cama e Fora Dela*

homem a quer, então ela passa a ser mais valiosa. Há mulheres que seriam capazes de se casar com qualquer um, mesmo se for para terminar em divórcio, só para dizer que se casaram. Quando uma mulher se casa, faz a felicidade da mãe.

Assim que uma mulher vai ficando mais velha, a pressão começa. Apesar de a mentalidade estar mudando, algumas mulheres ainda sentem o estigma de "ficar para titia" rondando a sua cabeça. Alguns homens até podem ter mães que desejem ter netos, mas para a maioria deles não há a mesma pressão.

O relógio biológico faz um efeito devastador na urgência feminina por um homem. É muito importante que vocês entendam isso. Não temos o direito de julgar uma mulher por querer um filho, mesmo se isso for uma obsessão para ela. Como ousaremos emitir um julgamento se ela está assustada porque o tempo dela está acabando? Um homem sempre poderá se casar com uma mulher jovem, mas quanto mais velhas ficamos, menores são as nossas chances de conceber. Algumas mulheres entram em pânico porque querem um bebê e não vêem um pai em potencial. Os médicos dizem que o desejo feminino por criar um filho é biológico, não apenas uma pressão social.

Quando o relógio está em contagem regressiva, uma mulher pode procurar desesperadamente por um pai. Alison nos contou:

> Eu quero tanto um nenê... Sempre acalentei o sonho de que encontraria um homem maravilhoso, nos casaríamos e teríamos filhos. Bem, estou com 36 anos e começo a ficar com medo. Sempre fui desencanada com casamento, mas quando ouço falar que fica mais difícil para uma mulher conceber quanto mais velha ela for ficando, mais eu procuro um marido. Meu irmão diz que não devo me preocupar com isso, mas ele não pode falar: só sai com meninas de 20 anos! Esqueça o sonho. Não me preocupo muito mais com alguém para preencher as minhas necessidades. Um carinha legal que queira filhos já seria o suficiente. Isso soa horrível, não é?

Muitas mulheres se sentem como Alison. Sinto muita compaixão por esse desespero por um filho. Apesar de podermos ter filhos na altura dos 40 anos, é pior ainda esperar que o relógio biológico esteja quase parado. Procuro estimular essas mulheres a encarar a verdade: casar-se apenas para ter um bebê provavelmente não as fará felizes; que elas podem não conseguir esse filho; que correr atrás de um doador de esperma não vai gerar uma família saudável. Sugiro uma terapia. Espero que exista uma solução razoável.

Seja compassivo e paciente com as mulheres que estão morrendo de vontade de ter um nenê, mesmo se você não tiver a menor intenção de ser pai. Esta é uma situação muito triste, sem uma resposta feliz.

O senhor conserta-tudo

Nós não somos as únicas a querer consertar tudo no relacionamento. Já comentei antes como muitos homens gostam de nos ajudar quando não pedimos ajuda alguma. Um homem também pode assumir os nossos problemas. Será que vocês não são, inconscientemente, atraídos por uma mulher carente, que lhes dará a oportunidade de ser um homem? Encontrar alguém para renovar não é melhor do que as nossas tentativas de consertar vocês. Se você não quer ser o Príncipe Encantado, não espere que ela seja Eliza Doolittle.

Mulheres estragadas

Tanto os homens quanto as mulheres trazem coisas do passado para uma relação nova. As mulheres com problemas podem estimular um homem a abrir a caixa de ferramentas e consertar tudo que está errado. Nos cursos, muitos homens confessaram que ficam caidinhos por mulheres frágeis e carentes. Este tipo vulnerável faz com que um homem tenha vontade de vestir a armadura reluzente e puxar a espada para protegê-las e colocar a vida delas no lugar.

PARE! Paul estava envergonhado quando contou à classe:

> Encontrei Shea num barzinho. Doce e desamparada, contou como os homens a tinham maltratado no passado e estava lutando para fazer alguma coisa na vida. Admirei a determinação dela e começamos a sair. Admito que gosto de me sentir necessário, mas ela virou uma peste — me interrompia até no trabalho! Pedi a ela que parasse com isso, mas ela chorou e eu fraquejei. Não fazia nada por si mesma. Tinha desculpas, em vez de um trabalho. Comecei a lhe emprestar dinheiro, mas ela queria sempre mais. Finalmente, entendi por que os homens não a tinham tratado direito — a única coisa que eu queria era pedir-lhe que me deixasse sozinho, que fosse cuidar da própria vida e, confesso, às vezes tinha vontade de socá-la! Eu já tinha sido atraído por mulheres assim, antes. Cresci sendo o menorzinho e sempre me senti usado. Gosto de ajudar, mas estou tentando parar de sair com mulheres frágeis — nunca me sinto feliz após as primeiras semanas que cuido delas.

Os homens dizem que adoram ajudar as mulheres e, freqüentemente, acabam chateados se elas não lhes são eternamente gratas como eles sonham. Ninguém deveria escolher um parceiro que precise de conserto. A necessidade masculina de "ser o homem" para mulheres com sérios problemas não funciona, porque só faz com que eles se sintam necessários por um momento. Se você precisa de um projeto na vida, faça um trabalho voluntário. Pode ser até que, enquanto isso, acabe encontrando uma mulher gentil e simpática!

Mulheres saudáveis

Preste atenção em uma mulher saudável. Por que assumir a responsabilidade pela vida de alguém? Uma mulher saudável pode não precisar de coisas específicas, mas apreciará a sua presença. Eu me considero razoavelmente saudável e posso cuidar de mim mesma, mas aprecio o apoio que o cara com quem estou saindo me dá. Todos nós podemos usar esse apoio.

Mulheres muito carentes drenam o homem com as suas necessidades. Eles reclamam que precisam telefonar demais, ouvir os problemas dela, remodelar a baixa auto-estima dela, etc. Ei, rapazes, qualquer um pode se sentir atraído por alguém que precise de nós, tanto os homens quanto as mulheres. Isso faz com que nos sintamos importantes e cria uma falsa noção da segurança de que o outro vai ficar conosco para sempre. Só que raramente nos faz feliz. É maravilhoso quando alguém está conosco porque quer, não porque precise estar. Podemos apoiar um parceiro apenas estando ao seu lado, dando-lhe compaixão e grandes e apertados abraços, mas não podemos resguardá-lo da própria vida.

Kent contou ao grupo:

> Durante anos, fui um profissional neste assunto: consertar as mulheres. Quanto mais ela precisava, mais eu me lançava na vida dela, pronto para lhe mostrar um jeito melhor. Cada uma delas ficou girando à minha volta até que se cansassem de mim ou que eu me cansasse de ser drenado pelos problemas delas. Serei sempre grato a uma amiga que me mostrou a repetição desse padrão. Ela me estimulou a fazer um esforço para atrair mulheres sem problemas sérios. Percebi que me senti seguro com elas e fiquei determinado a encontrar a minha segurança com uma boa mulher. Quando conheci Sarah, fiquei assustado: ela tinha a vida tão pronta que eu não conseguia ver onde me encaixar. Com o estímulo dos amigos, usei a energia que gastava nas mulheres para aprimorar a minha autoconfiança. Sarah e eu já estamos juntos há um ano e eu nunca fui mais feliz. Ainda me sinto inseguro, algumas vezes, mas é a vida. Pelo menos, sou feliz!

Sempre enfatizei a importância de desenvolver as amizades. São os amigos e amigas que estão sempre à mão, nas horas que precisamos de apoio. Os namorados são famosos por desaparecerem quando as mulheres mais precisam deles: numa doença, numa morte, quando trocam de emprego, etc. Mesmo se você detesta hospital ou enterro, esforce-se a fazer companhia à sua amada, nessas horas. Mesmo se isso mudar a sua rotina ou representar uma despesa extra, mostre que ela pode contar com o seu apoio. Esse é um dos maiores presentes que você pode lhe oferecer.

Autonomia X *possessividade*

Quando um homem deseja passar uma noite agradável com os amigos, por que tantas mulheres agem como se fossem ficar perdidas ou perguntam "E eu, o que vou fazer, enquanto isso"? Quando o homem precisa de tempo para si mesmo, por que ela não se ocupa com algo interessante, em vez de fazer com que ele se sinta culpado? Habitualmente, o homem fica frustrado pela inabilidade da parceira para divertir-se, se ele não estiver com ela o tempo todo. De novo, é a programação feminina: muitas mulheres não sabem como funciona ser feliz por conta própria. Afinal, elas não aprenderam a desfrutar da própria companhia.

A diversão deles X a diversão delas

Por que elas não conseguem encontrar o que fazer?

Quando meninas, as mulheres não aprenderam a se divertir como os homens. As atividades que elas praticavam não encorajavam a união. Os homens tiveram mais oportunidades de montar times para praticar esportes e outras atividades com poucas fronteiras. Não precisavam ficar limpinhos e quietinhos e, à volta deles, todo mundo era mais divertido. As mulheres desenvolvem amizades mais íntimas do que a maioria dos homens, mas não há amizade feminina equivalente aos laços masculinos.

Quando as mulheres se reúnem, saem para jantar, vão ao teatro, tomam uma cerveja, etc, elas me contam que, quando estão, falam sobre o trabalho, discutem os problemas ou conversam sobre o tópico número um: os homens. É o namorado atual, o melhor lugar para arranjar um, a raiva contra os homens em geral, as frustrações que o sexo oposto lhes impõe.

Já os homens podem fazer mil gracinhas ou se tornar estúpidos, quando encontram os amigos, tipo de diversão que a maioria das mulheres não conhece. As amizades femininas podem ser mais uma ouvinte simpática do que uma companheira de folguedos. Algumas mulheres saem para beber ou farrear como a maioria dos homens faz e acabam achando que a companhia dos homens é mais divertida do que a das amigas.

Quando criança, enquanto eles compartilhavam esportes e atividades animadas com os outros meninos, elas brincavam sossegadamente. Na adolescência, os rapazes se uniam para praticar esportes, beber e farrear juntos; as moças gastavam o tempo melhorando a aparência ou tentando arranjar um namorado.

Muitos homens até hoje se divertem com os amigos; a maioria das mulheres, por outro lado, não tem embasamento para vivenciar uma "fantástica noite fora com as amigas" — estar com o homem é mais gostoso. As mulheres são conhecidas por esquecer as amigas quando estão namorando — quando estão felizes em um relacionamento, a necessidade de ver as amigas tende a diminuir.

Você acha que os homens esquecem os amigos quando estão namorando?

Aposto que não. Eles dizem que sair com os amigos é um momento de diversão. Eles compartilham experiências que a maioria das mulheres não consegue: praticar esportes, jogar ou assistir futebol em casa ou num bar, jogar cartas, beber, ouvir música e outras atividades divertidas. Quando as mulheres saem, estão preocupadas em encontrar os homens. Alguns homens comentaram que normalmente não estão procurando encontrar as mulheres quando saem com os amigos. Eles gostam de fazer juntos coisas que não podem fazer quando estão acompanhados.

Barry contou:

> Quando eu era jovem, me sentia superior à minha irmã. Não consigo me lembrar quando ela não estava obcecada pelos rapazes. Ela vivia rodeada de amigas e uma ajeitava o cabelo da outra, por exemplo, comentando sobre o sexo oposto e quem estavam querendo atrair. Eu sou mais velho e embora esse interesse dela pelos rapazes tenha começado mais cedo, parei de correr atrás das meninas e elas é que me caçavam, porque eu era alto e parecia mais velho — mas eu não estava interessado: meus amigos eram muito mais divertidos. Elas nunca deixavam de fazer do homem o centro da vida delas. Eu até conversava com ela a esse respeito, mas não pense que ela sabia o que fazer. Se eu não tivesse sido exposto à minha irmã, teria menos paciência com a minha namorada, que só agora está aprendendo a usufruir da sua autonomia.

Muitos homens ficam assombrados com o tanto que as mulheres gostam de estar com eles. É que não é assim tão fácil para elas se divertirem. Ficar bêbada carrega um estigma para a mulher. Os homens falam alto e só dizem bobagens — esse não é o jeito de uma mulher fina. Se ela fizer o que é o comportamento normal dele, pode ser julgada como porcalhona, pouco feminina, etc., de modo que a maioria da socialização na mulher gira em torno dos homens: analisá-los, reclamar deles, caçá-los, etc. Muitas mulheres só vão a lugares onde vejam a possibilidade de encontrar homens interessantes. Não foram ensinadas a usufruir da companhia uma da outra ou a ter vida própria. Como a companhia das amigas não é tão divertida quanto para vocês é a companhia dos amigos, elas acabam colocando todos os ovos na cesta de vocês.

A luta por espaço

As mulheres vivem maus momentos tentando entender a necessidade masculina de um tempo sozinhos, já que elas não sentem o mesmo. Freqüentemente, levam para o lado pessoal, achando que os caras não querem ficar com elas. Como o mundo feminino gira em torno do homem, essa necessidade dele de passar um tempo sem ela pode deixá-la insegura. As mulheres ficam tocadas por coisas que parecem "de macho". Atividades masculinas podem ameaçar a segurança delas. Sair para tomar um drinque com as amigas ou envolver-se com esportes pode representar ser excluídas.

O que acontece com a autonomia?

Muitos homens que têm uma companheira permanente perguntam: "Temos de agir como se fôssemos uma só pessoa todo o tempo?".

É óbvio que não!

O relacionamento em que os dois parceiros mantêm a sua autonomia é o melhor de todos. Sempre encorajo as mulheres a ter uma vida própria. De outro jeito, como pode uma pessoa manter a sua sanidade e autonomia? Explico: a necessidade masculina de fazer coisas sem as mulheres nada tem a ver com os sentimentos de não gostar da companhia dela: os homens gostam de sair com os amigos e o fato de curtirem esse espaço não significa que a amada é menos importante. Estimule-a a desenvolver atividades próprias. Quando ela estiver fazendo algo para si mesma, diga-lhe como isso é atraente. Isso pode ser encorajador. Cada um deve manter a sua identidade num relacionamento.

Após um *workshop*, Jamel contou:

> Dee ficava muito chateada quando eu queria sair sem ela. Eu ficava furioso e fazia do jeito que eu queria — ela ficava triste e dizia que eu não a amava. Depois que participei do seu *workshop*, perguntei a ela sobre as amizades que desenvolveu enquanto crescia. Ela me contou que os primeiros anos de sua vida foram muito felizes, mas não senti muito entusiasmo quando ela falava das amigas. Brincar com bonecas ou conversar sobre os sonhos de encontrar uma Princesa Encantada não era mesmo o assunto predileto dos meus amigos... Quando mocinha, ela estava sempre olhando os rapazes. Suas outras atividades eram fazer compras, tagarelar com as amigas e ir a festas para encontrar os rapazes. Eu vivi a minha fase de encontrar as meninas, mas meus amigos faziam coisas malucas que eram muito mais divertidas. Agora, compreendo por que ela fica tão chateada quando eu quero sair sem ela. Suas atividades com as amigas são essencialmente fazer compras e conversar. Tenho sido paciente com ela e tenho lhe explicado o que você nos falou. Ela compreende melhor por que eu gosto de sair com os amigos e por que ela prefere ficar comigo. Estamos tentando combinar melhor as coisas. Eu a tenho estimulado a estudar alguma coisa ou entrar em um grupo que seja do seu interesse e ela está tentando.

Se a companheira reluta em permitir que você faça alguma coisa sem ela, não brigue ou fique defensivo. Se ela detesta, por exemplo, que você jogue boliche e isso é o que você mais aprecia na vida, vá sem culpa. O problema é dela, não seu. Você não precisa ficar implorando para ir. Diga que sente muito porque isso a aborrece, mas que tem o direito de ter as suas próprias atividades, do mesmo jeito que ela. Não tente encontrar algo para ela fazer, a não ser que ela peça a sua ajuda claramente. Reconheça que ela fica sozinha quando você sai — você odeia saber disso, mas tem direito de ter uma atividade do seu gosto. Deixe que a compaixão pela infelicidade dela e por sua inabilidade de divertir a si mesma motive a sua tolerância, mesmo se você pensa que ela é maluca e poderia lidar melhor com o fato.

David disse: "Estou tentando instalar um cronograma regular com a mulher com quem estou saindo: ela sabe quando vamos nos encontrar e eu lhe telefono regularmente".

Assistir a jogos esportivos

A reação emocional feminina a jogos esportivos pode parecer exagerada. Elas os associam a exclusão, por isso podem ser tão sensíveis quando você menciona que quer assistir a um jogo. A maioria das mulheres acha que seria feliz se o homem lhe desse uma boa parte da atenção e do afeto que desejam, quando isso não interferir nas atividades dele.

Você pode assistir a um jogo sem desprezar a companheira que está junto com você. Afinal, ela pode levar para o lado pessoal e achar que o tempo que ela gostaria que você gastasse com ela não é maior do que o tempo de um jogo. Como ela precisa ser reassegurada de que você se preocupa com ela, dar-lhe um pouco de atenção funcionará melhor do que ignorá-la enquanto assiste ao jogo. Namoro e esportes podem conviver bem. Pode não ser uma relação perfeita, mas aposto que você usufruirá muito mais do seu jogo.

Cinco dicas para você curtir o jogo sem alienar a companheira

1. Tenha paciência com ela

Ficar aborrecido se ela colocar obstáculos não funciona. Compreender por que ela fica chateada pode motivá-lo a fazer um esforço para que ela fique mais à vontade com o seu interesse por esportes.

2. Explique algumas das regras básicas do jogo

Muitas mulheres não gostam de esportes porque não os entendem. Ofereça-se para lhe explicar as regras. Embora ela possa lhe parecer uma completa bobona enquanto ouve, explique como funciona, se ela demonstrar interesse. No final, pode acabar ficando divertido!

Programações de vida 145

3. PLANEJE FAZER ALGO COM ELA ANTES OU DEPOIS DO JOGO

Se o jogo for acabar tarde naquele dia, planeje um lanche antes. Ou, se preferir, um jantar, depois; qualquer coisa que seja do interesse dela, até mesmo alugar um filme. No máximo, no dia seguinte, dedique um pouco do seu tempo a ela. Ela precisa sentir que ficar com ela é mais importante do que o tempo gasto com o jogo.

4. NOS INTERVALOS DO JOGO, MOSTRE SEU AFETO

Um beijo, um abraço, um afago, qualquer tipo de carinho ou pequenos atos para cimentar a conexão farão sucesso em deixá-la mais relaxada. Ela pode até começar a gostar de quando você está assistindo futebol, se descobrir que pode "ganhar" alguma coisa boa enquanto você assiste aos jogos.

5. MOSTRE COMO FICOU CONTENTE PORQUE ELA ACEITOU BEM O SEU INTERESSE PELO JOGO

Para muitas mulheres, gostar de esportes é algo que precisam aprender. Reconhecer que você sabe que não é fácil para ela e, portanto, aprecia ainda mais o esforço que ela faz, fará com que ela se sinta melhor ao fazer isso.

Se você se preocupa com a companheira e sente compaixão pelo tanto que isso a incomoda, você pode fazer com que ela se sinta melhor e, ao mesmo tempo, curtir o seu jogo em paz.

Lenny dividiu a sua experiência com o grupo:

> A maior causa das brigas com a Wendy era o futebol. Quando começamos a sair, ela disse que não ligava e, algumas vezes, assistiu ao jogo comigo. Assim que o namoro ficou mais sério, ela disse que gostaria que fizéssemos coisas que os dois gostassem. Depois que fomos morar juntos, as coisas pioraram. Depois de ouvir e entender o ponto de vista dela, tentei usar a compaixão como você recomendou e está funcionando. Digo que a amo. Realmente, a atenção faz a diferença. Quando vou me encontrar com os amigos no domingo, saio para jantar com ela, depois. Ultimamente, eles têm saído conosco — levando as namoradas junto. Eles também viram a diferença! No domingo passado, fiz amor com ela na metade do primeiro tempo do jogo e nem me importei de perder um pedaço da segunda parte. Ela gostou disso. Converso com ela sobre o tanto que gosto de futebol. Ela está mais relaxada e começa a fazer planos de sair com as amigas, em vez de ficar amuada em casa. Algumas vezes, vai dar uma olhadinha no que estou vendo e se aninha nos meus braços. Antigamente, eu me rebelava contra esse tipo de atenção — ficava ressentido, pensando que ela queria me controlar. Agora, sei que não é por isso e não ligo mais. Ela

agora gosta mais dos domingos porque nós nos divertimos mais quando o jogo não está rolando.

Muitos homens são obcecados de tal forma pelo esporte — futebol, em especial — que deixam que ele lhes domine a vida. Isso não é bom nem para a pessoa, nem para o relacionamento. Da mesma forma, esteja consciente de como os seus amigos podem ser aborrecidos para ela, quando chegam. As mulheres reclamam que os homens esperam que elas sejam copeiras muito eficientes para amigos bêbados, durante o jogo, o que não surpreende que seja um mau pedaço para elas!

Assumir ou não um compromisso

Cedo ou tarde, ela vai empurrá-lo para um compromisso. É a realidade e ela tem direito de querer isso. Assim como você tem o direito de não querer. As pressões externas dizem a ela que, após um tempo, é hora de assumir um compromisso. Muitas mulheres não avaliam tão de perto quanto um homem o faz, quando se trata de assumir um relacionamento a longo prazo. Enquanto um homem considera mais certos critérios, as mulheres são menos meticulosas a respeito de outros. Por outro lado, os homens freqüentemente põem a mulher com quem pretendem se comprometer debaixo de um silencioso exame, que poucas conseguem passar. Novamente, nossas necessidades são diferentes.

Medo do compromisso

O compromisso de casar-se ou morar junto pode ser assustador. Apesar de incluir o medo de ser magoado, outros fatores influenciam o medo desse "sim" final. O compromisso pode transferir a responsabilidade para o homem como o tradicional "ganha-pão". A pressão aumenta quando ele pensa em filhos. A mulher pode ficar preocupada com sentimentos de claustrofobia e imobilização. Muitos homens evitam o compromisso pensando que alguém melhor do que eles pode estar rondando o local. Ele pode ficar preocupado também com a idéia de que a mulher está ansiosa para se casar. Pode ficar intimidado pela possibilidade de ela estar comparando-o a outro homem do passado.

Cabe a você colocar as coisas na perspectiva correta. É normal sentir-se inseguro, mas não permita que isso o mantenha longe do compromisso com uma mulher que você considera uma grande parceira.

Omar tinha dúvidas:

> Eu estava com a Debbie há quase dois anos. Nós nos dávamos bem e eu me sentia atraído por tudo que vinha dela. Ela, então, começou a falar naquela palavra que começa com a letra "C". Os ami-

gos já tinham me advertido a respeito disso. Eu sempre assumira que queria me casar e gostava da idéia, mas as coisas que os meus amigos diziam fizeram do compromisso algo a ser automaticamente afastado. Eu evitava discutir o assunto. Debbie dizia que, a essas alturas, eu já deveria saber o que sentia por ela — ela me amava e queria que nos casássemos. Eu também a amava, mas entrei em pânico. Todas as pilhérias e advertências dos meus amigos ficavam rodando na minha cabeça. Recusei-me a discutir isso e ela me deu um ultimato. Meus amigos ficaram indignados e nós rompemos. Após um mês, eu me sentia o último homem da face da Terra e vi que a única coisa que eu queria era tê-la de volta. Mandei meus amigos calarem a boca e pedi a ela uma segunda chance. Vamos nos casar no ano que vem, assim terei tempo de me acostumar à idéia de estar casado; enquanto isso, vamos morar juntos como uma forma de ajudar na transição. Estou agradecido por não ter perdido a melhor parte da minha vida.

Muitos homens receiam que a mulher mude após o casamento. Pensam que o que ela aceita nele poderá ser menos tolerado a partir do momento que ela o tiver. Outros têm medo de perder o espaço: talvez tenham uma cadeira especial ou espaço que faça parte da zona de conforto que tenha de ceder para outro mobiliário. Ou que a vida fique mais restrita se for compartilhada. Como vai ser para chegar em casa, quando um de vocês estiver de mau humor?

Todas essas possibilidades existem. Quando estamos acostumados a viver de determinada maneira, é difícil adaptá-la em 100% por causa de outra pessoa. 80% ainda me dá um tempo para respirar, se o outro vai para a sua casa, de vez em quando. Experimente ver como fica antes de entregar os 100%. Um compromisso pode ir devagar, converse a respeito das suas dúvidas e veja primeiro se viver junto funciona.

Não espere perfeição

Perfeição — é isso que você busca?

Se você nunca a encontra, fica protegido de um compromisso. Pense nisso. Seus motivos sobre se ela é boa ou não para você podem enfocar demais elementos específicos em vez de manter todas as razões pelas quais você está com ela em perspectiva. Ela pode ter todas as qualidades, mas uma peça está faltando, então você hesita ou espera por coisa melhor.

Ninguém é perfeito — é impossível para uma única pessoa ter todas as qualidades que você quer. Decida o que é mais importante em uma companheira e busque alguém com essas qualidades. A agenda de um homem pode ficar mais rígida se ele decidir que é hora de estabelecer-se. Alguns homens chegam a dizer que sabem exatamente o que querem de um casamento.

Não seja tão duro em relação a ela e a si mesmo. Conversei com muitos homens que perderam a mulher que amavam porque ela não tinha um item que eles desejavam em uma parceira para o restante da vida.

Chad contou:

> Eu era um verdadeiro maratonista de namoros. Quando cheguei aos 30 anos, toda essa história de sexo seguro me fez pensar que era hora de me estabelecer na vida. Encontrei mulheres maravilhosas, mas estava buscando a "mulher certa" — se eu me comprometesse com alguma, ela teria de ter tudo que eu sonhava, de modo que continuei procurando. Quando conheci a Daisy, fiquei intrigado: ela era diferente das outras. Marcamos um encontro e eu me senti bem com ela. Fiz uma lista e chequei cada item: não, ela não era a mulher dos meus sonhos. Achei melhor, então, pular fora. Não queria ficar gostando muito dela, já que ela não se encaixava em todos os itens. Saí com outra mulher, mas continuei pensando nela. Isso me deixou confuso. Minha irmã perguntou o que tinha acontecido entre nós e eu contei tudo a ela. Ela riu muito, comentando como os homens são estúpidos. Daisy me fazia feliz. Não era esse o meu ideal? Eu achava que casamento era para sempre, então, tinha me pressionado muito buscando a parceira certa. Agora, Daisy e eu estamos morando juntos e eu nunca estive tão feliz. A cada dia que passa, mais seguro estou de que fiz a coisa certa. Se eu tivesse esperado mais pelo que eu achava que era a minha mulher ideal, teria deixado escapar a verdadeira mulher ideal para mim.

Um compromisso não deve ser tudo ou nada. Você pode conciliá-lo, também. Entre nele lentamente, SE você acredita que ela é uma pessoa boa para você. Dedique-lhe mais tempo, gradualmente, de modo que possa ir experimentando até se sentir confortável. Seja honesto sobre os seus sentimentos sobre a perda de espaço. Veja como ela reage. Se ela estiver ciente de estar trabalhando junto com você, eis a grande chance para que a relação funcione. Estabeleça um tempo-limite — digamos, de (pelo menos) três meses a um ano — para pensar no assunto e peça a ela que não pergunte nada até que o tempo expire. Se, nesse tempo, você não se sentir seguro, pare de vê-la. Você pode mudar de idéia se sentir muita saudade dela. Mas pode ser que não.

CAPÍTULO VIII

APRIMORANDO SEU CHARME:

Explore ao máximo seu poder de sedução

Você vê um cara — cuja aparência nem de longe é tão boa quanto você acha que a sua é — acompanhado de uma namorada mais bonita do que qualquer uma das suas e se pergunta se ele é rico ou se tem um pênis de 25 centímetros... Mais tarde, você fica sabendo que ele tem apenas uma vida mediana. Bem, então deve ter mesmo um pênis enorme! Porque a namorada parece realmente feliz com ele. O que será que o sujeito tem que o faz especial a ponto de atrair uma mulher dessas? É a sua pergunta seguinte, que o levará à questão fatal: "O que há de errado comigo?". Você está embasbacado: se, pelo menos, conseguisse achar o jeito de atrair a mulher que deseja... Onde foi parar a sua fada-madrinha, agora que você está realmente precisando dela???

Existem coisas que você pode fazer para aprimorar as suas chances de causar uma boa impressão nas mulheres. Não existe uma resposta adequada para o que elas procuram num homem. Algumas se interessam mais pela aparência ou por dinheiro do que outras. Há as que precisam de uma conexão intelectual. Há aquelas (sem ofensa) que estão desesperadas por um marido e são capazes de aceitar qualquer um. Mas existem coisas nas quais você pode investir que afetam a maneira como elas o vêem. Perguntei às mulheres o que as atraem e o que as espantam.

A boa aparência tem um longo caminho a percorrer

"Por que algumas mulheres insistem em me deixar arrumadinho como se eu fosse um gato de estimação?", você pergunta. Num primeiro momento, ela o achou suficientemente atraente, mas quando os arroubos iniciais se acalmam, ela pode querer mudar a sua aparência.

Muitas mulheres vêem os homens como argila esperando para ser moldada, mas a verdade é que, normalmente, as coisas que recomendamos farão mais bem do que mal. É claro que não é justo esperar que você mude os seus hábitos e o estilo de vestir-se, mas caia na real: tem homem que é mesmo um horror! Se você não é dos dez mais, um pouquinho de estilo não vai matá-lo!

Consultoras de imagem

O conjunto da aparência pode contar muito sobre o que pensamos de nós mesmos. Se o seu jeito mostra que você acha que não tem importância a maneira que os outros o vêem, isso pode ser traduzido por não ligar muito para si mesmo. Ao fazer um esforço para aparentar bom gosto e limpeza, vestindo roupas que o enalteçam, você estará contando ao mundo que tem uma boa auto-imagem. As mulheres sempre se sentem atraídas por pessoas que demonstram certa preocupação com a aparência.

Peça a ajuda das amigas ou mesmo dos vendedores das lojas e estude as sugestões que lhe fizerem. Não que você tenha de mudar completamente o estilo do seu guarda-roupa. Eu acho muito *sexy* uma calça jeans bem assentada no corpo e uma camiseta "clean", mas estou cansada de ver uns caras vestindo calças jeans apertadas nos lugares errados e camisetas horrorosas! Sei, você detesta fazer compras, mas é importante fazer um esforço para encontrar roupas que lhe caiam bem. Eu tive um namorado que usava pobres calças jeans sem estilo algum, já que fazer compras o deixava nervoso. Como isso era algo estabelecido, ele nunca tentava mudar. Quando sucumbiu a ir fazer compras comigo e adquiriu roupas que lhe caíam bem, admitiu que se sentiu melhor em relação a si mesmo. Ele também adorou minha reação. Mostrar que você dá atenção à aparência é atraente.

Rick contou:

> Eu não gostava que a Maggie interferisse na minha aparência. As mulheres reclamam que nós criticamos o seu peso, então, eu me rebelava contra qualquer coisa que ela dissesse. Ela sugeria que alguém cortasse o meu cabelo, dizia que queria ir fazer compras comigo ou que eu deveria comprar isso ou aquilo. Sem papo! Eu sentia como se ela não estivesse feliz comigo! Reclamei com a minha irmã, perguntando o que havia de tão terrível na minha aparência. Cheguei a acusá-la de ter combinado com Maggie, porque ela disse que sempre tivera vontade de me fazer algumas sugestões, mas não sabia como. Por que eu não experimentava alguma coisa nova? Rendi-me: mandei cortar o cabelo de outro jeito e comprei as roupas que Maggie escolheu. Fiquei muito surpreso com os meus colegas no trabalho: todo mundo reparou e elogiou a mudança! Até Maggie passou a me dar mais atenção. Isso também fez com que eu me sentisse melhor em relação a mim mesmo. Admiti ter coisas

novas, então, quero agora trocá-las com mais freqüência e isso é ótimo, também. Não disse para a Maggie, mas ela estava certa.

A maioria dos homens gosta dos nossos conselhos e normalmente tenta mudar as suas roupas. Eles tentam nos estimular a perder peso, usar roupas atraentes ou a parecer mais jovens, o que é difícil. Podemos sugerir um novo corte de cabelo, roupas novas e coisas simples que aprimoram dramaticamente a aparência — são capazes de deixá-los mais atraentes para todas as pessoas.

Higiene perfeita

Paula diz que o que mais a frustra nos homens é "o fato de não darem muita bola para a higiene".

As mulheres reclamam que os homens são porcos. Embora muitos não mereçam este nome, elas tendem a ser mais exigentes nesse assunto do que eles, que carregam a reputação de serem menos preocupados em trocar cuecas e meias diariamente, de usar uma roupa mais de uma vez sem lavar, de não ligar muito para a roupa que vestem e mesmo de dar um jeito de matar o banho, de vez em quando. É claro que não são todos, mas somos sensíveis a esses cuidados mínimos com o corpo.

Lily chamou a atenção para este fato:

> Aceito a idéia de que a maioria das mulheres possa ser mais meticulosa do que a maioria dos homens, mas os homens são tão grossos, às vezes... Conheço vários que pensam que tomar dois ou três banhos por semana é ser asseadíssimo! Nem todos são abertamente sujos, mas caio fora de um cara que precisa cheirar o corpo ou a cueca para decidir se está na hora de um banho! E eles fazem isso. As mulheres podem estar situadas no extremo oposto deles, em matéria de limpeza corporal, mas um homem que não demonstra interesse pela aparência é duro de agüentar. Quando conheço um cara, presto a maior atenção aos seus hábitos e atitudes.

Muitos homens se proclamam "porcos" e acham que é engraçado se uma mulher reclama quando eles usam a mesma cueca por mais de um dia. Embora cada um tenha direito de ter os próprios hábitos, é melhor manter os negligentes para si mesmo.

Os homens reclamam que as mulheres exageram quando escolhem um assunto para lutar contra ou a favor. Billy contou:

> Só porque a minha namorada toma banho todas as manhãs, não quer dizer que eu também deva fazê-lo. Não sou porco. Faço as coisas sem horário. Tomo banho quase todos os dias, mas sem rotina. Quando pulo um dia ou dois, ela fica chateada de manhã, se pergunta se estou indo para o banho e respondo "não". Faz cara

feia. Aprendi que se digo que vou tomar banho em casa ela me deixa em paz. Tomo banho quando estou sujo, mas muitas mulheres não aceitam isso, então, finjo que sou mais assíduo. Elas são muito exageradas.

Se você quiser causar uma boa impressão na mulher de quem está se tornando mais íntimo, principalmente no começo, não lhe conte todas as coisas que você faz ou não. Deixe que ela descubra lentamente, se for o caso. Esconda as cuecas e meias furadas ou manchadas e use-as, se quiser, quando ela não estiver por perto. Se resolver ficar para o fim de semana meio de repente, sem estar esperando, pelo menos aja como se estivesse chateado por não poder trocar a roupa íntima, mesmo se você não estiver ligando a mínima.

A verdade sobre o tamanho do pênis

Da mesma maneira que as mulheres se preocupam com o tamanho dos seios ou o formato das pernas, muitos homens se preocupam com o que a mulher pensa do tamanho do pênis. Eles podem até fazer gozação sobre a onda que elas fazem quando falam a respeito de várias partes do corpo, mas um bom número de mulheres acha que vocês fazem a mesma coisa.

O tamanho "dele"

1. É verdade que o tamanho importa?

Sim e não. Certo, estou falando bobagem, mas muitos fatores afetam o que uma mulher pensa sobre o pênis de um homem. Sim, muitas mulheres avaliarão os dois — o homem e o pênis — e ficarão loucas de tesão se o sujeito for bem-dotado, MAS após discutir o tema "pênis" com muitas mulheres (conversas interessantíssimas), posso afirmar que a grande maioria delas não está preocupada com isso como os homens. Um pênis grande poderá fazê-las gemer em sonoros "ais e ohs", mas um pequeno não vai deixá-las decepcionadas, a não ser que o dono dele seja completamente inábil ao usá-lo.

Algumas mulheres ficam aliviadas quando vêem que o cara não é superdotado — um pênis grande pode machucar. Ouvi muito mais reclamação sobre amantes com pênis grande demais do que pequeno demais. Um pênis grande pode ser visualmente mais estimulante, mas a maioria das mulheres fica com receio de que ele possa atingir a parede do fundo da vagina e machucar.

Mais homens do que você é capaz de imaginar vêem um pênis grande mais como uma maldição do que uma bênção, já que as mulheres podem ficar assustadas com o tamanho dele.

Joe concorda:

> Tenho um pênis grande, maior do que o normal. As mulheres morrem de medo dele. Já nem consigo mais curtir o sexo totalmente, porque virou uma paranóia a minha preocupação em não machucar a minha parceira. Após as reclamações da maioria das minhas namoradas, tento não colocá-lo muito forte ou profundamente, o que exige um grande controle quando já estou fora de órbita, mas estou sempre ligado se não vou perder uma mulher interessante por tê-la machucado. Assim, faço sexo com o maior cuidado, o que não é lá muito divertido. Mesmo quando a companheira me pede para ir mais fundo ou com mais força, fico receoso de machucá-la. Tenho de me resguardar o tempo todo. Ouço os homens falando como gostariam de ter um pênis grande. Acreditem-me, não é o que as mulheres pensam. Elas podem gostar de olhá-lo, mas não o querem dentro delas, nem mesmo na boca. Gostaria de poder diminuir o meu.

2. O QUE VOCÊ TEM É O QUE ELAS RECEBERÃO

A maioria das mulheres pode ficar satisfeita com órgãos de todos os tamanhos. Se o seu pênis é grosso, você pode precisar de menos habilidade para satisfazer a companheira durante o ato sexual, porque é a espessura que importa, não o comprimento. Um pênis mais grosso tem a capacidade de alcançar uma área maior e é mais fácil de atingir o clitóris.

Como você não pode mudar o tamanho do seu pênis, o segredo é aprender a trabalhar com o que tem.

Relaxem, rapazes! Um pênis pequeno pode ser compensado por um uso correto do mesmo! Eu mesma tive um namorado que tinha um bem pequeno. Admito que, quando o vi pela primeira vez, pensei: "Xi, não vai dar!", mas tenho novidades para vocês: ele mais do que compensou a falta de tamanho fazendo investidas que me deixaram louca de tesão! Esqueci o problema do tamanho rapidinho!

As principais terminações nervosas que precisam ser estimuladas para levar uma mulher ao orgasmo não estão muito fundas. Se você aprender a movimentar o corpo do jeito certo (veja mais no Capítulo 14), poderá dar a ela o mesmo prazer que um garanhão em um filme pornô, se não mais. Isso faz com que você se sinta melhor?

O machão versus o legal

Muitas mulheres acham atraente e *sexy* um homem másculo, mas existe uma grande diferença entre ser o estereótipo do homem forte e protetor e ser o estereótipo do macho estúpido, esforçando-se para provar a sua macheza, muitas vezes com atos que são desrespeitosos e abusivos em relação à mulher.

Homem másculo X machão estúpido

Você respeita a mulher?

Estamos ficando cada vez mais sensíveis em relação a esse homem que não mostra respeito por nós. Muitos de vocês devem ter visto e/ou ouvido o pai humilhando a mãe. Ele tendia a agir assim quando estava enfrentando dificuldades financeiras e tomando decisões. Você pode não ter a intenção de falar com um ar superior, mas acaba parecendo que o faz em virtude de um hábito difícil de ser quebrado.

A mentalidade de machão estimula alguns homens a humilhar a mulher e muitos agem assim apenas porque é o jeito que costumam falar, mas nada justifica uma atitude desrespeitosa. Advirto as mulheres a ter cuidado com homens que tenham atitudes ruins. Se o cara não se dá bem com a mãe, a irmã, a ex-namorada e outras, pode jogar direto sua raiva ou ressentimento em cima da companheira. Todas nós somos individuais. Assumir uma atitude desrespeitosa em relação à mulher não é justo nem mesmo em relação a ele. Isso arruina um relacionamento — sempre acabará atingindo os limites dela, por maiores que eles sejam!

Mantenha a pressão do machão sob controle quando você estiver com a companheira, nem aja de um jeito muito diferente quando estiver perto dos amigos. Se vocês normalmente andam de mãos dadas, não pare. Dê a ela pelo menos um pouco da atenção que você habitualmente lhe dá. Até dá para entender que você não goste de parecer muito romântico aos olhos dos amigos, mas não permita que as atitudes de machão quebrem uma boa conexão com ela.

O que é um cara legal?

Uma grande reclamação dos homens é que as mulheres não dão uma chance para os caras legais.

Existe uma grande diferença entre ser um cara legal e um capacho. Um cara legal é atencioso, respeitoso e honesto com os outros e consigo mesmo. Um capacho quer agradar demais e acaba colocando o próprio bem-estar ou as suas necessidades em último lugar. Ele pode ser sufocante, sempre buscando um jeito de agradar à mulher mais um pouquinho... É demais!

Aqueles que se proclamam "caras legais" dizem que saem do seu próprio caminho para ser simpático a uma mulher e isso não funciona. Funciona? Isso significa que ele está fazendo coisas gentis "apenas" para conseguir o que quer. Eis um jeito errado de cortejar uma mulher! Isso conta que ele não se sente bem consigo mesmo, de modo que tenta comprá-la com delicadeza e atenções. Ela lerá facilmente "insegurança" e isso não é nada atraente.

Vamos encarar a verdade: os verdadeiros caras legais são mais responsáveis. Muitos homens sentem o mesmo quando se referem a mulheres bonitas. Quando estamos com alguém muito legal, sentimo-nos pressionados a corresponder a toda aquela gentileza. É mais fácil acreditar nas pessoas simpáticas, mas às vezes as mulheres receiam acreditar. Elas gostam de um desafio. E um homem pode ser simpático sem negligenciar a si mesmo.

Marshall concorda:

> Eu costumava me queixar amargamente das mulheres que descartavam os caras muito legais. Nunca conseguia entender isso. Não há nada de errado com a minha aparência, mas raramente as mulheres ficam muito tempo comigo. Elas querem ser minhas amigas, porque eu sou tão legal, então tentei ser um safado. Até consegui algumas mulheres, mas elas não gostaram de mim. Agora, pus para fora uma mistura razoável de cara legal com cara safado. Ainda faço coisas simpáticas para as mulheres com quem saio, mas me restrinjo para não fazer demais. E faço mais coisas por mim mesmo. Agora, uma mulher que namorei e que tinha resolvido ser minha amiga, resolveu me namorar outra vez.

Recomendações para os caras legais

Você PODE ser um cara legal que atraia milhões de mulheres, desde que você entenda o que isso realmente significa. Um cara legal pode chegar primeiro e ainda ficar com a melhor mulher!

Eis algumas coisas que você deve ter em mente:

1. SEJA LEGAL PELAS RAZÕES CERTAS

Sou um capacho recuperado. Considero-me uma mulher legal e me preocupo com os outros. Mais do que a maioria das pessoas, presto atenção aos sentimentos dos outros e sou capaz de sair do meu caminho para ajudar alguém, MAS não ponho mais ninguém na minha frente. Sou legal com as pessoas porque sinto-me abençoada pela vida e gosto de ser gentil — mas não preciso mais ficar girando em volta delas como antes. Ser legal como um fim (para fazer com que uma mulher o queira) não é legal, é manipulação.

2. PERCEBA A VERDADEIRA DEFINIÇÃO DE "SER LEGAL"

Gosto e aprecio homens realmente legais. Eles me tratam com respeito e consideração, mas demonstram, no mínimo, o mesmo por eles próprios. Eles não ficam se sacrificando. Cuidam de si mesmos, têm uma auto-estima forte e gostam de ser legais exatamente como eu gosto. Precisei de tempo para achar o ponto de equilíbrio entre ser um capacho simpático e uma egoísta. Após o meu tempo de capacho, tentei ser egoísta, mas não gostei. Hoje, me dôo aos que escolhi e ofereço meu respeito a todos, mesmo àqueles que não são legais.

3. Não faça demais!

Tentar demais agradar aos outros pode acabar ficando arrogante. Ninguém quer se sentir obrigado a retribuir gentilezas excessivas. Não dê demais ou tente impressionar com presentes, especialmente quando o namoro ainda não tem muito tempo. Em um relacionamento saudável, as mulheres sentem-se atraídas pela pessoa que o homem é. Tive namorados que me trouxeram flores na primeira vez que íamos sair juntos. Acho que o ideal é esperar até que a conheça melhor — embora tenha certeza de que algumas mulheres não concordarão! Não existe mulher que não goste de receber flores, mas isso pode ser esmagador, no começo. Ela precisa de tempo para identificar como se sente e flores podem exercer certa pressão. Mesmo porque ela nunca oferecerá um presente a um homem enquanto não gostar dele de verdade, de modo que as flores podem assumir uma importância maior do que aquela que você intencionava dar. Ela pode até pensar que você só está tentando conseguir sexo!

4. Não fique furioso e resolva entrar para o rol dos safados e idiotas

Todos os homens são caras legais — por favor, aprecie como pode ser maravilhoso ser sinceramente legal! Encontre uma boa definição para essa palavra e fique com ela! Uma mulher que você atraiu por não tratá-la de um jeito legal provavelmente não o satisfará a longo prazo e não será capaz de apreciá-lo. Um meio-termo precisa ser encontrado. Mantenha o seu senso de consideração e respeito. Esforce-se para melhorar a si próprio (falaremos mais disso logo adiante), para desenvolver o equilíbrio necessário para ser um cara legal com um forte sentido do eu. Ser um cara legal inclui sempre ser legal consigo mesmo.

Atitudes atraentes

A qualidade que as mulheres acham mais atraente em um homem é a autoconfiança. É a auto-segurança. Esqueça a aparência. Em certo nível, esqueça o dinheiro. Elas adoram homens que pensam bem deles mesmos, que falam positivamente, que sabem quem são e gostam disso. Não estou falando de egocentrismo ou arrogância. Perca isso. Uma saudável consciência de si mesmo como um homem de valor, atraente e capaz balança uma mulher. Ter presença é muito atraente. Tanto os homens quanto as mulheres percebem quando alguém tem um parceiro mais atraente e sabem por quê. Algumas vezes é por causa de dinheiro ou de sexo fantástico, mas mais freqüentemente o que atrai é uma atitude confiante que torna a pessoa incrivelmente atraente. Muitas vezes, homens feios atraem mulheres belíssimas pela maneira como se apresentam.

Como lidar com a insegurança

Muitos homens não se sentem bem com alguma coisa: muito magro, muito cabeludo, a barriguinha apontando, sem muito cabelo, etc. A introversão pode deixá-lo hesitante em se despir na frente do seu amor. Ora, se uma mulher critica o seu corpo, você quer estar com ela? Quando ela gosta, imperfeições ficam pequenas diante da grande figura que você é.

Nunca aponte os seus próprios defeitos. Certa vez, no primeiro encontro, um cara me contou que todas as mulheres com quem ele tinha saído o tinham criticado na cama. Esqueça o sexo! Gente, confiança é *muito sexy* — sendo assim, exibam todos os seus atributos com orgulho!

Autoconfiança transcende cabelo ou peso. Não tenho nenhum corpo perfeito, mas desfilo sem roupa orgulhosamente na frente de um namorado. Sou assim, então é melhor que ele aceite. Da mesma maneira que é melhor que ela o aceite do jeito que você é.

Muitos homens ficam surpresos com a minha atitude tranqüila com relação ao meu corpo e não me parece que notavam as imperfeições contidas nele. Se você não se sente bem consigo mesmo, ela perceberá isso e analisará você ainda mais. A confiança ajuda a enfocar os seus pontos positivos.

David lembrou na classe:

> Quase tinha me esquecido do tanto que já fui inseguro — ouvir vocês me lembrou! Ser baixinho fez com que eu me considerasse inferior durante a maior parte da minha vida. Já aos 20 anos, os cabelos rarearam e fiquei com a "testa alta". Pensei que nunca encontraria uma mulher que me quisesse. Até saía com uma ou outra, mas ficava na minha. Eu tentava com vontade agradar para disfarçar os meus defeitos, mas parecia que nada adiantava. Sou professor. Ginnie trabalhava na minha escola. Fizemos alguns projetos juntos e nos dávamos bem. Como trabalhávamos juntos, eu não me sentia inseguro com ela. Achava que éramos bons amigos. Um dia, resolvemos sair para comer alguma coisa e ficamos conversando por horas. Ela disse que adorou o tempo que passou comigo. Eu não podia acreditar. Começamos a namorar e já estamos casados há dez anos. Por não ter dado espaço para a insegurança se mostrar, Ginnie pôde ver quem eu realmente era. Hoje, me sinto o máximo! Ginnie me ama do jeito que sou.

O cabelo é um drama para muitos homens. A maioria sente bastante quando ele começa a ficar ralo e isso abaixa a auto-estima e a autoconfiança. Se isso está acontecendo com você, corte-o curto. Não esconda as áreas mais afetadas. Isso parece tolo. Homens confiantes mostram até a careca com orgulho.

Os homens contaram que as mulheres fazem comentários sobre os pêlos do corpo — zombam se acham que é pouco, fazem a maior cena se acham que é muito. Assim, alguns se preocupam porque acham que têm pêlos demais — quase fazem cachos debaixo dos braços, no peito, em volta dos genitais e em outras partes do corpo. Por que não tê-los? Eu disse antes a você que não reparasse nas pequenas falhas do corpo da amada nem esperasse que ela fosse perfeita. O que você acha de não ligar para as suas imperfeições, também?

Como desenvolver um sentido positivo do eu

Para que você possa ser o mais atraente possível, trabalhe na maneira como você vê a si mesmo. A confiança vem de uma boa auto-estima.

Dez passos que você pode dar para se sentir melhor consigo mesmo

1. Entenda o verdadeiro significado de auto-estima

Auto-estima significa aceitar a si mesmo do jeito que você é, com as imperfeições e tudo o mais. Minha definição particular é uma incondicional auto-aprovação — sentir-se bem dentro da própria pele. Você pode empenhar-se em ser mais do que é e ter falta de confiança — ou ficar contente consigo mesmo do jeito que é.

2. Aceite-se como sendo uma pessoa de valor

Auto-estima não quer dizer ficar satisfeito com qualquer coisa, mas aceitar algumas características que você gostaria de mudar. Auto-estima é o seu quadro total enquanto pessoa, situada do lado oposto ao das suas realizações. Veja-se como uma pessoa sem os problemas, sem julgar-se pelas falhas.

3. Desenvolva a autoconsciência

Comece com um exercício escrito: relacione todas as qualidades que considera positivas em si mesmo — não apenas as suas maiores proezas. Inclua ter belos olhos, ser educado e gentil, ter a habilidade de ajudar os outros, fazer uma omelete fantástica, ter bom gosto para esco-

Aprimorando seu charme

lher gravatas, etc. Inclua o que os outros elogiam em você. Acrescente as coisas que você acha de si mesmo. Aprecie-se. Coloque o foco nas suas qualidades.

4. ESQUEÇA OS DEFEITOS

Como você se trata quando comete algum erro? Só falta buscar o silício para se flagelar? Perdoe-se e aceite que você é humano. Trate-se como o seu melhor amigo. O que você diria a um amigo que tivesse feito uma besteira? Provavelmente você o confortaria. Aprenda a não ficar se martirizando pelos erros passados.

5. SEJA GENTIL CONSIGO MESMO, FAZENDO COISAS QUE LEVAM VOCÊ A SE SENTIR MELHOR

Cuido de mim todo dia. Pode ser fazendo uma coisa simples, como sair para dar uma volta ou fazer uma caminhada. Quando estou muito ocupada com o trabalho, ofereço a mim mesma presentinhos de amor tais como uma massagem, loções deliciosas ou roupas de que não preciso, mas quero ter. Não que fique gastando rios de dinheiro, mas adoro me mandar uma mensagem dizendo que sou importante.

Numa sessão de aconselhamento, Sal contou: "Desde que comecei a fazer mais coisas para mim mesmo, sinto-me melhor. Notei também um aumento da minha autoconfiança. E as mulheres reagem melhor à minha simples presença".

6. AME-SE

Ter amor começa com amar a si mesmo. Se você não se ama, por que alguém haveria de amá-lo? Diga sempre: "Eu me amo e me aprovo do jeito que sou". Embora isso possa lhe parecer estranho e difícil de fazer, no começo, experimente dizer olhando-se num espelho. Adoro dizer "Eu amo você" para mim mesma!

Alguns meses após ter feito um curso comigo, Rob me telefonou e contou:

> Me senti um idiota dizendo: "Eu me amo e me aprovo" para o espelho, no começo, mas foi ficando cada vez mais fácil. Incrível como isso me fortaleceu! Eu sempre tinha enfocado mais os erros, conforme você mesma tinha dito que as pessoas fazem. Forcei-me a fazer uma lista das minhas qualidades positivas e fiquei surpreso como ela era comprida... Diverti-me acrescentando a ela coisas bobas como saber consertar o cortador de grama. Quando o foco estava voltado para os meus defeitos, eu não prestava atenção às qualidades. Na semana passada, fui com meu filho assistir a um jogo de futebol e fiz questão de comprar lugares mais caros. Me senti o máximo! Minha mulher também já notou diferença em mim e a minha auto-estima já

está afetando minha autoconfiança no trabalho. Não consigo acreditar que estou lhe contando tudo isso! Pensei que essas coisas fossem só para as mulheres!

7. Nutra a sua fé

A auto-estima é uma ferramenta que leva ao poder. Outra é desenvolver o seu lado espiritual. Minha fé de que sou apoiada em tudo o que faço é a minha maior ferramenta. Tornar-se espiritual significa desenvolver a fé em um poder maior que ampara todos os aspectos da sua vida.

Até recentemente, eu não tinha fé. Aprendi a acreditar no Universo, depois, em Deus, e senti o poder. Quando você experimentar e sentir esse poder, acreditará mais. A fé me mantém inteira, feliz e segura. Sempre recebemos de volta o que damos. Agora, atraio uma porção de coisas boas. Quando estou assustada, rezo e obtenho respostas. Quando não me sinto confiante, faço afirmações para lembrar de que tudo sempre caminha para o melhor. E é assim mesmo que eu acho que acontece, sempre o melhor. Começo repetindo: "Acredito que o Universo/Deus cuida de mim".

8. Tenha fé de que você atrairá a melhor companheira

Acredito que, também com o sexo oposto, atraíamos aquilo que lhe damos. Existe uma razão para estarmos com as pessoas; assim, quando você olhar com muita admiração para o amigo que tem um bom relacionamento com uma mulher maravilhosa, entenda que ele fez alguma coisa — consciente ou inconscientemente — para atraí-la. Abraçar essa crença espiritual, da maneira que for, é bom e lhe dará um instrumento mais poderoso do que qualquer outro.

9. Desenvolva uma confiança real

Confiança é poder. Algumas pessoas realmente a têm e merecem respeito. As pessoas querem estar com você, mas esteja ciente de que uma confiança egoísta transforma-se em arrogância, que limita o apelo. As mulheres sabem que esse tipo de macho confiante é provavelmente um homem inseguro, que esconde sua insegurança atrás da fachada de arrogância. Destile confiança sem ser um idiota. Desenvolver a confiança requer que você encare e aceite a si mesmo, não que seja duro e inflexível.

10. Finja confiança até que você a adquira

As pessoas inseguras agem com insegurança e parecem inseguras. Se você age de um jeito fantástico, você parece fantástico, mesmo se não estiver se sentindo fantástico. Force-se a aparentar confiança, mesmo se, por dentro, você estiver apavorado. Olhe para uma mulher diretamente nos olhos. Fale com segurança. Trabalhe na sua auto-estima para manter a imagem. Um dia, a fachada de confiança se tornará real.

Em uma sessão de aconselhamento, Jimmy contou:

> Forcei-me a fingir e agora começo a acreditar nisso. Já é alguma coisa, vocês não acham? No começo, quando nos falamos, eu estava muito inseguro. Ainda me sinto, mas nem tanto, melhorei bastante. Faço recomendações sobre a minha aparência. Antes de sair de casa, digo para o espelho: "Eu me aprovo como sou". Essas coisas pedem um tempo... Isso me dá, não confiança, mas a confiança de que posso fingir e isso faz sentido para mim. Penso mais no que gosto em mim mesmo. As mulheres dizem que estou ótimo, agora, e sinto que estou mesmo bem. Assumi o papel de uma personagem confiante e sou um ator com as mulheres. Estou me transformando nessa personagem.

O que atrai as mulheres

Você acredita que tudo que uma mulher quer é dinheiro? Absolutamente errado!

Isso não é verdade. A não ser que você não ligue de acreditar que uma mulher só possa estar interessada na sua carteira, enfoque o desenvolvimento do que for possível em si mesmo. Use as informações deste livro para aumentar as suas chances. Trate as mulheres com respeito. Faça um esforço para se comunicar. Seja atencioso e romântico. Não importa o que você aparenta, você pode incorporar esses instrumentos no seu "disco rígido". Desenvolva primeiro a confiança, ela é o seu cartão de visita. Então, o restante pode ser implantado.

Faça com que uma mulher se sinta bem ao seu lado

Todas as mulheres adoram os homens que fazem com que elas se sintam bem ao lado deles. Já namorei homens que reparavam nas menores coisas que não estavam perfeitas e outros que diziam pequenas coisas deliciosas. Prefiro os últimos. Apontar as nossas faltas faz com que fiquemos tímidas e envergonhadas. Quando um cara percebe o que há de bom em mim, eu gosto mais dele.

Não exagere nos elogios. Um sorriso fala muito. Respeite as opiniões dela. Um gesto delicado e uma palavra amável vão longe. Se você mostrar que aprecia a pessoa que ela é, ela vai querer mantê-lo ao seu lado!

"Cantadas" são lugares-comuns e costumam espantar as mulheres. Algumas até curtem, então, não vou dizer que elas absolutamente não funcionam. Quando um homem diz coisas óbvias para mim, começo a rir, mas existem mulheres que gostam de ouvir coisas nas quais gostariam de acreditar.

O melhor é sempre dizer a verdade. Se você não encontrar nada nela que mereça um elogio verdadeiro, pergunte-se o que está fazendo ali. Por outro lado, elogios vêm naturalmente quando um homem está realmente atraído por uma mulher.

Dê a ela importância igual

Se, por um lado, a confiança é atraente, ficar todo cheio de si ou agir como se só as suas idéias e opiniões fossem dignas de ser expressas, espanta qualquer uma. Pergunte a ela alguma coisa e não banalize o que ela disse, se você pensa que o que está se passando na sua própria vida é muito mais importante. Se o que ela diz é importante para ela, respeite.

Joe dividiu a sua experiência com o grupo:

> Eu já estava com a Felícia há mais de um ano. Ela vivia falando de coisas que eu achava insignificantes: o que tinha lido numa revista de decoração ou o que tinha acontecido com uma amiga. Durante o dia inteiro dirijo um departamento de uma grande empresa e era duro ficar ouvindo aquelas bobagens. Às vezes, ela gritava comigo, reclamando que eu não tinha ouvido nada. Na semana passada, você comentou que eu vou me casar com ela por alguma razão e entendi que mesmo se o que ela diz não é importante para mim é importante para ela. Você disse que o melhor jeito de compartilhar a vida é respeitar o mundo dela. Felícia adora decoração — eu sempre tinha considerado isso como coisa de mulher e você me mostrou que é injusto. Perguntei a ela por que curtia algumas coisas que eu ignorava antes e achei-as muito mais interessantes agora, pois sou capaz de ouvi-las com a mente aberta. Elas são uma parte da Felícia e não posso desprezá-las como se não existissem, se eu quiser compartilhar a vida com ela.

Alguns homens falam deles mesmos o tempo todo. Se você é um deles, me responda: o que é que há, está nervoso ou quer impressionar? Se isso é coisa de macho, saia dessa ou vai ficar sozinho, se insistir em manter a conversa toda em volta de você. Se não deixar espaço para um diálogo, a mulher pode pensar que é um idiota! Quando um homem não dá espaço para ela falar, está dizendo que os pensamentos, opiniões e sentimentos dela não têm importância nenhuma. Você pode mostrar a ela como você é maravilhoso sem palavras, apenas fazendo-a perceber.

O que as mulheres mais querem dos homens?

Perguntei a várias mulheres o que elas esperam dos homens. Eis algumas das respostas mais comuns:

Um homem capaz de rir

O senso de humor é um dos requisitos que encabeçam a lista. Ana disse: "Adoro um homem com senso de humor. É sempre mais fácil conviver assim, porque os problemas ficam mais fáceis de serem solucionados".

As mulheres adoram essa capacidade de rir e querem um homem divertido, com quem possam rir, inclusive na cama, mas cuidado para não fazer gracinhas sobre a parceira, principalmente se ela for uma pessoa muito sensível. Alguns homens acham que ficar "tirando sarro da cara dela" é engraçado — não, não é.

Alguém que esteja a fim de crescer como pessoa

Elas adoram homens divertidos, criativos e ansiosos por explorar a vida. Não receie tentar coisas novas — isso o torna mais interessante. A capacidade de deixar rolar e se divertir é muito atraente.

Um homem que consiga equilibrar bem trabalho e lazer

Homens fanáticos por trabalho não são divertidos. Sei porque já tive um, o que me motivou a desenvolver um conceito particular sobre o equilíbrio, que já passei para muita gente, chamado "D & D", que quer dizer "Diversão & Dinheiro".

As pessoas têm reações interessantes a respeito do D & D! Eu curto muito essa idéia e chego a colocar bilhetinhos para mim mesma por todo o meu apartamento, para me lembrar que preciso buscar sempre o ponto de equilíbrio. Diversão e Dinheiro, decididamente, fazem uma combinação perfeita!

Um homem que trate bem a companheira

Honestidade, compreensão, romance, compaixão, respeito e lealdade são as qualidades que elas enfatizam como as mais importantes em um companheiro. Muitas incluem bastante sexo (você está rindo, é?), integridade, cortesia, comunicação e habilidade para confortar.

Adria disse: "Quero um homem que me trate com dignidade, respeito e confiança".

Amy também deu a sua opinião: "Quero alguém que tenha respeito por mim e pelos meus sentimentos. Um homem correto, ambicioso, que me ampare e queira passar a vida inteira comigo. Alguém capaz de administrar os dois lados da vida, o bom e o ruim — principalmente alguém que esteja disposto a trabalhar as coisas ruins de um jeito funcional".

Um homem decidido

Não que uma mulher queira ser controlada, mas você pode dar idéias sobre as coisas a fazer e perguntar a opinião dela. Elas detestam quando você chega dizendo: "Faça como você quiser!". Algumas mulheres detestam tomar decisões e devolvem este "Faça como você quiser" para você. Pergunte o que ela gostaria de fazer, mas dê sugestões. Muitas mulheres gostam que você se ocupe das decisões, levando o que elas querem em consideração.

A abordagem

Nunca invejei um homem por ter de fazer o primeiro movimento e sempre enfatizo como isso é difícil. Mesmo porque não existe um "jeito certo" de abordar uma mulher. O que encanta a uma, pode desagradar à outra. O melhor é sempre ser você mesmo.

Você prefere que eu lhe dê uma dica inteligente? Aí vai! O segredo é: uma mulher quer gostar de você do jeito que você é. Você pode *brincar de fingir até que acredite nisso* o suficiente para ganhar a confiança necessária para se aproximar dela. Apenas tome cuidado: da mesma forma que uma fachada falsificada pode incapacitá-lo, ela não criará as bases para algo real.

As mulheres gostam de ser abordadas com confiança. Se você vê uma mulher com quem gostaria de conversar, diga apenas "Olá" e veja o que acontece.

Você gostaria de ser capaz de avaliar a reação dela. Ela foi gentil, polida ou encorajadora? Comece uma conversa. Ela está sem reação ou normal demais? Você já sabe o que fazer — caia fora!

Qual o melhor jeito de abordar uma mulher que você conhece e que gostaria de convidar para sair? Comece casualmente. Descubra do que ela gosta e proponha fazerem algo. Se você sabe o tipo de música de que ela gosta, convide-a para ir a um show, barzinho ou concerto. Procure por lançamentos de livros, eventos ou outras atividades que você ache que ela possa gostar. Procure conhecê-la sem pressa. Não é fácil fazer uma amizade virar alguma coisa maior, mas tente um pouquinho de cada vez. Ou você pode ser honesto e dizer de uma vez que ela o atrai. Como ela se sente?

Nos cursos, sempre enfatizo que você só precisa encontrar uma pessoa para um relacionamento — e pode ter por aí dois mil ou dois milhões de "Mulheres Erradas". Você só precisa de uma "Mulher Certa". Coloque nela a sua atenção. Não importa com quantas mulheres você vai se relacionar sem que isso leve a algo maior. Concentre-se na sua espiritualidade e enfoque unicamente essa necessidade de encontrar a mulher ideal para você. Se você tem fé que, quando chegar a hora, encontrará alguém especial, poderá relaxar e aproveitar mais a vida. Quando estiver pronto para um relacionamento, você a encontrará.

CAPÍTULO IX

AJJUMINDO O JEU LADO ROMÂNTICO:

Receber o prêmio pode ser ótimo

Ela é alguém especial e você gosta muito dela. Você telefona quando diz que vai fazê-lo (o que não era uma coisa que você costumava fazer antes), você a trata cada vez melhor, à medida que vai aprendendo o que fazer; leva-a a bons restaurantes, segura as pontas. Tem tanta certeza de que está fazendo tudo certo, que ficou confuso quando ela declarou que acha que você não gosta muito dela, já que não é muito romântico. Ora, você seria capaz de jurar que era! O que ela quer, afinal?

O que é o romance?

Procurei pela palavra *romance* em vários dicionários. A maioria das definições se refere a uma história de amor fictícia, levando em conta a programação diferente que homens e mulheres receberam sobre o assunto. Eu disse que as mulheres recebem uma programação fora da realidade a respeito dos homens por causa da mídia. Podemos voltar e rever o desejo feminino de recriar o romance que elas vêem nos filmes e nos livros. Você pode achar que é uma bobagem ter de dar à companheira o romance que ela quer. O segredo é: ao alimentá-la com o que ela mais quer pode deixá-la tão feliz que você ficará feliz também!

As mulheres reclamam que os homens são pouco românticos e não dão o que elas querem — todavia, elas podem não dizer o que é isso, exatamente.

Parte do conceito feminino de romance é que o homem tenha o desejo de ser romântico, espontaneamente. A mulher espera que o homem adivinhe isso como o fazem os heróis nos filmes e livros. Este capítulo lhe dará os instrumentos para satisfazer essa necessidade feminina por romance, sem que você precise fazer muito esforço.

Pedi às mulheres que descrevessem o que o romance significa para elas. Eis alguns exemplos:

Julie:

Ser arrebatador. Com gestos e sendo genuinamente atencioso.

Mary:

Dedicar um tempo só para nós dois. Olhos nos olhos, brincadeiras íntimas, etc. Espontaneidade. Uma sincera e altruísta apreciação do outro. Criatividade, sensualidade. Baixar a guarda. Ter segredos só entre nós dois.

Diane:

Conhecer-me melhor e fazer as coisas baseando-se nesse conhecimento pessoal do que me agrada. Gestos habituais, simples, íntimos, tais como uma carícia rápida ou o contato do olhar. Afeto. Ele deve saber o que gosta, mas fazer contato comigo.

Lea:

Gastar o seu tempo comigo porque quer, não porque, se for amável, obterá o que deseja de mim.

Adria:

Pequenas coisas aqui e ali sem nenhuma razão especial.

Yvonne:

Tomar a iniciativa de fazer as coisas normais se tornarem especiais.

Judy:

Solicitude, atenção aos detalhes, tratamento especial.

Jenna:

Quando um homem mostra que me conhece. Toques pessoais — não apenas flores.

Nora:

Perceber o que eu aprecio e procurar me oferecer isso — comprar para mim alguma coisa que eu tenha admirado; aprender mais sobre um assunto do meu interesse.

Amy:

Atos atenciosos; dar-se; beijar, abraçar e tocar afetuosamente.

Vivian:

Atenção espontânea e toques gentis. Um beijo sem razão.

Como ser mais romântico

Você acha as necessidades das mulheres desnecessárias ou tolas? Alguns homens contaram que quando fizeram um esforço para mostrar como poderiam ser românticos acabaram sendo criticados por isso.

As expectativas das mulheres podem ser ridículas, mas se você quiser seriamente agradá-las, o romance é uma área em que você pode conseguir os maiores pontos. Pense em como elas demonstram o que sentem por você: beijos, afeto, expressões verbais, fazendo coisas especiais. Elas mostram como gostam de você do jeito que gostariam que você também mostrasse o seu amor. Elas o cobrem de atenções, do mesmo jeito que gostariam que você fizesse com elas. Elas se lembram das ocasiões que gostariam que você se lembrasse também e retribuísse. Admita isso. Embora a mulher dê mais do que o necessário, é ótimo quando ela faz com que você se sinta especial. É o que ela espera de você — sentir-se especial. Elas querem gestos que solidifiquem a conexão com o seu amado e informem que ele também quer se conectar com ela.

São as pequenas coisas que contam — de novo!

Paula diz que considera um cara romântico se ele sabe as pequenas coisas de que ela gosta. "Não precisam ser coisas materiais; me bastam as pequenas coisas."

Pequenas coisas que digam que você está pensando nela e se importa fazem um grande efeito.

Jeff recomenda: "Faça um pouquinho a mais para mostrar que você a quer. São os menores detalhes que fazem a grande diferença.".

Sam acrescenta: "Pequenas surpresas e atenções.".

Albert adverte: "Gestos espontâneos de afeto.".

Greg sugere: "Busque maneiras de fazer com que ela se sinta especial, ofereça presentinhos para mostrar que você sabe do que ela gosta. Dê-lhe carinho regularmente, sobretudo quando ela não está esperando".

Você pode ser romântico com gestos práticos, também: recorte um artigo que seja do interesse dela; compre baterias, se ela está sempre se esquecendo de comprá-las; encontre tempo para dividir com ela o conhecimento sobre algo que seja importante para você.

Shirley disse: "Richard me faz sentir especial quando se propõe a me explicar algumas coisas sobre o que ele faz como geólogo. É a paixão dele e, agora, está me interessando também".

Gestos românticos dizem que você está pensando nela quando estão separados. O romance é o símbolo do carinho. As mulheres querem que os homens demonstrem seus sentimentos e considerem os delas. Informe à companheira que você gostaria de saber o que ela mais aprecia. Oferecer flores é óbvio e funciona com a maioria das mulheres. Sabemos que você não precisou procurar muito ou imaginar um presente diferente, mas quem se importa? Gestos que mostrem que você se preocupou em encontrar alguma coisa que fizesse a namorada feliz significam muito mais.

Abaixo, algumas dicas de coisas simples que podem dar alegria às mulheres românticas:

Deixe bilhetinhos

Eles podem dizer "Eu amo você", "Não agüento mais esperar a noite para me encontrar com você", "Foi maravilhoso", "Oi", etc. Encontre um jeito de mostrar que ela é desejável e que você a ama.

Planeje uma noite para paparicá-la

Coloque uma música suave, acenda velas e faça uma massagem na sua amada. Você pode também dar-lhe um banho ou lavar os cabelos dela.

Dê-lhe carinho, espontaneamente

Um beijo inesperado, um afago terno ou um abraço de vez em quando são ótimos para manter o romance aquecido.

Diga alguma coisa que mostre que você aprecia um aspecto em especial da personalidade dela

Bajule-a em um aspecto que você realmente aprecie. Significa muito para mim, pessoalmente, quando um cara expressa a sua admiração pela minha paixão pelo trabalho ou pelo jeito que fiz alguma coisa. Reparar em alguma coisa especial mostra que você está prestando atenção.

Crie uma data romântica

Faça um jantar à luz de velas para ela ou leve-a a um lugar especial. As mulheres adoram mãos dadas, afagos, carinhos e elogios. Um toque firme ou terno, um aperto carinhoso no braço, um olhar de entendimento em público são muito românticos. Algumas mulheres contaram que o amado colocou pétalas de rosas sobre o corpo delas antes de fazerem amor.

Telefone só para dizer "oi" ou "boa-noite" após um encontro

Apenas ouvir a sua voz pode ser muito romântico, especialmente quando você não ligou por nenhuma razão prática.

Se você seguir as sugestões que combinem com o seu jeito, as reclamações dela diminuirão. O romance é a parte da atenção que as mulheres desejam mais. Experimente alguma coisa do início do Capítulo 2 para criar conexão. Permita-se desfrutar dos prazeres que você compartilha com o seu amor. Entre por inteiro no que faz. Experimente perder-se num abraço. Isso é o que a conexão faz de melhor.

Ocasiões especiais

Não se esqueça do aniversário dela e de outras festas que ela goste de comemorar. Essas coisas podem parecer triviais, mas são muito significativas. Se você for do tipo "não muito bom para isso", conforme tantos homens assumiram, não use isso como uma desculpa nem mostre em atitudes que as datas especiais não são importantes. Se for importante para ela, respeite. As mulheres tomam o seu esquecimento ou o fato de não ligar muito como algo pessoal. Quando você esquece uma data que sua companheira considera especial, ela pensa que não é muito importante para você. Se não consegue sequer lembrar-se do aniversário dela, como ela pode ser importante para você? Mesmo se você ache que criar ocasiões especiais é idiota, reconheça que elas fazem com que o seu amor fique feliz. Elas simbolizam carinho. As mulheres ficam felizes com qualquer gesto pequeno que traduza amor. Cante "Parabéns para você". Lembrar é o mais importante, mas se isso for acompanhado de amor e um presente, melhor ainda.

Se você for mesmo ruim para lembrar datas, peça que ela o ajude. Pode não ser muito romântico, mas se ela lembrar-lhe uma semana antes, você não vai se esquecer. Ou peça uma lista das datas especiais e não a perca. Peça idéias sobre os presentes que pode lhe oferecer. Muitas mulheres adoram jóias e objetos pessoais. De qualquer maneira, ela adora saber que você escolheu um presente do gosto dela, em vez de ficar sempre se copiando com flores ou algo assim fácil.

Se ela é importante para você, o esforço será válido, não apenas porque ninguém vai mais ficar reclamando por você ter esquecido uma data especial, mas principalmente porque ver a felicidade dela será o melhor da festa! Com um pequeno planejamento, você pode satisfazer o que parece ser uma necessidade enorme.

Aperfeiçoe seu beijo

O beijo pode ser o instrumento mais importante para lhe dar o que quer de uma mulher. Muitas mulheres se dobrarão e poderão até recuar em uma decisão, ou tolerar coisas que normalmente nunca tolerariam, ficar prontas para o sexo ou ficar mais maleáveis às suas solicitações, apenas se você as nocautear primeiro com um beijo. Este é o seu instrumento mais poderoso. Um beijo pode direcionar um relacionamento em potencial e dar a muitas mulheres mais do que você imagina. Você já sai ganhando — e ainda pode deixá-la prontinha para mais tarde.

A resposta mais coerente que as mulheres me deram quando perguntei sobre o que esperam de um homem foi, em diferentes níveis, "Que seja bom de beijo".

O que é um bom beijo?

Um bom beijo não é apenas colocar os seus lábios sobre os de alguém e deixar a natureza agir. As mulheres freqüentemente reclamam que se sentem amassadas em vez de beijadas. E o que elas gostam é de se sentir especiais durante o beijo.

Ellen reclamou:

> Alguns homens beijam como se estivessem sozinhos. Esses tipos fazem com que eu sinta como se não fosse nada, como se o beijo fosse somente para ele. Já tive homens que me tiraram do sério com beijos, todavia, quando eu tentava falar com eles, não queriam me ouvir. Sutilmente, tentei guiá-los — inclusive pedindo a eles, ruidosamente, que se ligassem! A maioria não saca nada. Um homem que não me tire do sério com os seus beijos NUNCA me levaria mais adiante no relacionamento. O beijo é o barômetro das coisas que estão por vir.

Alguns homens podem ser fechados quando beijam e recusam-se a mudar. Talvez eles pensem que sabem tudo a esse respeito ou não estão preocupados com o prazer da parceira. É claro que um homem está autorizado a deleitar-se com os beijos do jeito que gosta, mas como ele está no controle do beijo desde o início, interessar-se pelo que a mulher gosta o levará mais longe.

Uma mulher fica sabendo muitas coisas pelo beijo: se o cara está apaixonado ou só quente, se se preocupa com ela e a considera, se é conservador ou egoísta, até mesmo se é um safado.

A maior reclamação das mulheres é com o mau hálito, seguido de beijos muito babados, dentes demais, chupar a boca dela como se fosse um aspirador de pó, colocar a língua cedo demais.

Mary descreveu: "O que me desliga é um cara que usa a língua como se fosse um chicote. A mim, parece que ele pensa que beijar é uma espécie de ginástica ou performance".

As mulheres conversam entre si sobre o tema e muitas comentam que tem homem que parece que traz os beijos do inferno. Pessoalmente, não conheci muitos, mas tenho uma história que ilustra bem o tipo, aquele cara que permanece no seu mundo particular durante o beijo. Ele me deu um beijo de boa-noite no primeiro encontro. Foi gentil, delicado e iluminado — com gosto de algo que poderia ser doce. Ele

Assumindo o seu lado romântico 171

me levou em casa após o segundo encontro e mal eu tinha acabado de sentar no sofá, já o Senhor-Beijo-do-Inferno enfiou a língua dentro da minha boca sem o menor cuidado, sem carinho, sem um contato inicial com os meus lábios, o que me deixou assombrada. Senti repulsa. Fiquei tão surpresa que tentei empurrar a língua dele para fora usando a minha. Enquanto eu tentava me desembaraçar, ele já atacava o restante. Senti-me como se tivesse sido amordaçada por um monstro grande, gordo e molhado. E ele nem dava bola para o meu desconforto!

Um homem pode ficar se perguntando o que há de tão terrível com os movimentos deste SBI. É que usar a língua é algo íntimo e muitas mulheres precisam ir se acostumando aos poucos. No caso que contei, era nosso primeiro beijo e ele não permitiu que a paixão fosse construída, começando devagar. A pior parte foi que o SBI não estava me tocando em nenhum lugar — minha reação ao seu beijo foi de repulsa. Enquanto ele deleitava-se consigo mesmo, eu estava tentando descartá-lo sem ferir-lhe os sentimentos. Quando ele precisou respirar, perguntou: "Não foi maravilhoso?" Ele imaginou que porque ele estava adorando eu também estava. É claro que esse foi o nosso último beijo.

Não fique absorvido em si mesmo durante o beijo. Só porque você está gostando, não quer dizer que ela esteja. Não imagine que só porque ela não está dizendo nada significa que está gostando — pode ser que ela não tenha tido tempo nem para respirar! Sintonize-se.

Comece devagar, prestando atenção à resposta dela. Um beijo pode dar instantaneamente o tom para as interações posteriores. Muitas mulheres julgam os homens pelo seu jeito de beijar. Já ouvi de várias mulheres a afirmação de que se um cara não sabe beijar bem provavelmente não será um bom amante. Isso não é lá um incentivo para ter intimidade com você. Um beijo que conecta abre todas as portas! Da mesma forma que um beijo que deixa uma má impressão as fecha. E rápido.

Jessica explicou:

> Um beijo me conta uma porção de coisas. Adoro beijar — a maioria das mulheres gosta — mas todas nós queremos sentir os sentimentos do parceiro no beijo. Conheci homens com beijos tão doces que eu ficava com vontade de pular ao pescoço deles! Também já beijei outros que me deixaram com vontade de vomitar. Alguns babam ou usam a língua cedo demais. Esses não sabem como agir com brilho. Sim, um beijo pode ser brilhante. Não compreendo por que todos os homens não beijam razoavelmente bem — é só prestarem atenção ao que estão fazendo e à maneira como reagimos, seguir o nosso jeito, algumas vezes, e DIMINUIR A VELOCIDADE! Muitas vezes, temos a impressão de que eles estão nos beijando para nos levar para a cama, em vez de curtir o ato por ele mesmo.

172   *Como Agradar uma Mulher na Cama e Fora Dela*

Ally acrescentou:

> Adoro ternura. Beijos delicados me tiram do sério — depois
> que me envolvi com o cara, gosto de profundos beijos apaixonados
> também, mas, no começo, nem sempre. Quando eu ainda não co-
> nheço o cara direito, preciso conhecê-lo pelo beijo. Se ele se atira em
> cima de mim muito cedo, para um beijo pra valer, eu apago. Se não
> me sentir à vontade, perco o interesse. Já estive com homens que só
> me atraíam levemente, mas quando me beijaram com ternura, meu
> interesse cresceu.

Como preparar a base

Beijar é uma arte. A maioria dos homens que beijei disseram que
eu beijo bem. Quero ser uma "boa beijoqueira" e dou atenção ao beijo.
Adoro beijar e hoje beijo com naturalidade. Adoro quando o parceiro lê
os meus sentimentos por meio do beijo.

Muitos homens estão enferrujados e não sabem, porque é difícil
dizer uma coisa dessas a um homem.

Beijar bem não é sinônimo de habilidade ou experiência, embora
uma pessoa possa aprender a beijar e ficar realmente boa nisso. A maioria das mulheres aprecia começar delicadamente, num nível de ternura
e construção, então, deixe que os seus sentimentos ou a atração que
sente por ela o motivem. Um grande beijador mantém essa conexão e a
expressa dessa forma não verbal com os lábios. Pense nisso em vez de
dedicar-se apenas ao contato físico.

Dahlia contou:

> Muitos homens são rudes quando o assunto é o beijo. Já acon-
> teceu de eu me sentir violada por um beijo. Quando beijo um ho-
> mem pela primeira vez e a língua dele já vai logo invadindo a minha
> boca, penso "Uhhh". É claro que, às vezes, a química é tão intensa
> que beijar pode acender e estimular a paixão rapidamente, mas um
> homem está arriscando a sorte quando beija muito depressa. Se eu
> quiser ir rápido, ele saberá pela maneira como correspondo ao seu
> beijo. Os homens deveriam prestar mais atenção à parceira: Mostrar
> consideração é muito importante.

Prática. Isso pode parecer idiota, mas beije gentilmente a sua própria mão para ver como é que é. Experimente jeitos diferentes e vivencie
a sensação que cada um provoca. Assim, você poderá ter uma idéia de
como os seus lábios sentem. Fique ligado nos movimentos, tempo e ritmo
do beijo. Você está pensando que criar um beijo perfeito é sopa? Quando
os resultados começarem a aparecer, você apreciará o treinamento.

Beijar é como dançar. Você pode viver durante anos pensando que
não sabe dançar, tropeçando nos pés da parceira, sentindo-se desajeitado.

Então resolve tomar umas aulas, ultrapassa cada um dos estágios práticos e vira um mestre no assunto. Neste dia, você terá a impressão de que dança desde sempre. É também assim que acontece com o beijo. Aprenda o que as mulheres gostam, pratique e logo vai fazer tudo com naturalidade.

Dicas para ser um grande beijador

Beijar é uma coisa natural, mas você pode aprender a ser um grande beijador. O primeiro beijo é muito importante. Depois que vocês já estiverem namorando, você pode perguntar o que ela gosta sem ficar constrangido, mas o primeiro é no escuro — e tem de ser caprichado!

Abaixo, algumas técnicas para fazer com que ela queira beijá-lo novamente. Aprenda esta arte e faça uma mulher feliz!

1. COMECE DEVAGAR

É mais fácil, para prestar atenção às reações dela.

2. PRATIQUE A ARTE DE BEIJAR DEVAGAR

Eis uma grande abertura para a paixão que virá em seguida. Seus lábios devem ser como uma pena, quando tocam os lábios e o rosto dela. Demore-se, beije quase em câmera lenta, suavemente. Beije o rosto dela com a maior delicadeza. Você pode, de vez em quando, soltar bastante ar dos pulmões quando faz isso — é *sexy*. As mulheres adoram ternuras e sempre as equiparam a carinho. Mostre que você a quer sendo terno.

3. USE AS MÃOS GENTILMENTE PARA ACARICIÁ-LA

Um dedo cruzando levemente a face é um carinho que relaxa. Sempre gentilmente, afaste um fio de cabelo do rosto dela. Segure o rosto dela entre as mãos. No começo, mantenha as suas mãos afastadas do restante do corpo dela. Não a esfrie por ir muito depressa.

4. SEGURE A LÍNGUA

Algumas mulheres gostam de um beijo de língua imediatamente, mas a maioria prefere esperar um pouco. Experimente colocar a ponta da língua nos lábios dela para ver o que acontece — se não houver resistência, coloque-a dentro da boca, devagarinho. Seja sensual.

Judy sugere que você fique rolando a língua pela boca da parceira, após tê-la beijado, delicadamente. A maioria das mulheres adora isso, depois que conhecem o cara melhor.

5. ENVOLVA-SE DEVAGAR

Depois de ter sentido a reação dela, você pode pressionar um pouco mais, colocando mais paixão na língua. É só prestar atenção e, facilmente, você perceberá se ela está gostando. (Muitos homens agem como se não estivessem interessados em saber.) Você pode deixar a paixão ir crescendo, enquanto a conhece melhor ou se ela sinalizar que está tudo bem.

6. TORNE IMPORTANTE ESSE SEU PRIMEIRO BEIJO!

É ele que dará o tom das intimidades do futuro. Prolongue-o o mais que puder. Pratique-o em câmera lenta. Uma vez que você tenha acertado os movimentos, é hora de integrar o sentimento à ação. Não os torne falsos.

Darryl disse que: "Se não há afeto em um relacionamento, o beijo não se sustenta, é apenas sexo".

Deixe que os sentimentos que você tem pela mulher que escolheu o inspirem. Mergulhe na sensação que só um beijo lento, sensual e terno consegue criar. Não seja um robô, movendo-se mecanicamente, ao contrário, assim que você entrou no ritmo lento e sensual, relaxe e deleite-se com os resultados obtidos!

Quando está com um cara envolvente, Mary disse que adora ser beijada:

> ...Intensa e apaixonadamente. Beijinhos preguiçosos são divertidos e ótimos para a alma; beijos fortes e urgentes são fantásticos. O momento pode ditar o estilo do beijo. Lentos e deliberados beijos de boa-noite são bons, entretanto, revelar a paixão e os outros sentimentos presentes é tudo que um beijo deveria fazer. Seja verdadeiro quanto às suas emoções e atencioso com a parceira.

A paciência durante o sexo

Os homens sempre perguntam por que as mulheres desaceleram os gestos deles. Por sermos direcionadas para os relacionamentos, elas valorizam a importância de se deixar conhecer um ao outro, devagar. A corte pode ser divertidíssima. Assistir ao crescimento da tensão sexual pode deixar o sexo mais doce, quando os dois estão prontos. Existem muitas coisas que você pode fazer para intensificar o relacionamento além do sexo.

A amizade entre os parceiros

Muitas vezes, ansiosas por romance e intimidade, as mulheres esquecem-se da amizade. Aliás, os dois sexos fazem isso. Somos humanos e é tão fácil desmanchar-se por alguém por quem se está atraído(a), esquecer as preliminares e ir direto ao melhor pedaço...

Uma amizade significativa entre as duas pessoas que estão vivendo um relacionamento cria uma base sólida. O desenvolvimento de um vínculo forte pode servir de suporte quando as coisas não estiverem indo bem.

Não se pode ter tudo em um relacionamento, mas a amizade é uma faceta importante. Uma mulher pode se apaixonar por um homem de que não goste totalmente enquanto pessoa e ser arrastada pela aparência, por um sexo excepcional, pela necessidade de companheirismo e outros aspectos atraentes e, mais tarde, descobrir que se casou ou está vivendo com uma pessoa que não ama ou respeita e não saberá o que fazer.

Gabe gostou de ter aprendido isso:

> Eu costumava me apaixonar por uma mulher e me atirar de cabeça na relação. No começo, era sempre maravilhoso; depois, deixava de ser. É horrível estar ao lado de uma pessoa que você percebe que não conhece. Eu iria embora, se não gostasse dela como pessoa. Parece óbvio sair com alguém que você goste e respeite, mas quando a chama da paixão está muito alta, é fácil ser envolvido e levado embora. Quando conheci Karen, fizemos coisas que nós dois curtimos. Não sabíamos se estávamos namorando ou não, mas era divertido e, devagarinho, por meio das coisas do nosso interesse, fomos nos conhecendo. Quando fizemos amor pela primeira vez, nossa amizade era sólida — e isso nos colocou em outro nível! Conversamos muito e esse é o melhor pedaço: ter na companheira a melhor amiga.

Quanto mais tempo você levar para conhecer uma parceira em potencial e quanto mais demorar para ter intimidade com ela, mais você desenvolverá a amizade. Se você saiu com uma mulher que tem potencial para ser uma companheira, procure conhecê-la antes de levá-la para a cama ou envolvê-la num clima de romance. Belisque um aperitivo antes de ir almoçar. Sei como é desejável pular em cima da conquista, se você está realmente atraído, mas o sexo muda a natureza de um relacionamento. Ela pode querer mais de você e você pode ficar assustado e retroceder. O desejo é a sobremesa e pode impedir você de pensar claramente sobre o tipo de pessoa que ela é. A espera adoça o fim. Uma das coisas mais gostosas que conheço é apaixonar-se por alguém de quem a gente já gosta como pessoa também. As coisas tomam os seus lugares mais facilmente quando a amizade já se instalou.

Romanceando a intimidade

"Quero um homem com uma mão delicada" — as Pointer Sisters fizeram o maior sucesso com essa música e ela acabou se tornando o tema de muitas mulheres, inclusive o meu. E não apenas na cama. Um homem que saiba tratar uma mulher com carinho e delicadeza em todos os aspectos e etapas de um relacionamento será devidamente apreciado pela grande maioria das mulheres.

O carinho gentil que um homem dá a uma mulher desde o começo, sem pressionar para ter mais, ajuda-a a relaxar para uma maior intimidade no futuro. Cimentar a intimidade fora da cama antes de ir além cria uma base maravilhosa de confiança que torna o sexo ainda melhor. Muitos homens disseram que adoram a intimidade que o sexo com alguém de quem já gostam cria. E para aqueles que não desenvolveram uma apreciação por isso, aconselho que experimentem: a intimidade é deliciosa para os dois sexos!

Palavras carinhosas e elogios representam romance para muitas mulheres. Ouvir a expressão dos sentimentos do homem e a apreciação que ele sente por ela colocará muitas mulheres aos seus pés. Mas preste atenção: não estou advogando decepções em nenhum nível de um relacionamento. Recomendo sempre que você diga aquilo que sinceramente sente. Portanto, se você tem pensamentos agradáveis sobre ela, diga-lhe.

Uma mulher pode perder a cabeça sem estar fisicamente excitada. Dizendo as "palavras certas" você encaminhará as coisas. Use elogios delicados, diga o que ela representa para você, traga à tona as memórias da relação. Dizer a uma mulher o que ela gostaria de ouvir é melhor que deixá-la de bom humor. Lembre-se: as mulheres precisam ser tranqüilizadas e as palavras podem dar essa segurança que elas precisam.

CAPÍTULO X

TRAVE**J**JA, MAS, AINDA AS**S**IM, MARAVILHO**J**A:

Desfrute da mulher sensual

Sua namorada entra no quarto vestindo uma capa de chuva, que ela desabotoa, oferecendo a você uma visão: por baixo, ela usa uma meia rendada e cinta-liga. Ela deixa cair a capa, desabotoa devagar a sua camisa e inicia um jogo de sedução com você que mais parece saído de um filme pornô. Durante anos, essa foi a sua fantasia favorita. Você se diverte com o prazer com que ela se move... No dia seguinte, porém, você começa a se perguntar se realmente conhece essa mulher, a quem sempre vira como doce e delicada. No encontro seguinte, você se retrai e hesita quanto a fazer amor com ela, de novo. "Por que me sinto assim?", você se pergunta. "Não era isso o que eu queria?" Você não consegue encontrar a resposta.

Não é maravilhoso ter uma namorada que invente coisas eróticas para brincar com você? Ou você se pergunta que tipo de mulher ela realmente é e para quantos homens já fez o mesmo? Você questiona ou se afasta de uma mulher que fez sexo com você no começo? Será que você consegue lidar com uma namorada sensual que gosta de tomar a iniciativa? Ou prefere deixar essas histórias para as suas fantasias?

Com pressa de fazer sexo

As mulheres não acham que um homem fica ainda mais encantado com uma mulher sensualíssima?

Quando essa pergunta lhes é feita, eles respondem NÃO!

As mulheres sabem que muitos de vocês não ficam tão encantados assim, embora vocês mesmos quisessem pensar que sim.

Estereótipos sexuais existem para ambos os sexos. Os homens, freqüentemente, se descrevem como sendo guiados pela necessidade de sexo — o que é, muitas vezes, verdadeiro. Assim, as mulheres se cuidam — estão prevenidas. Eles dizem que querem uma mulher sexualmente aberta, mas saem correndo quando encontram uma. Todos nós estamos programados para esperar que as mulheres sejam distintas e sérias — o que não combina com uma *vamp*!

Quando é hora de fazer sexo?

A maioria dos homens diz que dormiria com uma mulher atraente tão logo ela concordasse. Atenção: se ela tiver um potencial para um relacionamento, espere conhecê-la melhor. O sexo cria uma intimidade para a qual você pode não estar preparado. É difícil retroceder depois que a linha foi cruzada, porque expectativas são criadas e a intimidade física pode levá-lo para o outro lado, caso um de vocês fique assustado ou tente mudar a natureza do relacionamento.

Alex avisou: "Os homens não aprendem com os próprios erros. Eles fazem de tudo para ter sexo logo e isso nunca funciona. Eu consegui mudar e não tento mais".

O calor da paixão (ou o álcool) tenta nos empurrar para a cama muito cedo. Se você consegue administrar isso bem, aproveite. Você pode querer fazer sexo na hora com alguém que lhe agrade, mas será que consegue lidar com o "depois" sem fugir? As mulheres normalmente esperam mais envolvimento. Os homens são famosos por entrarem em pânico quando mergulham fundo muito cedo. O medo do compromisso e o medo de ser magoado entram no jogo, mesmo porque as mulheres costumam levar o sexo mais a sério do que vocês. Tenha cuidado.

Estereótipos sobre o sexo muito precoce

Perguntei a muitos homens após quantos encontros seria bom para uma mulher fazer sexo sem que eles pensassem que ela era uma qualquer e a maioria respondeu de três a cinco encontros. Alex ainda acrescentou: "Os homens respeitam mais uma mulher que diz não".

Embora muitos homens tenham dito que dormiriam com uma mulher tão logo ela concordasse, nunca ouvi uma mulher julgando um homem que fez sexo com ela muito cedo. Elas não acham que vocês são "vagabundos". Então, por que esses conceitos só valem para elas?

Joe deu sua opinião para o grupo:

> Me sinto um idiota admitindo que me sinto culpado por esse conceito duplo. Conheci uma mulher em um seminário e tomamos um café juntos. Ela passou o outro dia comigo. Tivemos uma tarde maravilhosa no parque e depois fomos jantar. Ela me pareceu uma pessoa correta. Fiquei todo assanhado quando ela me convidou para entrar no apartamento dela, logo começamos a nos beijar e ficamos excitados. Eu queria fazer amor, mas ela disse que era muito cedo. Continuamos nos beijando e eu procurava levá-la para a cama. A

> resistência dela arrefeceu, depois que eu lhe disse que nós dois tínhamos nos dado tão bem que seria natural que continuássemos. Assegurei-lhe que não pensaria mal dela — mas pensei! Fico envergonhado, mas tive todo tipo de pensamento sobre ela ter ido para a cama comigo tão cedo. Seria uma vagabunda? Estava errado, mas tudo que já ouvi dos amigos sobre as mulheres que vão logo para a cama ficava girando dentro da minha cabeça. Parei de me encontrar com aquela mulher adorável e a magoei. Gostaria de poder mudar esse preconceito. Por que é legal para mim e não para ela?

Você faz isso porque os homens compartilham crenças e expectativas, exatamente como as mulheres fazem. Esses conceitos são parte da sua programação e os amigos os reforçam. A maioria de vocês discute sexo com os outros caras e se você ouve um monte de vezes que uma mulher é uma vagabunda se não espera um número adequado de encontros antes de ir para a cama, você acredita. Não é culpa sua, mas ainda assim é extremamente injusto — este é um dos piores conceitos duplos. Seja honesto: por que não tem problema nenhum para um homem dormir com uma mulher assim que for possível e não é legal para ela?

Desejos conflitantes

Supõe-se que as mulheres sejam sexualmente esclarecidas e sejam donas da sexualidade delas, certo?

Errado! David disse: "A sexualidade é mais aparente para a maioria dos homens. Acredito que muitas mulheres tenham igual necessidade, mas não a demonstram com medo de serem classificadas no estereótipo".

Muitos homens vivem um conflito entre a necessidade de se relacionarem com uma "boa moça" e o desejo por sexo total com a mulher desinibida que habita nos sonhos deles. O que pode fazer uma boa moça se os homens se perguntam se as duas podem ser encontradas numa mesma mulher? A sociedade diz que ter um passado para um homem não tem problema, mas não para as mulheres. Você realmente prefere pouco sexo a sexo total?

Aproximar-se/evitar uma mulher sensual

Os homens fantasiam com uma mulher tomando a iniciativa. Sonham com uma mulher que fale coisas sujas, use cinta-liga e meia e que saiba o que fazer na cama. Desejam uma mulher que saiba o que quer e busque a satisfação das suas próprias necessidades. Certo. Só que não na realidade. Muitos homens assumem que não conseguem lidar com essas características em uma mulher com a qual estejam envolvidos em certo nível emocional.

Embora estejamos vivendo no século XXI, muitos homens ainda sofrem da síndrome da santa/prostituta. Idealmente, querem uma parceira sexual, mas querem também a parceira doce e inocente — a santa/prostituta = boa moça/mulher sensual.

Para muitos homens, é difícil ver a mulher sensual como uma moça boa também. Que droga quando eles pensam assim! Só porque uma mulher é entusiasmada com o sexo, não quer dizer que ela durma com qualquer um ou tenha mais experiência do que você. Uma mulher sensual pode ficar acanhada e sufocar a sua sexualidade com receio de espantar os homens. A maioria dos homens disse que adoraria estar com uma mulher sensual, MAS muitos fizeram ressalvas. Eles reconhecem que é injusto, mas, de qualquer maneira, é assim que eles pensam.

Eis alguns exemplos de conceitos comuns:

Vernon

> Odeio dizer isso, mas quando uma mulher é muito sensual, eu fico pensando... Com quantos homens ela já esteve? Sou eu que a estou deixando assim ou é apenas o sexo que faz esse efeito todo?

Por que o simples fato de gostar de sexo significa que ela tenha um passado colorido? A enorme maioria de mulheres realmente sensuais não gosta de fazer sexo com qualquer um. Elas são mais seletivas do que muitas das mulheres com quem você já esteve. E só porque a maioria dos homens sai dormindo com qualquer uma quando está com tesão, não quer dizer que elas façam o mesmo.

Gary

> Quando estou com uma mulher muito sensual, fico preocupado se conseguirei satisfazê-la.

Ei! Ela não estaria ali, fazendo sexo com você, se você não fosse do agrado dela. O fato de estar fazendo sexo não quer dizer que ela espere acrobacias ou técnicas especiais. Não permita que o seu frágil ego o impeça de envolver-se com uma mulher sensual. Ela pode ser picante, mas ainda é uma boa moça!

Clyde

> Gosto de uma mulher que faça com que eu sinta que sou o melhor amante que ela já teve. Como posso levá-la a novos níveis de loucura, se ela provavelmente já experimentou de tudo antes?

Eu era bastante inexperiente com o meu segundo namorado, mas cada um dos meus poros respondia aos estímulos dele. Ele achava que eu já tinha tido uma longa carreira... Depois que me conheceu melhor, pediu desculpas pelas suas suposições, mas eu já estava subjugada pelo namorado seguinte.

Demetrius

> Eu não gostaria de estar com uma mulher que agisse de um jeito sensual demais — me sentiria um instrumento.

As mulheres foram feitas para se sentir desse jeito há séculos! Mas se vocês dois gostam, por que se sentir usado? Bill disse: "Uma das coisas mais *sexy* que existe numa mulher é o seu prazer, o seu envolvimento com o sexo". Aprecie-a quando ela está curtindo os dois, você e seu pênis!

Rob

> Quanto mais sensual a mulher é, mais eu me lembro que houve outros homens antes de mim.

Caia fora dessa necessidade de se iludir, achando que toda mulher com quem você está era virgem antes que você chegasse. Não pergunte quantos parceiros ela teve, deixe o passado no passado. A não ser que você possa proclamar que não tem uma história, aceite que ela também tenha.

Dêem um tempo! Parem de ler coisas por meio da sexualidade da mulher com quem estão! Pesquisem primeiro a pessoa que ela é, antes de pesquisá-la na cama. Desenvolvam a confiança primeiro, de modo que vocês não precisem ficar preocupados com a moral dela.

Vocês se sentem ameaçados imaginando se aquela parceira tem mais experiência do que as outras mulheres com quem vocês estiveram? Quantos homens ela teve? Abandonem esses pensamentos e dúvidas. Ser uma mulher sexual não significa uma quantidade incontável de parceiros ou uma conduta livre demais. Deixem o passado em paz.

Brett contou para a classe:

> Joann é uma mulher muito sensual. Na primeira vez que fizemos sexo, fiquei pensando no passado dela. Eu nunca tinha curtido tanto uma mulher: ela parecia saber instintivamente o que eu queria. Quase estraguei tudo perguntando: eu queria saber com quantos caras ela tinha ido para a cama e se eu era como eles... Mas não perguntei nada! Eu a tinha em alto conceito e confiava no seu julgamento. Não sou eu quem deve julgar, mesmo porque o meu passado é deveras festivo... Eu não queria saber que o dela também era, mas, de qualquer maneira, não tinha o direito de julgá-la usando dois pesos e duas medidas. Nós acabamos de ficar noivos e ela me contou que a coisa que mais gostou em mim foi o fato de eu não ter perguntado nada sobre seu passado. Seu namorado anterior associou a sua natureza sensual à promiscuidade, o que não era o caso. Ela não poderia fazer nada, sentia-se envergonhada, mas achava que nada de bom resultaria numa comparação entre ex-namorados. Ela estava certa. Eu ainda não sei nada sobre o passado dela e isso não tem mais a menor importância. O que vale é o que temos no presente.

Um homem pode se sentir obrigado a dar algo excepcional a uma mulher, quando acha que ela gosta demais de sexo, em vez de fazer sexo exatamente do jeito dele. Talvez ele se sinta pressionado a realizar grandes feitos! Alguns podem fazer o gênero "controlador", necessitando controlar a sexualidade dela, também. Se ela toma uma iniciativa, o cara pode achar que está perdendo o controle.

Ei, sexo não tem nada a ver com controle! É a qualidade da conexão entre os parceiros que satisfará a mulher. Um cara desses precisa reavaliar seus conceitos sobre satisfazer uma mulher sensual! Não levar para o lado pessoal, se ela sugere que tentem alguma coisa diferente, já é um bom começo.

Meu amigo, pegue leve e viva bons momentos!

Arnold contou à classe:

> Antigamente, eu ficava desconfortável quando saía com uma mulher sensual. Ficava preocupado se conseguiria satisfazê-la. Se ela tomasse a iniciativa, eu duvidaria da minha habilidade ou me sentiria menos homem. Suzie mudou a minha atitude. Ela adora sexo, mas falava que adorava fazer sexo comigo. Senti-me tão à vontade que pedi algumas sugestões sobre como agir e recebi várias. Ela enfatizava que não havia nada de errado comigo, ela apenas queria que eu soubesse o que fazia o seu corpo reagir. Quando paramos de nos ver, descobri que me sentia atraído por mulheres sensuais. Desde então, tenho curtido o tipo e estou planejando me casar com a tarada da minha namorada. Realmente, isso me deu confiança, porque uma mulher sensual fica feliz por mostrar ao homem os seus caminhos — e, assim, você pode se tornar mesmo um grande amante!

Muitas mulheres reprimem o desejo porque receiam mostrá-lo ao parceiro. Elas negam a sua sexualidade para não perder o seu *status* de boa moça, mas se o homem continuamente lhe enviar mensagens sutis de que há um duplo padrão de comportamento entre a sexualidade masculina e a feminina, ele continuará a programar a mulher para se sufocar com ele e ela, então, guardará a sua natureza selvagem para outros parceiros, mais capazes de lhe recarregar as baterias...

Estou sendo clara? Por que deixar de fazer um sexo fantástico por causa de velhos preconceitos?

Ian disse que prefere as mulheres que gostam de sexo. E explica: "Existe uma busca menor pelas próprias fronteiras e maior por diversão, satisfação e experimentação, o que faz com que você realmente tenha vontade de continuar com ela. Uau!".

Boas moças podem ser quentes e gostar de sexo

A maioria dos homens adora a combinação "boa moça" e "safada". E não é culpa deles se essa combinação também os intimida — é

Travessa, mas, ainda assim, maravilhosa 183

parte da programação masculina. Na televisão e no cinema, raramente mulheres sensuais e boas moças estão na mesma personagem. A mulher sensual é freqüentemente mostrada como uma mulher má, enquanto as boas moças não são apresentadas como sensuais. Muitos homens acham desejável a mulher sensual, mas não para um relacionamento.

Eva contou ao grupo:

> Fui para a cama com três homens. O primeiro não gostava de virgindade. Eu me sentia insegura, achava que não era uma boa amante. Com o segundo, fui ótima. Ele era paciente e me tornei sensual. Agora, estou com o Tom. O sexo entre nós é maravilhoso, mas ele se sentia pouco à vontade diante da minha paixão e do meu prazer no sexo. Questionava meu entusiasmo, não acreditava que eu só tinha tido dois namorados e tivesse ficado sem ninguém no intervalo entre um e outro. Isso me chateava. Recentemente, ele reconheceu que a reação do meu corpo mudou e agora acredita que eu não era assim tão experiente... Não sei se devo me sentir aliviada ou furiosa. Por que os homens não aceitam a sexualidade da mulher com naturalidade? Pensei que ele acharia excitante ter uma namorada sensual!

As boas moças têm os mesmos órgãos sexuais. Por que não os podem usar livremente? Muitas mulheres gostam de sexo pela gratificação física, mas foi-lhes ensinado que não é elegante curtir demais. Você precisa entender que não apenas é bom que uma mulher goste de sexo e seja tão quente quanto você — é normal, saudável, magnífico! As necessidades femininas são iguaizinhas às suas! Gosto de sexo e não sou uma vagabunda! Sou uma "boa moça", contudo, às vezes, me fecho em relação à minha sexualidade.

A única coisa que posso lhe recomendar é: acostume-se logo às mulheres sensuais, porque estamos aqui para ficar! Seja paciente.

Na classe, Ron concordou e advertiu os outros homens:

> Procurem conhecer as mulheres primeiro como amigas. Quando conversar com elas nesse nível, você ficará surpreso ao constatar que muitas que você nem imagina são sensualíssimas! Comecei conversando com a minha irmã. Honestamente, não esperava que ela sorrisse tanto enquanto me contava como gosta de sexo. Isso me ajudou a perceber que é normal para uma mulher envolver-se com sexo. Conversar com outras mulheres sobre as suas emoções foi esclarecedor. Agora, estou saindo com uma mulher muito sensual. Antigamente, eu ficaria preocupado demais para relaxar, mas agora estou adorando!

Ajude sua companheira a se soltar

Hoje sou uma mulher de cabeça aberta, mas contei com a paciência e o carinho de vários dos meus namorados, antes que ficasse assim tão à vontade com a minha sexualidade. Muitas mulheres precisam de "permissão" para se sentirem livres na cama, o que não é muito distante da idéia de ser uma "boa moça". Várias já sabem que é assim mesmo que deve ser, mas querem ter certeza de que o parceiro não as está julgando pela resposta sexual.

Vergonha & sexualidade

Julie contou que "Até recentemente, meus namorados me chamavam de 'oversexual', no sentido de demais, mesmo!".

Quando um homem anseia por sexo, ele é um homem de verdade. Quando uma mulher sente o mesmo, ela é condenada. Carmen disse: "Adoro sexo, mas alguns namorados reagiam como se eu fosse uma ninfomaníaca ou algo assim. Não faço nada diferente deles. O que há de errado em gostar de sexo? Apenas sou consciente da minha sexualidade!".

Acrescente a isso a programação geral feminina para ser insegura quanto ao próprio corpo — a insegurança inibe uma mulher, sexualmente. Se ela não se sente bem consigo mesma, expor o que acha que é um corpo sem atrativos pode deixá-la nervosa. Se uma mulher não se sente à vontade com o corpo, a auto-estima vai estar mais baixa na cama do que fora dela. Se ela não estiver se sentindo segura sobre a maneira como você a vê, dificilmente conseguirá relaxar durante o ato sexual. Eis a razão de tantos pedidos para apagar a luz...

Em uma sessão de aconselhamento, Larry contou:

> Arlete e eu ficamos casados por 15 anos. Durante todo esse tempo, raramente eu a vi nua. Ela vestia a camisola primeiro e só então tirava a calcinha, quando já estávamos prontos para ir para a cama. De manhã, ela fazia o processo inverso. Agora, que estamos divorciados, olho para trás e sinto muito por ela. Gostaria de ter entendido isso antes, para ajudá-la, mas eu não tinha a menor idéia do que fazer e achava que deveria estar fazendo alguma coisa errada. Gostaria de ter podido encorajá-la mais.

Muitas mulheres se preocupam com a maneira como um homem vê os seus órgãos genitais. Quando crianças, nos ensinaram que "lá embaixo" é sujo, então, quando um homem toca essa área, especialmente durante o sexo oral, ela fica envergonhada.

Os genitais masculinos são tidos em alta conta, quando comparados aos femininos. Termos como "as jóias da família" foram cunhados para descrevê-los. Inúmeras mulheres não têm uma relação de afeto com os seus genitais, coisa normal para um homem, o que nos deixa pouco à vontade quando eles são tocados.

Susan disse:

> Minha mãe dizia que não era legal tocar o meu corpo. Dizia também que eu deveria lavar muito bem a vulva, caso contrário o

> cheiro poderia incomodar as pessoas. É impossível não ter certo odor
> e eu estava sempre me sentindo suja. As amigas não costumam falar
> sobre isso — eu não tinha ninguém para perguntar o que era normal.
> A imagem que tinha do meu corpo era horrível. Sei que sou atraente,
> mas vivia preocupada que um namorado pudesse me dar o fora se
> descobrisse que o meu corpo não era perfeito ou pensasse que ele
> tivesse um cheiro engraçado. Nunca pude me sentir aberta ao sexo
> até que meu marido disse que adorava olhar para o meu corpo e que
> o meu cheiro o deixava maluco de tesão. Bendito marido!

As mulheres precisam ser reasseguradas na cama: saber que o companheiro acha atraente seu corpo nu e que ele gosta de tocá-la em lugares íntimos; saber que ele gosta do cheiro natural do corpo dela.

Se você se sente incomodado, mantenha o nariz longe do corpo dela — as mulheres não conseguem controlar o que acontece no seu corpo. Muitos homens dizem que o aroma natural (acho essa palavra tão charmosa... Melhor do que cheiro!) é afrodisíaco para eles. E aqueles homens que não curtem, não sabem o que estão perdendo! Este é o aroma particular da "sua" mulher e deveria ser imensamente usufruído. Ele se intensifica quando ela está excitada, o que deveria excitá-lo ainda mais. Ajude as mulheres a terem menos vergonha do próprio corpo.

Comunicação na cama

Por que a comunicação esfria quando um homem tenta esquentar a mulher na cama? Muitas mulheres não se sentem à vontade para conversar sobre sexo com o companheiro. Mesmo se ele perguntar o que ela gosta, muitas não sabem ou não querem dizer. Algumas mulheres ficam com vergonha de contar o que as agrada. Se o cara pergunta: "Como você gostaria que eu a tocasse?", ela pode não dar uma resposta direta. (Ver mais sobre isso no Capítulo 11.)

Encoraje-a a se abrir. Dê-lhe permissão para ser sensual. Ajude-a a aprender mais sobre o próprio corpo. Delicadamente, mostre como você gosta de ser tocado. As mulheres estão acostumadas a colocar um homem "no ponto". Diga que você gostaria que ela fosse mais aventureira, que tomasse a iniciativa, que tentasse coisas novas. Diga a ela as suas necessidades e seja paciente — é preciso um tempo para apagar as mensagens de que as boas moças não são sensuais.

Lauryn explicou:

> Sempre gostei de sexo, mas nunca sabia o que estava errado.
> Apenas me deitava e curtia o que estivesse acontecendo, algumas
> vezes mais, outras menos. Se um namorado perguntava do que eu
> gostava, respondia "de tudo" — eu simplesmente não sabia. Meu
> marido insistia que devíamos conversar sobre sexo. Quase morri: não
> queria que ele descobrisse o tanto que eu era ignorante! Ele fazia

amor devagar e tentava coisas diferentes, perguntando como eu me sentia. Aprendi o que me deixava mais excitada. Tentamos as coisas juntos e eu sou honesta com ele. O amor, a consideração e a paciência dele me permitiram uma abertura. Nossa vida sexual melhorou dramaticamente. Agora, eu falo mais, presto mais atenção ao que me agrada e tomo a iniciativa, às vezes. Tudo porque ele me fez sentir tão à vontade conversando com ele.

Apoiando a sexualidade feminina

Aprecie o esforço dela em ser *sexy*. Não a deixe chateada por gastar rios de dinheiro numa peça de lingerie que você vai "jogar longe rapidinho". Vestir algo que a agrada faz com que ela se sinta mais à vontade com a aparência. Enquanto ela não estiver se sentindo bem em relação ao próprio corpo diante de você, vai ser difícil para ela deliciar-se usando coisas como cinta-liga. Algumas mulheres podem tentar algo do gênero se o homem for paciente e delicado.

Muitas não sabem como agir para ser uma mulher *sexy*. As expectativas masculinas podem ser tão variadas que elas não sabem o que fazer. Se você souber deixar a sua companheira suficientemente relaxada para mergulhar nos prazeres da sexualidade, ela poderá, pouco a pouco, permitir aos instintos ultrapassar a sensibilidade e chegar ao topo.

As mulheres vêem uma grande diferença entre fazer sexo e fazer amor; ou entre sexo e romance; tesão e paixão. Elas dão muito mais emoção e significado ao sexo, de modo que esperam muito mais do que gratificação física — elas querem os enfeites: intimidade, beijos, carinho, aconchego, palavras doces, atenção a sentimentos que mostrem que ela representa alguma coisa especial para o homem.

Um homem pode querer o mesmo, mas primeiro ele quer alívio físico. Advirto as mulheres que os homens habitualmente pensam com a cabeça errada. Não estou criticando vocês por isso, vocês estão conscientes da sua sexualidade. É que elas, algumas vezes, confundem quando vocês estão com tesão e, momentaneamente, vocês dão o que elas querem de modo a obterem a satisfação que desejam. Pelo menos, sejam gratos!

As mulheres precisam de permissão para serem aventureiras. Descubra um jeito de fazê-la compreender que você gosta que ela seja mais assertiva. Ela precisa deletar a programação recebida, que ensina que uma boa moça não é sensual, livrar-se do receio de ser condenada se resolver arriscar e desejar arrasar na cama! Um homem tem o poder de redefinir a programação de boa moça, reafirmando e estimulando a companheira a explorar e experimentar com sensualidade, trazendo à tona a sexualidade que ela é capaz de experienciar com você. Estímulos positivos funcionam maravilhosamente bem! Paciência, meus queridos!

Fantasias sexuais

Todo mundo tem fantasias. Algumas foram projetadas para serem mais "normais" do que outras. Muitos homens perguntam se é bom tentar viver as próprias fantasias. Depende de como são e de quem elas envolvem. Muitas fantasias são melhores como sonhos do que na realidade. Se a sua companheira é aberta, tente devagar. Os casais contam que curtem mais *conversar* sobre as suas fantasias enquanto fazem sexo do que vivendo-as na realidade. Se os dois estão tranqüilos quanto a isso, tentem realizar uma para ver o que acontece.

Contar ao outro as próprias fantasias começa com o desenvolvimento de uma confiança indestrutível entre vocês. Vá com calma e seja sensível à reação dela. Estabeleça de saída que se um dos dois ficar desconfortável os dois pararão imediatamente.

John contou:

> Precisei de muito tempo para contar as minhas fantasias para a Jeannie. Ela é tímida e eu não estava certo sobre a maneira que ela reagiria. Tenho um livro sobre fantasias sexuais e pedi-lhe permissão para ler as histórias em voz alta. Ela gostou de ouvi-las e isso nos levou a contar ao outro uma fantasia pessoal. Jeannie gosta do jeito que isso me excita e acaba ficando excitada também. Nós dois resolvemos viver uma história e tentamos, uma noite: ela se arrumou toda e foi para um bar, onde eu a encontrei. Fiz como se não a conhecesse, nos paqueramos, eu a levei para outro lugar e a seduzi. Fizemos sexo de um jeito ótimo e variamos, de vez em quando, essa versão. A maioria das nossas fantasias é só para falar, mas essa inocente e divertida foi ótima quando vivenciada.

Recomendo que dêem uma olhada nos livros sobre fantasias sexuais. Eles ajudaram muitas mulheres a entender que é normal ter pensamentos sexuais e desejos eróticos, bem como desejar masturbar-se e ter múltiplos orgasmos.

Alguns casais confessaram que ler as fantasias desses livros em voz alta foi muito excitante. Se a sua companheira não for aberta a isso, estimule-a a ler um deles. Saber que outras mulheres têm fantasias sexuais pode ajudar a relaxar e usufruir um novo tipo de prazer. Constatar que outras se sentiram culpadas pode aliviar os demônios dela. Isso pode também ajudá-la a compreender que você não é um pervertido como ela pode achar que você é, quando compartilha as suas fantasias com ela.

Muitas mulheres se excitam com filmes pornográficos, mas primeiro precisam se sentir à vontade com você; sem falar que ela pode se sentir envergonhada quanto ao próprio corpo ao ver os corpos perfeitos das mulheres no filme e como isso deixa você excitado, portanto, mantenha firme a conexão entre vocês. Faça com que ela perceba que, de fato, é ela quem deixa a sua cabeça muito doida! Algumas podem se sentir tão ameaçadas que não há nada que as deixe seguras outra vez.

Se você gosta de ver revistas pornográficas e/ou objetos, sugiro que converse com ela em vez de ver escondido. Explique por que você curte isso, que é apenas um passatempo e não significa que alguma coisa esteja lhe faltando. Este é outro ponto em que você precisa se lembrar de ter compaixão. Ajude-a a relaxar quanto à própria sexualidade e quem sabe você até não poderá criar novas fantasias das quais ela vai querer participar.

CAPÍTULO XI

O ORGAƧMO IMPRECIƧO:

A dinâmica da sexualidade feminina

O sexo tem sido fantástico entre você e a sua namorada. Ela parece se deliciar com tudo que você faz. Você parece adorável aos olhos dela. Seu rosto fica excitado, ansioso e impaciente para ouvir a resposta positiva quando você pergunta se ela gozou. Eis, porém, que, de repente, ela já não lhe parece mais tão feliz. Ela diz que você arruinou o sexo para ela. O que aconteceu de errado? Você não tem o direito de saber se está fazendo bem o serviço? Não pode ser informado se ela teve um orgasmo? Por que as mulheres ficam tão sensíveis quando você pergunta isso a elas?

O que está errado com a pergunta: "você gozou?"

Quando um homem faz essa pergunta olhando nos olhos da parceira, em que é possível ler toda a expectativa para ouvir um "sim", o que você acha que ela vai dizer? .

Ela sabe que se disser "não", vai implodir a excitação e o ego dele, então responde que sim, independentemente de ter gozado ou não. Quando o cara está esperando pela resposta que quer ouvir, ela não vai querer arruinar o momento com a verdade. Um homem precisa pensar honestamente sobre o que quer ouvir nesse momento.

A ansiedade da performance feminina

Atingir o orgasmo é mais difícil para a maioria das mulheres do que para os homens, porque elas não têm os genitais acessíveis para serem acariciados. A maior parte da habilidade para atingir um orgasmo está "dentro da cabeça" delas. Para um homem, enquanto a atividade mental intensifica as emoções sexuais, a estimulação física faz a mágica; com a maioria das mulheres acontece exatamente o oposto: é o estado mental que tem a habilidade de abri-las ou fechá-las. Uma mulher pode estar quase tendo um orgasmo e perdê-lo por um instante de distração. Perguntar sobre o orgasmo pode fazer com que isso aconteça.

Antigamente, apenas os homens sentiam ansiedade em relação a sua performance. Eles ainda se preocupam se vão ter uma ereção e mantê-la, mas hoje as mulheres também ficam ansiosas — se vão conseguir ter um orgasmo.

Elas usam a estimulação mental para construir o orgasmo e qualquer coisa pode atrapalhar, por exemplo, um telefone que toca e corta o sonho ou a sensação de que o homem está cansado de estimulá-la, criando pressão para ela ser mais rápida. Ela, então, fica mais propensa a fingir que teve um orgasmo do que a forçar o corpo a adiantar-se. As mulheres não funcionam assim.

O maior destruidor de orgasmos para a maioria das mulheres tem duas palavrinhas numa pergunta: "Você gozou"? Ela tem o poder de interromper um orgasmo que estava quase acontecendo.

Quando o seu orgasmo está chegando, você quer ficar fazendo relatório? Quando você está perdido em um novo e interessante projeto, gosta que a namorada telefone para saber a que horas você vem?

Como a habilidade dela para ter orgasmos é mais frágil do que a dele, perguntar a afeta mais. Ela está perdida nas próprias sensações e curtindo o toque dele. Quando vai ficando mais perto do orgasmo, ela coloca a atenção na emoção que lhe percorre o corpo — mas pode perder tudo em um segundo, se você fizer a fatídica perguntinha. "Já gozou?"; será a mesma coisa que cutucar um balão com um alfinete: estoura na hora!

Laura contou:

> Jake é o melhor amante que eu já tive. Não que ele tenha super-habilidades ou algum poder especial, mas considera as minhas necessidades. Quando o encontrei, nunca tinha tido um orgasmo com um homem. Estava muito centrada em fingir orgasmos e nunca relaxava o suficiente para realmente ter um. Os outros caras diziam que nunca estariam satisfeitos enquanto não soubessem que eu tinha atingido o clímax, então, mesmo não tendo, eu fazia toda a cena. Eles ficavam satisfeitos com a minha performance e paravam. Jake começou me perguntando do que eu gostava. Ele disse que queria que eu me sentisse bem. Que transformação! Como ele nunca me perguntou sobre orgasmos, parei de fingir e permiti que o meu corpo curtisse o dele. Esse homem me permitiu gozar quando não me pressionou. Hoje, algumas vezes eu gozo, outras não. Ele sabe a verdade e está bom assim. Jake quer me deixar satisfeita e faz de tudo para que isso aconteça. Um amante sensacional!

Mas, afinal, o que é um orgasmo?

O que você quer: saber que sua companheira está satisfeita ou saber que lhe deu um orgasmo?

Pense nisso. Muitos homens pensam que para uma mulher curtir o sexo, ela precisa ter um orgasmo, então eles precisam ter a confirmação de que o orgasmo aconteceu. Outros querem sinceramente que ela esteja satisfeita, mas alguns querem ouvir um "sim" mesmo se for mentira. Se um homem quer saber, o que ele precisa mesmo é perguntar-se por quê. Não será para agradar ao próprio ego? Ou como uma confirmação de como ele é habilidoso?

A necessidade masculina de atingir metas faz com que o orgasmo da mulher seja um objetivo para muitos homens. Enquanto isso, a satisfação dela está a um distante segundo...

As mulheres reclamam que os homens não as ouvem. A pergunta sobre o orgasmo pode tornar-se mais importante do que o que a companheira gosta e elas acabam reclamando que eles não estão realmente se importando com isso, porque, se o homem for mais consciente, poderá perceber sozinho.

As mulheres dizem que se sentem contentes porque os homens estão preocupados em agradá-las, mas querer um orgasmo para ele, não para ela, não as agrada.

Janelle reclamou:

> Earl não aprende e segue perguntando se eu tive um orgasmo ou não. Perguntei para ele qual era a dele, onde estava o problema, mas ele respondeu que queria saber. Perguntei por quê. Às vezes, estou quase chegando lá e esse cara estraga tudo ao abrir a boca! Me sinto como se fosse um jogo: ele está tentando acertar a argola no pino para ganhar o prêmio ou algo assim e meu orgasmo seria esse prêmio. O cara fica radiante quando eu digo que sim. Seria só ele calar a boca que eu gozaria muito mais vezes, mas não acho que ele esteja realmente preocupado com isso. Os homens e seus egos!

Muitas mulheres que têm orgasmo facilmente ficam excitadíssimas quando o parceiro quer ajudá-las, mas outras se sentem pressionadas e é aí que não conseguem mesmo. Pergunte para a sua companheira como ela gosta e faça como ela indicar. Se ela quiser lhe oferecer o seu orgasmo, fará de tudo para que ele aconteça. Veja como ela se sente. O melhor é divertir-se mais com o sexo e preocupar-se menos em atingir os objetivos!

Orgasmos simulados

Algumas mulheres não precisam fingir orgasmos, porque os têm com facilidade, mas muito mais mulheres do que você pensa fingem, pelo menos de vez em quando. Elas até têm orgasmos de verdade, mas não se sentem seguras o suficiente para manter o parceiro à distância. As mulheres não querem fingir, mas sentem que não têm escolha. Os homens podem mudar isso. Dê à companheira o que ela precisa — não o que você acha que ela precisa — de modo que os dois possam ficar satisfeitos na cama.

A pressão das mensagens

A maioria dos homens está preocupada em agradar às mulheres e isso me deixa muito contente. Uma parte dos que ainda não entraram para esse time está tentando mexer nas programações originais e permitindo ao seu lado machão penetrar na sua necessidade pela mulher e mudar.

Os homens enviam mensagens mais ou menos sutis às mulheres fazendo pressão para que tenham um orgasmo. Um número considerável de homens disse que se a mulher fez um bom trabalho ao fingir é sinal que é assim mesmo.

Quando perguntei: "Até que ponto é importante para o seu prazer que a companheira tenha um orgasmo?", mais de 50% dos entrevistados responderam que é *muito* importante. Perguntei, então, por que era tão importante. Vamos analisar algumas razões:

Sam:

> Espera-se que o homem dê orgasmos à mulher. Elas reclamam que a gente não liga, então eu faço tudo que posso para ter certeza de que ela gozou. Sempre espero que ela me diga quando acontece.

Fico até surpresa que muitos homens não peçam que ela informe por escrito! Supõem que sexo seja uma diversão, não que se trabalhe para atingir objetivos. O que você deveria perguntar é o que ela *quer*.

Craig:

> Levá-la ao orgasmo faz com que eu realmente me sinta um homem. Os amigos estão sempre contando que conseguem, então eu também devo ser capaz, certo?

Errado! O orgasmo dela não é um troféu ou um alvo. Você está lidando com uma mulher, não com um jogo de videogame que você joga com os amigos para ver quem faz mais pontos. Um homem de verdade busca o que a companheira gosta e lhe dá como um presente. Por favor, separe o seu ego do orgasmo dela!

Jon:

> Fico alucinado quando ela parece estar gozando. Isso aumenta enormemente o meu prazer.

E o prazer dela, cadê??? Esta atitude reforça a teoria de que uma mulher deve gozar para você, não para si mesma. A excitação dela é que deveria enlouquecê-lo, bem como o fato de ela ficar satisfeita já deveria ser o suficiente. Se você gosta mesmo é de teatro, arranje uma atriz!
Gregory

> Me sinto horrível se não tenho um orgasmo quando transo, então não consigo imaginar que uma mulher possa ficar satisfeita sem gozar.

Pare de imaginar e ouça. ALGUMAS MULHERES PODEM FICAR SATISFEITAS SEM UM ORGASMO! Se eu lhe disser que sexo pode ser satisfatório sem orgasmo, é porque é verdade. Vocês, homens, não conhecem o corpo da mulher melhor do que elas, então tratem de aceitar o que lhes digo. Se sua parceira mente, significa que é responsabilidade dela se ela vai ficar satisfeita ou não. Respeite as escolhas que ela faz.
Glenn

> É muito mais divertido se ela também goza! Isso torna as coisas mais recíprocas. Eu não me sentiria bem em ter o meu orgasmo e ela não. Se eu tive um, por que ela não teria o dela?

Reciprocidade é admirável, mas o corpo da mulher não funciona do jeito que você decreta! Seu prazer não pode ser movido pelo dela. Você pode não ficar satisfeito se não acreditar que ela está satisfeita, quando ela realmente está. Eis um desperdício do que poderia ser um ótimo sexo!
Judd:

> Me sinto um fracasso se a mulher com quem eu estiver não gozar. Será que estou fazendo algo errado ou alguma coisa está errada com ela? Fico furioso quando uma mulher admite que não conseguiu. Se ela estava na minha, será que ela não deveria ter-se "acendido" o suficiente para ter um orgasmo?

Não. O orgasmo da mulher envolve mais do que isso. Não o considere como nada pessoal (muitas mulheres sabem que é assim que vocês fazem!). Você só será um fracasso se ignorar as informações que a parceira lhe dá.

Por que as mulheres fingem o orgasmo?

A muitas mulheres foi ensinado que deveriam ficar satisfeitas se o homem está e que deveriam dar a ele o que parece que ele quer — o orgasmo dela, por exemplo, mesmo se for fingido. Elas sacrificam o prazer em troca da segurança. Algumas mulheres precisam ser mais estimuladas do que acham que você está disposto a fazer e elas podem ficar tímidas por fazer mais pressão para serem levadas ao orgasmo.

Eis algumas razões que levam as mulheres a fingir:

Susan:

> Quando não consigo ter um orgasmo, levo para o lado pessoal: preocupo-me se não há algo errado comigo. Por quê? Culpa dos homens. Eles perguntam em um tom de acusação a razão por eu não ter conseguido, então eu penso que há algo errado comigo... Gosto de sexo e fico satisfeita. Meus namorados dizem que todas as mulheres têm orgasmos. Eles fazem com que eu me sinta culpada por não ter os orgasmos que eles querem que eu tenha, daí eu finjo.

Talvez todas as mulheres com quem eles transaram os estejam enganando! Uma mulher não pode fazer com que o corpo seja diferente do que é. Não há nada de errado com ela, se não consegue ter orgasmos facilmente. Por não entenderem bem o próprio corpo, muitas mulheres pensam que é culpa delas quando não conseguem. Nós não chamamos seu orgasmo de "dever"! Vocês podem levar embora o orgasmo da companheira ao fazer com que ela se sinta inadequada.

Louella:

> Me sinto estúpida, se não tiver um orgasmo. Tive parceiros que fizeram de um orgasmo uma coisa tão importante, que cheguei a ter medo de perder o cara, caso não gozasse. Supõe-se que o sexo seja agradável, embora eu possa ficar tão preocupada para ter um orgasmo que aí é que ele não acontece mesmo! Raramente tenho orgasmo com um homem, por isso eu finjo. E eles ficam felizes comigo.

Judith:

> Tenho medo que o meu namorado me largue. Detesto desapontá-lo.

Uma mulher se sente um fracasso se não gozar para você. E alguns homens disseram mesmo que seriam capazes de acabar com o relacionamento se ela não tiver orgasmos com você. As mulheres sabem que isso já aconteceu. O fato de termos um orgasmo é tão importante para os homens que muitos não ficam se a mulher não gozar sempre. Na impossibilidade, ela finge.

Kendra:

> Na primeira vez que fui para a cama com o meu namorado, ele estava inseguro, então fingi para lhe dar confiança — e criei um problema. Preciso ser mais estimulada para ter um orgasmo de verdade, mas depois de fazer aquela cena toda, não posso dizer isso a ele. Ele pensa que é o máximo e eu penso que sou uma perfeita idiota por colocar o ego dele em primeiro lugar.

Peni:

> Preciso de mais tempo do que tenho coragem de pedir, pois, eventualmente, finjo para que ele se sinta menos mal. Gostaria que ele respeitasse isso, mas ele faz com que eu sinta que preciso de mais tempo do que a maioria das mulheres.

Muitas mulheres ficam preocupadas por precisarem de muito tempo para atingir o orgasmo — afinal, ninguém quer ficar aborrecendo o cara... A programação de boa moça que elas receberam faz com que se sintam pouco à vontade para pedirem o que precisam. A mulher realmente demora mais tempo do que o homem para atingir o orgasmo. Aprenda a curtir dar à companheira o que ela precisa e diga isso a ela.

LaTonia:

> Geralmente, tenho orgasmos com o meu homem. Algumas vezes, sei que não vou conseguir, independentemente do que ele fizer. Posso estar cansada, ou apenas o meu corpo não está a fim e fico satisfeita sem gozar. Ele, porém, é capaz de ficar fazendo amor a noite inteira, se souber que não deu para mim, assim, nessas ocasiões, eu finjo. Talvez ele até entenda se eu lhe disser a verdade, mas já vivi essa história com outros homens. Algumas vezes, não estou mesmo a fim de ser mais estimulada.

Stephanie:

> Algumas vezes, meu namorado realmente se esforça. Se eu sei que o orgasmo não vai acontecer de verdade, finjo para dar um tempo para ele, que nunca vai acreditar que não há algo errado entre nós, se eu não gozar.

Barb:

> Quando já tive a minha cota de prazer e sei que o cara vai levar isso para o lado pessoal, se eu não gozar, eu finjo.

Algumas vezes, o corpo não quer um orgasmo. Apenas isso. Toda mulher que tem orgasmos regularmente diz que já lhe aconteceu: o sexo pode ser satisfatório, mas ela não consegue terminar. Nenhuma delas sabe explicar o motivo e todas ficam preocupadas se o companheiro não vai pensar que alguma coisa está errada, o que não é o caso. É assim que o corpo da mulher funciona. Relaxe, se não for sempre que as mulheres tiverem orgasmo com você. Não leve para o lado pessoal! Se ela disser que foi ótimo e está satisfeita, aceite. Por que forçá-la a fingir?

Como as mulheres fingem o orgasmo?

Muitos homens disseram que sempre sabem quando a companheira gozou, mas a maioria admitiu que não consegue perceber. Alguns disseram que não ligam se ela finge, desde que isso intensifique o seu prazer.

E você, pode dizer com certeza?

Quando meu namorado da época e eu fomos assistir ao filme "When Harry met Sally", ele morreu de rir: não podia acreditar que as mulheres pudessem fingir orgasmos tão bem quanto Meg Ryan. Você precisava ver a cara dele quando, depois, fiz a maior cena, com autênticos gemidos e os sons costumeiros de quem está gozando...

Como você tem certeza de que sua companheira está realmente sentindo o que demonstra? Alguns homens dizem que podem sentir os músculos se contraindo e uma onda de calor e umidade. Uma mulher pode fingir gemidos e contração de músculos, pode arquear as costas, mas não pode fingir umidade. Se ela está ficando cada vez mais molhada, é sinal de que está reagindo. Algumas ficam mais molhadas do que as outras. Não ficar molhada não significa que não está excitada ou que não gozou. De qualquer maneira, se ela está molhada, você pode ter certeza de que está gostando. Só que isso não quer dizer "orgasmo". Só ao ficar excitada, uma mulher já fica molhada e isso é ótimo: significa que ela está curtindo tudo.

Considerações sobre a sexualidade feminina

Você ficaria chocado se soubesse o número de mulheres que participam dos meus seminários e que perguntam com que um orgasmo se parece, porque elas não têm certeza se já tiveram um — e isso significa que não tiveram! Outras conseguem sozinhas, mas não com um homem.

Quero explicar como o corpo da mulher trabalha em sintonia com a mente, para que você saiba onde está pisando.

O corpo e a mente

Eu disse que as mulheres não foram levadas a gostar do próprio corpo ou a se sentir à vontade com ele. A sexualidade é exaltada no homem. Com elas é diferente. Elas não têm sequer um termo gentil que defina os seus genitais. Que palavra devo usar se precisar falar do meu "lá-embaixo"?

Esta é a maior diferença entre um homem e uma mulher: ele é dono da sexualidade, ao contrário dela. O corpo dele sinaliza a excitação pela ereção, enquanto os sinais do corpo dela são mais sutis e freqüentemente ela não percebe ou não os consegue reconhecer. Se uma mulher não descobre a sua sexualidade facilmente, pode nem sequer saber que a tem! Desde cedo, na programação feminina, sexo é associado a amor. Muitas mulheres nem sabem que supõe-se que elas também fiquem excitadas.

Dee só descobriu sua sexualidade na idade adulta:

> Quando eu era menina, não fazia a menor idéia do que seriam as emoções sexuais. Sabia que os meninos se masturbavam, mas eu e minhas amigas ríamos disso. Pensava que minha vagina fosse um lugar em que meu marido poderia colocar o pênis para se divertir e para fazer um nenê. Quando eu tinha 16 anos, um namorado colocou a mão no meio das minhas pernas e perguntou se era gostoso. Eu nem sabia que deveria achar bom! Ele ficou chocado e eu muito embaraçada. Meu corpo ainda precisou de dois anos para acordar e eu curtir as "esfregas" dos namorados, mas precisei de outros anos mais para começar a me masturbar. Meu namorado não consegue acreditar, mas como eu poderia aprender, se ninguém conversava comigo sobre sexo? Quando eu me sentia meio molhada, pensava que um pouco de xixi tivesse escapado. Tudo que minha mãe me disse foi que eu deveria me lavar lá embaixo ou o cheiro poderia incomodar as pessoas. Minhas amigas nunca discutiam esse assunto, exceto para rir dos meninos. Não havia livros nem ninguém para perguntar. Crescemos com tanta culpa que muitas de nós jamais conseguiu se tocar, mesmo se estava com tesão. É de se admirar que eu ainda tenha conseguido aprender!

A maioria das mulheres descobre a sexualidade depois dos homens — se descobrir — e espera que um Príncipe Encantado a faça desabrochar, usando as palavras mágicas certas. As mulheres colocam um fardo sobre os ombros dos homens, mas, normalmente, não dizem para onde devem levá-lo. Por que você acha que muitas mulheres não sabem o que dizer ou dizem "tudo" quando você pergunta do que elas gostam? Elas podem realmente não saber!

Por outro lado, para os homens é fácil. Os genitais são aparentes e eles se sentem à vontade com o pênis, já que estão acostumados a lidar com ele. Um pênis é um amigo, uma fonte de prazer, o cerne da masculinidade, seu orgulho. A maioria dos homens conta que aprendeu a acariciá-lo quando jovem, repetidamente, por acaso. Assim, os homens não precisam procurar por ele. É fácil encontrá-lo e tocá-lo.

Os pontos sensíveis do corpo da mulher não são fáceis de ser localizados. A maioria das mulheres não se torna amiga dos seus genitais quando é criança. Apenas as grandes felizardas aprendem cedo — e ainda dá para chamar de felizardas as que aprendem no início da idade adulta. Uma grande porcentagem precisa de um longo tempo, e algumas nunca conseguem encontrar os seus pontos de prazer.

A maioria das mulheres cresce vendo a área vaginal como um lugar mal cheiroso e pouco atraente. Ensinam-nos a ser limpas. E muitos homens reforçam essa idéia. E ainda tem a menstruação...! Assim, por que tocar esse lugar? O clitóris não é um lugar óbvio para se colocar o dedo! Existem mulheres que nem sabem o que é um clitóris e só descobrem onde fica depois que um homem o localiza!

Muitas mulheres nunca têm orgasmos. Afinal, elas não costumam explorar a sexualidade e ninguém lhes mostrou nada. Não é simples para elas. Se uma mulher esfregar o seu pênis, você provavelmente gozará. Ela não consegue encontrar o clitóris assim tão fácil como é para vocês!

É verdade também que a maioria das mulheres não é familiarizada com o próprio corpo. David dividiu sua experiência com o grupo:

> Quando comecei a fazer sexo com a Joyce, perguntei o que ela gostava. Tive como resposta o tradicional "Tudo". Respondi que não era um professor, mas queria agradá-la. Ela confessou que não sabia. Perguntei se ela sabia onde ficava o clitóris e com que se parecia. Quando ela disse que não, busquei um espelho e pudemos explorá-lo juntos. Rimos muito, enquanto procurávamos por ele e o examinávamos. Ela contou que nunca tinha tido nenhuma fonte de aprendizagem sobre o seu corpo e que era tímida. Ela ficou feliz por eu tê-la feito ver. Isso deu-lhe a chance de conhecer melhor o próprio corpo e agora ela já sabe mais. Estamos ficando ótimos na arte da comunicação e sobre o que deixa o outro realmente excitado.

Mostre o caminho a ela! Se uma mulher nunca tiver um amante paciente que sinta prazer em agradá-la, poderá nunca aprender a se abrir sexualmente. Se você quer a melhor oportunidade de dar um orgasmo à companheira, procure conhecê-la antes. Se ela lhe der respostas evasivas, experimente coisas diferentes e vá perguntando o que a agrada mais. Explore o corpo dela. Guie-a. Dê-lhe opções.

Monica contou à classe como o marido ensinou a ela:

> Quando perdi a virgindade, meu namorado não fazia a menor idéia de nada — e fez o que achou bom para ele. Meu namorado seguinte perguntou o que fazer, respondi que não sabia e ele fez lá do jeito dele. Não podemos culpar os homens se nós não sabemos como conduzi-los, mas eles precisam entender a nossa ignorância. Muitas das minhas amigas também estão no escuro sobre o próprio corpo, de modo que, se o homem não se sujeita a tirar um tempo para ajudar, eles nunca conseguirão agradar à maioria das mulheres. Meu marido me deu o maior presente: queria me dar prazer e provou isso. Eric tentou toda a sorte de estímulos até que eu respondesse. À medida que eu relaxava, ele ia ficando mais paciente. Quando tive o meu primeiro orgasmo, sentimos que foi resultado do esforço de um time. Agora, temos o sexo mais quente e intenso possível — e tudo porque meu marido me deu a oportunidade de acreditar nele o suficiente para me abrir.

O principal fator para levar a maioria das mulheres ao orgasmo é a confiança. A maioria delas não pode se soltar porque está receosa do que o seu corpo fará durante um orgasmo e preocupada que o homem possa se "apagar". Elas pensam coisas como: "Será que fiz xixi nele?", "Será que não estou molhada demais?", "E se eu soltar um pum, será que ele não vai esfriar?"; ela precisa confiar muito nele para correr o risco.

O momento de um orgasmo é a perda total do controle e ela precisa estar à vontade para se soltar. Diga a ela — em palavras ou atos — que o aroma pessoal do corpo dela é do seu agrado; que você a aceita como ela é; que você adora olhar para o corpo dela; que você não está com pressa e vai estimulá-la o tempo que for preciso. Ajude-a a relaxar e vocês poderão compartilhar a recompensa da sexualidade dela. Você vai adorar!

Masturbação

Os homens perguntam com que freqüência as mulheres se masturbam. Eles pensam que todas as mulheres se masturbam, mas muitas mulheres dizem que não o fazem regularmente — se respondem!

É difícil para elas conversar sobre isso. Elas costumam contar tudo para as amigas, inclusive detalhes da vida sexual (desculpem-me, rapazes, é a verdade!), mas raramente falam sobre este tema. E como não há ninguém disponível para conversar a esse respeito, muitas não ficam nem sabendo que isso é possível, muito menos "como se faz".

Foi por essa razão que incluí um capítulo sobre a masturbação no meu livro "Todos os Homens São Idiotas — até que se Prove o Contrário". Algumas mulheres estão ligadas no próprio corpo, mas muitas não estão.

Jayde contou:

> Antes dos 20 anos, eu nem sabia que as mulheres se masturbavam. Quando Bob e eu transávamos, ele percebeu que eu não tinha orgasmos e perguntou se eu os tinha sozinha. Fiquei horrorizada! Bob me explicou que é normal para a mulher e me deu um vibrador de presente. Fiquei assustada e confusa, mas finalmente usei — e funcionou! Depois que aprendi um pouco sobre a minha sexualidade, consegui conversar a esse respeito com a minha melhor amiga e uma encorajava a outra. Desde pequena, via a minha vagina como um tabu e nunca tocara nela, exceto para lavar. Ficava excitada durante o sexo, mas nunca entendi o que estava acontecendo. Bob e eu não estamos mais juntos, mas devo a ele a descoberta da minha sexualidade. Agora, estou mais aberta e tenho ensinado a algumas amigas as delícias da masturbação. Por causa dela, tenho muitos orgasmos com o meu marido.

Alguns homens disseram que não gostam de saber que a parceira se masturba. Problemas de ego — eles se perguntam por que ela precisa mais do que o companheiro lhe dá. Acontece que uma mulher pode dar a si mesma um orgasmo com mais facilidade, porque sabe instantaneamente quando atinge o ponto certo. E é a prática que leva à perfeição.

Embora eu não possa falar em nome de todas as mulheres, posso lhes assegurar que a grande maioria não vê a masturbação como uma boa substituta para o amor a dois. Masturbar-se serve apenas para que ela mantenha uma sintonia com a sua sexualidade. Quanto mais se masturbam, mais quentes ficam.

Louis aprendeu a apreciar isso:

> Elizabeth e eu tínhamos uma excelente vida sexual. Eu não sabia que ela se masturbava até um dia que cheguei mais cedo em casa e vi quando ela se esfregava com as mãos. Fiquei olhando e não conseguia acreditar! Se eu soubesse que ela fazia isso, teria me perguntado se eu não era suficiente para ela, mas, naquele momento, eu não conseguia parar de olhar — e, enquanto olhava, fazia o mesmo. Nós dois atingimos o orgasmo e me senti completamente realizado. Hoje, gosto de olhar o jeito que ela faz e de fazer o mesmo nela. Ela contou que sempre gostou de se curtir e que isso a deixa mais excitada para mim. Gosto disso. Algumas vezes, nós nos masturbamos juntos e, então, terminamos juntos. É um tesão!

Se você está à vontade em um relacionamento, experimente pedir a ela para ficar olhando enquanto ela se masturba e faça o mesmo para ela. Isso dá uma excelente oportunidade de ver como o outro gosta de ser tocado. Ver como ela faz para ter um orgasmo fará com que você fique melhor ainda para ela! E, se ela não se masturba, encoraje-a a fazê-lo.

Judy contou:

> Gary estava sempre perguntando o que eu gostava na cama, mas eu não conseguia responder: sentia vergonha de admitir que, embora gostasse de sexo, nunca tinha tido um orgasmo. Quando finalmente contei, ele se esforçou ao máximo para me ajudar, mas nunca consegui relaxar o suficiente para gozar. Estava assustada com o que poderia acontecer. Gary me encorajou a explorar o meu corpo e, finalmente, consegui ter um orgasmo sozinha. Assim que ultrapassei os meus medos, comecei a ter orgasmos com ele. Antes, eu gostava de sexo. Agora, é muito mais intenso e gosto muito mais.

A dinâmica para agradar à mulher

Muitos homens reclamam que as mulheres demoram demais para atingir o orgasmo. Vocês admitem que ficam impacientes, cansados ou querem gozar logo e dormir. Alguns homens (que Deus os abençoe!), expressam alegria e entusiasmo com o pensamento de estimular uma mulher a se satisfazer. Os que não pensam assim, alimentam na mulher a sensação de deixá-los "de molho" e o acanhamento por precisar de tanto tempo.

Deixe que ela perceba que você adora agradá-la. Diga como ela tem um gosto bom e que você adora tocar as suas partes mais íntimas. Nós precisamos disso!

Uma mulher gosta de sexo mesmo que não tenha orgasmo? Sim! Sim! Sim!

Entendam isso, rapazes: o corpo do homem e o corpo da mulher atuam de maneiras diferentes. A grande maioria das mulheres diz que é a qualidade da experiência sexual que determina a sua satisfação: a sensualidade, a paixão, os tipos de contato físico. É claro que elas querem ter um orgasmo, também, não vou mentir, mas isso não tem a importância que tem para vocês.

Lisa explicou: "Fico mais satisfeita em uma relação sexual sem orgasmo do que quando tenho dez sozinha".

Embora muitas mulheres queiram ter um orgasmo toda vez que transam, algumas dizem o mesmo que Lisa.

Se você se preocupa em agradar ao seu amor, pergunte fora da cama o que ela gosta e precisa. Para ficar satisfeita, ela precisa ter um orgasmo toda vez que vocês se amam? De qualquer maneira, ponha mais energia em fazer com que ela se sinta bem do que em atingir orgasmos como um objetivo. Em vez de perguntar se ela gozou, pergunte "Quer mais alguma coisa?" ou "Quer alguma coisa especial?" "Quer que eu continue ou você está satisfeita?" "O que você gostaria que eu fizesse?" Faça com que isso soe como um prazer, não como uma obrigação. Os homens tendem a ver o orgasmo como a satisfação primeira durante o sexo, o que não acontece com todas as mulheres. Ao enfocar a satisfação da companheira ou se ela precisa de mais estímulos, os orgasmos virão.

Um ambiente favorável ao orgasmo

Para ampliar o potencial da sua companheira para ter um orgasmo, crie um ambiente relaxante para ela. Seja paciente. Aja como quem está disposto a esperar o tempo que ela precisar para ter um orgasmo. Devagar e sensualmente, busque as melhores condições. Seja romântico. Traga-a para o mundo da sensualidade antes de levá-la para a cama. Segure as mãos dela. Sorria. Fale sobre os seus sentimentos e emoções, mesmo se isso aborrecer o seu lado prático. Deixe que as coisas aconteçam naturalmente e esqueça o seu próprio ego, de modo que você não pense no corpo dela como um trabalho a ser executado e que deve apresentar resultados específicos. Relaxe e usufrua. Assim procedendo, você estará tornando mais fácil para ela ter um orgasmo. Concentre-se no que ela disse que a satisfaz e não em fazer do orgasmo uma meta.

Comunique-se com a sua companheira. Esteja aberto para perguntar e faça com que ela perceba que você realmente quer dar o que ela precisa. Preste atenção ao que ela diz, em vez de fazer o que o agrada. Se você entender tanto os sinais óbvios quanto os sutis que ela está lhe enviando em resposta aos seus toques, estará aprendendo exatamente o que ela gosta. Quanto maior for o tempo que você estiver com a mesma pessoa, mais fácil será saber o que fazer para satisfazê-la.

Ganhe a confiança dela com o que já foi explicado anteriormente. Os próximos capítulos oferecerão a você direções mais específicas a seguir.

CAPÍTULO XII

QUENTE E SEXY:

Como esquentar uma mulher

Você está com uma mulher que realmente lhe agrada. A noite foi romântica. Você levou-a em casa e ela o convidou para entrar. Tudo lhe diz para ir em frente. Os olhos dela o convidam. Você a beija delicadamente. Ela responde com entusiasmo. Você diz como é fantástico estar com ela. Ela retribui o elogio. O beijo seguinte é mais intenso. Ela suspira. Você acaricia o rosto dela e ela sorri. Você a abraça, beija e acaricia os seios cada vez mais intensamente, mas assim que se ajeita em cima dela, ela pula fora e o acusa de só estar interessado em sexo. O que você fez de errado? Ela parecia estar na sua!

Você quer o sexo mais quente e intenso possível? Você adoraria que ela quisesse estar com você porque você sabe deixá-la maluca na cama?

O processo começa neste capítulo. Você pode ter as técnicas sexuais mais precisas, mas elas não valem nada se a parceira não estiver receptiva a elas. Mesmo as mulheres que adoram sexo podem ficar aborrecidas por causa da maneira com que são tratadas.

Uma mulher quer sentir que você está com ela por ela mesma, não para se deitar com alguém. Ela precisa estar razoavelmente certa de que você quer fazer amor particularmente com ela e não sentir que toda a sua delicadeza e doçura foram apenas um meio para levá-la para a cama. Todas as suas intenções de tornar-se um grande amante podem desmoronar, se você pensa que pode se esquecer das preliminares com as mulheres. Alguma pode, eventualmente, ficar com você por um tempo, mas ela provavelmente nunca ficará satisfeita.

Os jogos de amor preliminares são o aperitivo do sexo e são usados para abrir o apetite para a comida. É como o lubrificante que faz o carro andar macio. As tecnologias mais avançadas são usadas na fabricação dos automóveis, mas sem um simples lubrificante, o carro vai endurecer e parar. Você pode fazer sexo sem preliminares, mas por que arriscar não preparando o corpo dela para isso? Jogos preliminares podem ser simples, fáceis, divertidos; com certeza, este é o melhor prelúdio para agradar uma mulher na cama.

Preciso lembrar-lhe de que o que é tradicionalmente conhecido como jogos preliminares não devem ser confundidos com penetração. Excitar todas as partes do corpo da parceira constitui o jogo sexual. Penso na penetração como uma faceta do sexo. Preliminar **é** sexo, apesar do que alguns políticos pensam! Eles constroem a intimidade. Toques, carícias, olhadelas... Tudo isso é parte de fazer amor. Todos os aspectos das preliminares excitam uma mulher e são parte do ato de fazer sexo. Isso a prepara para a relação sexual e, além de lhe dar orgasmos, é satisfatório por si mesmo. Curta tudo que você tem direito!

Preservativos

As carícias preliminares começam com sexo seguro. As mulheres comentam que muitos homens não querem usar preservativos e fazem tudo que podem para evitá-los. Acordem! Não importa quão gentis vocês sejam ou quão cuidadosamente escolham uma parceira — vocês estão correndo riscos!

Por que usar um preservativo?

Todo mundo está vendo as advertências, mas os homens adoram se fazer de loucos. Se uma mulher não concordar com as razões que eles inventam para não usar o preservativo, eles põem a capa de Super-Homem, o invencível, e tiram vantagem disso. Regras idiotas essas, quando se está apaixonado...

Os homens dão desculpas tão esfarrapadas para não usar um preservativo... Não queira nem saber se ele está bêbado ou desprevenido. Mande-o tomar um banho frio e esperar! Já vi muitas vezes homens "normais", bem-educados, limpos, heterossexuais contraindo AIDS e outras DSTs (Doenças Sexualmente Transmissíveis) de mulheres "normais", bem-educadas, limpas e heterossexuais! É hora de levar isso a sério!

Gary explicou:

> Odeio usar preservativos! É diferente para uma mulher, mas, para mim, ele leva o prazer embora. Algumas mulheres insistem em usá-los, mas eu sou capaz de fazer qualquer coisa para convencê-la do contrário. Sou bom em analisar as mulheres, e todas com as quais saí, não têm cara de quem têm esse tipo de doença. Elas têm classe, foram educadas com esmero. Nem consigo imaginar uma coisa dessas numa delas! E só de pensar, já fico todo arrepiado!

Pense e fique mesmo todo arrepiado!

Os homens mentem. As mulheres mentem. Estudos indicam que muitas pessoas esperam até que o relacionamento fique sólido para contar ao outro sobre a doença sexualmente transmissível da qual é portador. Isso porque muitos nem sabem que têm a doença, pois não têm os sintomas. Ninguém pode ter certeza, não importa quão limpa ela possa parecer ser.

Sheila confessou:

> Eu tenho herpes. Isso aconteceu antes que eu, uma boa moça, pudesse saber alguma coisa a respeito. Peguei de um namorado que nunca me contou que tinha. Ele pensou que, enquanto ela não ficasse aparente, eu estaria a salvo. Bem, não estava. Deixei-o, mas tenho de conviver com isso pelo resto da minha vida. E é um pesadelo! Você acha que eu aviso aos homens com quem durmo? Não. Sugiro que usem preservativos, mas se eles são tão estúpidos que ignoram meu pedido, o que posso fazer? Detesto brigar por causa disso. Tento ser cuidadosa e fazer sexo quando acho que não está em fase de contágio, mas foi assim que meu namorado fez e olha o que aconteceu comigo!

Como dissipar os argumentos para não usar um preservativo

Os homens têm uma variedade tão grande de desculpas e explicações para não usar um preservativo quantas são as variedades dos mesmos no mercado. Aqui vão alguns exemplos — você já usou algum deles?

"Gente boa não pega doença."

AIDS e outras DSTs podem atacar em alguns grupos mais do que em outros, mas eles pegam "gente boa" também. Herpes e outras DSTs são as que predominam tanto no meio de profissionais educados quanto nos outros grupos. Não imagine que só as pessoas que são diferentes de você podem pegá-las. Cuidado! Sexo seguro não é a sua habilidade de discernir qual mulher não oferece riscos.

"Não é tão bom com aquela 'capa'!"

Vocês reclamam que a sensação durante a relação sexual é reduzida ou que arruína o prazer completamente. As mulheres também não gostam. Sexo sem preservativo é muito mais prazeroso, mas você não acha que a sua vida é mais valiosa do que um orgasmo?

"Eu não deveria confiar nela, já que estamos namorando?"

Sexo seguro não tem nada a ver com confiança. Quase todos os meus namorados sabiam que podiam confiar em mim o suficiente para esquecer os preservativos, mas como pode uma pessoa saber que a outra não tem doença nenhuma? Se vocês se preocupam um com o outro, fazer um exame de laboratório pode ser o próximo passo para a construção da confiança em um relacionamento.

"O preservativo afeta a minha ereção."

Os homens dizem que é embaraçoso quando não conseguem manter o pênis ereto. Compreendo que ele fique nervoso quando vai fazer sexo pela primeira vez com uma mulher e que o preservativo coloque mais estresse na ereção. Alguns homens admitem que estão acostumados a usar um preservativo e a manter a ereção, mas se estender muito o tempo, podem perdê-la. De qualquer maneira, não deixe de usá-lo; ele deve ser uma parte da relação sexual. Permita que a parceira o coloque em você, sensualmente. A prática torna a ereção mais perfeita com um preservativo!

"Pensar em pegar uma doença faz lembrar os outros homens do passado dela."

Caia na real: todo mundo tem um passado. Se você não quer lidar com ele no futuro, proteja-se desde já.

Lenny confessou:

> Quando conheci a Sara, sabia que ela seria a pessoa com quem eu ficaria por um longo tempo. Ela não forçou para eu usar um preservativo e eu muito menos. Não queria considerá-la como alguém que pudesse ter uma doença. Seis meses depois, descobri que estava com herpes. Ela confessou que sabia que tinha, mas pensou que tínhamos feito sexo durante um período seguro. Agora, tenho de carregar isso pelo restante da vida. Não quis falar com ela sobre os homens do passado. Ela parecia tão doce e inocente...

"Uso preservativo, sim, mas não quando estou namorando firme."

O passado dela ainda está lá! As DSTs nem sempre mostram a sua cara feia o tempo todo! Laura disse: "Todd e eu éramos cuidadosos no começo, mas quando fomos morar juntos, quatro meses depois, achamos que poderíamos parar de usar preservativos. Descobri depois que eu tinha verrugas vaginais e agora nós dois temos. Isso me deixou tão envergonhada...".

Não brinque com fogo: sexo seguro é você e a parceira fazerem exames antes.

Converse com sua parceira em potencial sobre sexo seguro antes dos arroubos da paixão. Parar de tomar cuidados quando o relacionamento se solidifica não é seguro. Fazer exames de HIV e outras DSTs é o único jeito de ficar confiante.

Pare de inventar desculpas! Muitos estudos indicam que uma grande porcentagem de homens não aceita que ter uma DST é comum para TODO tipo de gente. Ignorância não é desculpa! Usar um preservativo de vez em quando só protege você de vez em quando! Você pode detestá-los, mas os homens que foram infectados dizem que isso é ainda muito pior!

Procure tornar o sexo seguro mais divertido. Experimente preservativos diferentes. Alguns são mais finos ou mais confortáveis do que outros. Se você quiser ter uma sensação mais natural com um preservativo, use algumas gotas de lubrificante *dentro* dele (existe um especial para isso no mercado). Com ele, você esquecerá que está usando um preservativo.

O aquecimento

Você já está excitadíssimo. Ela também parece estar. Seu pênis pulsa, buscando o corpo dela. Ela se aperta contra você. Vocês dois estão prontos para o final. Apaixonadamente, um tira a roupa do outro. A cabeça diz "Vamos!" e você age num impulso, colocando o pênis onde acha que parece ser a vagina dela. Ah! como isso é bom! Quando atinge o orgasmo, você se sente ótimo e quer repousar languidamente no conforto do depois, mas seu devaneio é arruinado quando ela fica brava e diz que você é um egoísta que só pensa no próprio prazer.

Preliminares são importantes, porque mostram que você quer que ela fique excitada e se satisfaça também. Isso quer dizer que você quer fazer amor com ela por mais tempo do que levaria em uma relação sexual, digamos, "normal"; que pode ficar muito satisfeito só com os abraços e beijos dela.

Muitos homens (erradamente) acham que como eles podem já chegar "prontos" para uma relação sexual as mulheres podem também. Não, não é assim que o corpo delas funciona. Você pode ficar "quente" rapidamente, mas a maioria delas não consegue. As preliminares permitem que a mulher se "aqueça", enquanto você se acalma um pouco.

A importância dos carinhos preliminares

Apesar de a mulher gostar dos aspectos físicos do sexo, a maioria delas é mais dependente de uma estimulação mental. Ela não fica com tesão e já está pronta para gozar — precisa antes estar relaxada e sentir que o homem se importa com ela. As preliminares fornecem os rudimentos da confiança de que ela precisa. No começo, elas permitem que a mulher se acostume a ter intimidade com o homem, dando a ela o romance e a ternura que a fazem perder a cabeça e ficar molhadinha para você.

Pense nas preliminares como algo que excita as mulheres, em vez de pensar que é disso que elas precisam para ficar prontas. Não é apenas estimular os genitais ou deixá-la preparada para a penetração. As preliminares podem começar com um simples gesto para fazer conexão. Ele a induzirá a um terno romance e a levá-la ao máximo da paixão e excitação antes que os genitais tenham sido sequer tocados.

As preliminares não são só para elas. Conforme você vai expandindo os seus conceitos, elas poderão levá-lo a um nível de prazer sexual que você nunca experimentou antes. A antecipação pode fazer do fim uma experiência que trará você para mais perto da companheira, intensifica o seu prazer e faz com que ela se sinta tão bem que fará qualquer coisa para agradá-lo — e agradecerá em atos, é claro!

A sedução das palavras

Palavras bem escolhidas podem ser uma preliminar fantástica. Elas ajudam a mulher a relaxar e fazem com que ela se sinta bem consigo mesma. As palavras podem virar a cabeça dos homens e das mulheres, mas as mensagens que elas querem ouvir são diferentes.

"Você me deixa maluca" ou "Adoro quando você faz isso ou aquilo" é o que a maioria dos homens gosta de ouvir — frases com um tom sexual, que façam com que vocês se sintam machos.

Já as mulheres gostam mais de elogios, afirmações e sentimentos, palavras de apreciação da pessoa com menos conotação sexual. As palavras também ajudam as mulheres a fazer conexão. Ela quer saber que você quer fazer amor com ela porque a quer bem, não apenas porque está com tesão e ela está à mão. "Adoro estar com você" cai melhor do que "Estou pronto para você". Se você está vivendo um relacionamento mais sério, diga à companheira, constantemente, que ela ainda o deixa maluco.

Frases e palavras mais explícitas — as chamadas "sujas" — podem ter o seu lugar. Algumas mulheres gostam disso desde o começo, enquanto outras podem detestar para sempre. A maioria delas gosta ou aceita como parte do sexo, mas precisa estar à vontade com você primeiro. As mulheres precisam, primeiro, sentir-se confortáveis com outras partes da intimidade física, confiar no parceiro, estar relativamente segura de que ele não vai "se apagar" se ela responder no mesmo tom.

O melhor é conversar sobre sexo fora da cama e mesmo se ela disser que está tudo bem, experimente devagar, prestando atenção ao tanto que ela fica animada com as suas palavras. Dizer coisas sujas pode transformar uma mulher em duas, se ela se sentir bem. Experimente dizer a ela como *você* fica excitado quando *ela* lhe diz certas coisas.

Preliminares satisfatórias

São as preliminares que esquentam as mulheres e elas ficam melhores ainda quando são dadas com a intenção de fazer com que sua companheira se sinta bem. Conectar-se com as emoções dela é muito mais importante para a maioria das mulheres do que ter um amante com olímpicas habilidades amorosas. Carícias ternas e a atenção que ele dá ao estímulo dos genitais mostra que ele quer que ela se sinta bem. Assim, ela conseguirá relaxar e curtir mais.

Como esquentar uma mulher

Recentemente, dirigi um carro que não tinha sido usado durante várias semanas. Do jeito que sou apressada, fui entrando e já ligando o motor para arrancar, mas ele fez um barulho tão estranho que achei melhor deixá-lo ligado por uns 10 minutos para que os fluidos e os óleos pudessem lubrificar as máquinas. Aí, sim, ele funcionou direitinho.

Não que uma mulher seja um carro, mas esquentá-la segue um princípio similar. Reserve um tempo para aquecê-la, no começo — isso fará com que ela perca a cabeça e fique maluquinha, intensificando a resposta ao sexo. Por que penetrar uma mulher seca, se você pode ter uma toda úmida? Por que fazê-la fingir um orgasmo, se você pode lhe dar um orgasmo verdadeiro?

Uma mulher precisa de um tempo para se aquecer, ao contrário do homem. Deve ser deixada em fogo brando até que ferva. Se ela sentir que você não está envolvido com ela nas preliminares ou que está apenas esperando para ter o seu quinhão, ela pode se sentir acanhada e dizer que já deu.

Os homens respondem "sim" à pergunta: "Você acha que as mulheres precisam de muitas preliminares?".

Elas sabem que é assim que vocês se sentem e muitas delas, ainda operando segundo a programação de "boa moça", acabam deixando vocês fazerem do jeito que querem e irem embora, o que não é suficiente para elas — só que isso não leva ninguém a ter um sexo fantástico!

Se você se preocupa com a companheira, as preliminares não deveriam nunca ser tediosas. Não é a alegria da mulher deixar o parceiro de cabeça virada? Pense no sexo como uma partilha de prazer, em vez de um toma-lá-e-dá-cá. Você deveria deleitar-se com as preliminares também. Diga a ela do que você gosta. Mostre como prefere ser tocado.

David comentou: "Como um homem de 41 anos de idade, eu também preciso das preliminares!".

Conforme eu disse, chamar todo aquele encantamento, toda a loucura à qual somos levados, todos aqueles estímulos deliciosos de "preliminares" não é realmente a palavra ideal. O sexo não deve terminar sempre com a penetração. Muito mais do que isso está embutido nas preliminares, embora elas possam ser fantásticas, satisfatórias e uma relação sexual em si mesmas. O prazer delas pode ultrapassar o prazer do sexo. Não as desvalorize vendo-as como uma obrigação para fazer "tudo direitinho". Faça direito, elas são a "coisa certa"!

Sensualidade e paixão

Sensualidade e paixão são as qualidades que os homens mais gostam de experimentar com as mulheres, embora vocês não se permitam dá-las incondicionalmente. Muitos homens estão tão no controle de tudo que não conseguem relaxar completamente durante o sexo até o orgasmo. É um delírio estar com um cara que não apenas geme três segundos antes de explodir, mas ronrona, sorri e diz como está gostoso, o tempo todo...

Ter uma boa reação do parceiro deixa a mulher muito louca. Se ele se reprime e ela não pode dizer que ele está curtindo, ela fica preocupada. Garanto que se você procurar relaxar na cama e curtir tudo que tem direito, terá muito mais prazer.

Vocês costumam dizer que uma mulher "barulhenta", que usa todos os sons para mostrar o que sente, coloca vocês em órbita — então, por que nos privar do prazer de ver o seu prazer?

Quando pergunto aos homens se costumam fazer barulho durante o sexo, a maioria responde com uma variação qualquer da explicação de Robert: "É 'habitual' na hora do clímax".

Nada é "habitual" quando se refere a um orgasmo. O estímulo e o prazer estão presentes todo o tempo. Sam confessou que fica embaraçado de fazer barulho.

Por quê? Os machos da espécie não gostam de sexo? É antimasculino entregar-se completamente? Acredite-me, existem muitos homens que aprenderam as alegrias da entrega e as mulheres só têm elogios para eles. Nunca ouvi uma mulher pilheriar sobre isso ou pensar alguma coisa desagradável sobre o homem — ao contrário, elas adoram! Quando meu amado geme no meio de uma transa, fico ainda mais excitada.

A sensualidade é a apreciação por pequenas nuanças que intensificam a feminilidade: a resposta aos toques, mesmo em um supermercado, porque significa que você está "sentindo", quer dizer, gostando; sentir-se morno e com comichão, saber-se feliz por estar vivenciando as delícias dessa delicada estrutura; dar-se as mãos; um beijo suave; um carinho debaixo do chuveiro, etc.

Compreende por que eu me refiro a tudo isso usando a palavra "delicioso"?

Perdendo-se mais nos meandros do prazer e permitindo-se expressar isso intensifica tudo. Sei que se você já faz isso está sorrindo! Andy contou que não conseguia fazer barulho durante o sexo; mais tarde, ele reclamou que as mulheres diziam que ele não era apaixonado. Ei! Quanto mais você se envolve na essência do que é festejar a alegria, uma apreciação total pelos tesouros e prazeres da vida fluirá pelo seu corpo, envolvendo-o completamente — isto é a paixão!

Mas o que é a paixão, exatamente?

Existem muitas definições, mas, para mim, ela é o afrodisíaco da vida. Ela mexe nos meus sentidos e amplia a minha consciência para as alegrias de ver, dar, sentir, saborear e tocar as experiências da vida. A paixão é um sentimento de entusiasmo profundo, morno e intenso, que vem da alma, em relação a tudo que me toca. A paixão é viver e sentir incondicionalmente, renunciando-se ao controle da alegria, que, então, atingirá alturas inimagináveis.

Ela é muito atraente para os outros. Ela mostra um sabor especial pela vida e isso instila paixão em todas as outras pessoas que estão em contato com você. Encontre o seu ponto de paixão e passe-o para a companheira! Fique perdido na cama. Saboreie devagar e deixe que a paixão cresça. Renda-se ao desejo e ao prazer durante o sexo. Permita que o entusiasmo e a apreciação tomem conta de você. Conforme Madonna tão bem disse: "Expresse-se!". A recompensa é fantástica!

Os muitos aspectos das preliminares

"Preliminar" é tudo o que deixa você e sua companheira excitados. Os carinhos preliminares estimulam seu desejo pela atividade sexual em muitos níveis diferentes e você pode tê-los a qualquer momento, em qualquer lugar, inclusive quando vocês não estão juntos: por telefone, por bilhetinhos, *e-mails*, fantasiando com as insinuações que um faz ao outro.

São muitos os níveis das preliminares no Menu Sexual. Farei uma analogia com a comida porque muitos homens dizem que acham a comida muito sensual. Curta esses pratos deliciosos!

Petiscos

Antes de jantar, sentimos fome de alguma coisa gostosa que sirva para abrir o apetite. Podemos nos deliciar com os petiscos preliminares quando não estamos em casa ou quando tem mais gente em volta. Esses petiscos são para "atormentar", aludindo ao sexo. Eles servem para manter você e a parceira focados no que vai acontecer mais tarde.

Abaixo, algumas coisas que vocês podem fazer para acender já bem antes, de modo que a antecipação possa deixá-los um pouquinho (ou completamente) loucos. Muitos são mais interessantes quando feitos com uma mulher com quem você já esteja há algum tempo ou pelo menos alguém que você saiba que está na mesma sintonia sexual que você.

- Telefone para ela no trabalho e diga ou insinue o que você gostaria de fazer mais tarde. Pode ficar difícil concentrar-se no trabalho depois, mas a antecipação sem dúvida o presenteará com um sexo quentíssimo, quando a hora chegar.
- Crie um sinal para ser usado em público: quando um de vocês o fizer, o outro sabe que ele/ela está querendo sexo e não consegue esperar mais. Pode ser algo como levantar o polegar, coçar o nariz ou tocar o cabelo — qualquer sinal criativo funciona. É divertido ficar secretamente excitado(a).
- Dê-lhe toques casuais e íntimos em público. Enquanto lhe dá a mão, use os dedos para acariciá-la gentilmente. Toque várias partes do braço dela enquanto conversa. Se vocês estiverem sentados próximos um do outro, suavemente, toque-a no ombro, na nuca, ou na cabeça. Todas essas coisas aumentam a intimidade pela qual as mulheres anseiam.
- No restaurante, dêem comida um para o outro, lambendo a comida, os dedos ou os lábios sensualmente (dentro das fronteiras do bom gosto para um comportamento em público!).
- Leiam poemas um para o outro em casa, no parque, ao telefone. Isso pode deixar vocês deliciosamente preparados para a sensualidade da noite. E você até pode escrever um poema para ela!
- Use o perfume que você sabe que ela gosta ou peça a ela que o ajude a escolher um. Um perfume sensual deixa uma mulher maluca!
- Quando vocês estiverem em público, flerte com ela. Provoque-a com piscadelas, sinais íntimos, lambidas nos lábios, beliscões, abraços, beijos e apertões aqui e ali. Veja-a como a mulher sensual que ela é e demonstre isso com atitudes e atos sutis.

Salada

O que chamo de "Preliminares Salada" é o que coloca a mulher à vontade e cria o clima para o sexo. Ela pode estar chateada, nervosa, cansada ou apenas fora da sintonia sexual e não responder aos sinais do homem, mas as palavras certas, os carinhos, os beijos e outros canapés românticos logo a deixarão ligada.

Eis algumas dicas de coisas que as mulheres recomendam para relaxar e entrar no clima das atividades sensuais. Algumas podem nem levar muito jeito de preliminares, por não serem diretamente sexuais, mas elas acendem as mulheres e as direcionam para a cama, então, quem se preocupa com o nome que possam ter???

Experimente-as e provavelmente você terá uma parceira que irá até o fim da cama por você! Algumas são os gestos românticos que falei no Capítulo 9.

- Corra o dedo pelo corpo dela, fazendo desenhos e escrevendo o seu nome na pele dela. Dê apertos e beliscões delicados de vez em quando.
- Beije delicadamente o rosto dela inteiro. Devagar, coloque um beijo em cada um dos olhos fechados dela, nas faces, nas sobrancelhas, nas orelhas, etc. Guarde os lábios para o final e saboreie cada pedacinho do rosto até que a sua boca finalmente repouse na dela num beijo que se torna cada vez mais profundo.
- Quando estiver beijando a sua amada, olhe dentro dos olhos dela para fazer uma conexão. Deixe que ela veja o tanto que você a deseja. Deixe que ela sinta a sua alma. Diga-lhe com os olhos o que a boca não é capaz de dizer.
- Esfregue o rosto e os cabelos dela. Tire o cabelo dela do rosto. Segure o rosto dela entre as mãos quando for beijá-la. Pratique a arte do carinho delicado — elas adoram! (E você também, eu sei!) Use as costas da mão para acariciá-la, bem como a ponta dos dedos.
- Muitas mulheres gostam de ser deliciosamente beijadas pelo corpo todo. Experimente o pescoço, os ombros, as orelhas, etc. Como cada mulher é diferente da outra, experimente variar o estímulo ao redor dos seios. Dê beijinhos, bicotas e toques demorados com os lábios, delicadamente. Algumas mulheres gostam quando a língua do seu amor entra e sai da orelha dela, buscando também o pescoço; outras não gostam. Avalie a resposta que ela lhe dá. Algumas não gostam de ser lambidas, mas você não saberá enquanto não perguntar ou experimentar.
- Desfrute-a de pé, começando com um longo e delicioso abraço, dentro do qual você aperta as costas dela, acaricia os cabelos e todos os lugares inócuos do corpo dela que lhe dão tesão.

Entrada

As "Preliminares Entrada" envolvem movimentos de maior intimidade e servem para acentuar o relaxamento e o estímulo. Jenna escreveu o que gosta: "Acenda-se. Conte-me detalhadamente por que o meu corpo é lindo e o que você quer fazer comigo. Tudo bem devagarinho... Fico em tempo de rasgar a roupa toda, mas uma vez que levei um tempão me arrumando para ele, quero que aprecie cada minuto enquanto eu me dispo!". Misture e brinque com essas sugestões. Elas intensificarão o calor!

214 *Como Agradar uma Mulher na Cama e Fora Dela*

- Dispa-a devagar. Beije-a e acaricie-a a cada peça que tira. Encoraje-a a fazer o mesmo com você. Quanto mais devagar, maior o prazer da antecipação.
- Façam *stripteases* sensuais um para o outro.
- Massageie os pés dela, eles são muito sensuais. Esfregue-os, chupe-os, acaricie-os, afague-os, faça cócegas neles, enfim, faça amor com os pés dela — isso normalmente relaxa. Só tome cuidado com uma coisa: ela pode não gostar.
- Uma massagem sensual é deliciosa tanto para os homens quanto para as mulheres, portanto, vocês podem trocar e um fazer massagem no outro. Use um óleo e massageie-a da cabeça aos pés, literalmente. Pressione com um pouquinho mais de força e esfregue gentilmente as costas e os braços dela, permitindo que a sua língua acompanhe os dedos, antes de passar o óleo. Não se esqueça das mãos e dos pés e deixe os pontos quentes para o final.
- Tente fazer uma pintura no corpo dela com diferentes sabores. Para um fazer uma obra-prima no corpo do outro, basta lamber, desenhando as linhas com a língua.
- Tome um banho sensual junto com ela. Acenda velas. Um pode lavar o outro com a ponta dos dedos. Corra a mão para cima e para baixo no corpo escorregadio dela, sempre fazendo contato com os olhos.
- Seque-a com o corpo arqueado. Beije-a ternamente enquanto, devagar, você vai se debruçando sobre ela, obrigando-a arquear as costas e jogar o corpo para trás, enquanto seu corpo aperta o dela. Deixe que ela perceba como você já está aceso, sem fazer nenhum movimento sexual em especial. Desfrute da antecipação: ela logo imaginará o que está por vir.

Prato principal

Não se importe de gastar horas brincando com as preliminares. Tome um banho sensual com ela. Acenda velas, ponha uma música romântica e sirva vinho ou chá.

Levemente, toquem cada centímetro do corpo um do outro, quando ainda estiverem de pé. Gentilmente, corra as mãos para cima e para baixo quando já estiverem nus e de frente um para o outro. Beije os lábios dela, os ombros, a face, o pescoço, as orelhas... Olhe-a nos olhos sempre que for possível, enquanto faz cada um dos movimentos.

Finalmente, deitem-se olhando um para o outro. Movimente-se devagar, faça tudo com calma, saboreando cada toque, sentindo a alma da companheira quando a olha nos olhos, deixando que o seu corpo responda a toda essa sensualidade... Sem pressa.

Use a técnica que chamo de "pena": imagine que a sua mão é uma pena. Toque levemente os seios da sua amada como se sua mão fosse capaz de cobrir o corpo dela de penas. Peça que ela faça o mesmo com você. Quando vocês não estiverem agüentando mais, devem cobrir de penas os genitais do outro. A partir daí, vocês podem tomar várias direções: um masturba o outro com uma das mãos, enquanto brinca de pena com a outra; um masturba o outro; usem as mãos e a boca para acabar com a brincadeira.

Essa pode ser uma experiência incrivelmente sensual, fazendo com que vocês fiquem muito próximos um do outro enquanto transam.

Recomendo apenas que seja feito com uma pessoa que você realmente ame ou pelo menos esteja bastante envolvido. Ela adorará a intimidade que essas preliminares criam, ao mesmo tempo que fortalecem a conexão e são capazes de criar orgasmos explosivos.

É divertido criar coisas novas. Deixe a penetração para depois.

O que fazer ao atingir o prato principal

O Capítulo 3 dá os detalhes dos pontos quentes da mulher e ensina o que fazer com eles. Use aquelas dicas para descobrir o caminho capaz de levá-la à loucura. O objetivo das preliminares deve ser divertir e desfrutar das delícias do corpo do outro. Comece com os aperitivos, passe para as entradas e, só então, deve vir o prato principal.

Amy contou: "Quando um homem faz amor comigo, gosto que me beije, primeiro; depois, que me toque o corpo inteiro. Prefiro que espere até que eu esteja pronta, para tocar meu clitóris ou minha vagina. Nesse momento, estarei pronta para o sexo em poucos minutos". Quando a mulher já está aquecida, ela responderá mais quando você tocar os pontos quentes dela.

Na primeira vez que fizer amor com uma mulher, comece devagar. Ela sempre poderá lhe dizer, pelas reações, se quer que você acelere.

Nunca me cansarei de enfatizar: as mulheres adoram carinho! Muitos homens contam que se sentem confusos quanto ao tipo de preliminares que uma mulher precisa e quanto tempo devem durar.

Simples: pergunte a ela! Se você fizer com que ela sinta que você quer agradá-la, ela ficará à vontade para lhe dar as instruções. Acrescente as sugestões dos próximos capítulos e veja como ela reage. E lembre-se: sexo deve ser divertido!

CAPÍTULO XIII

O MAPA DOS PONTOS QUENTES

Como enlouquecer uma mulher

Você está fazendo amor com ela pela primeira vez e quer agradá-la. Vocês já se tocaram em muitos lugares, estão nus e prontos para o final. Você brinca com os seios dela — acaricia, beija, faz todas as coisas românticas que recomendei. Ela parece estar pronta. A hora chegou: encontre o clitóris dela. Com a mão no meio das pernas dela, você busca o ponto máximo, tateando em volta e esperando que ela reaja de uma maneira que lhe indique quando você o atingir. Você detesta esta dúvida: será que você finalmente o encontrou ou ela está fingindo?

Você pode ser o melhor amante possível! Seguindo as instruções do mapa, você aprenderá a descobrir cada um dos pontos sensíveis do corpo de uma mulher e como despertá-los.

Existem muitos aspectos a serem considerados para quem quer se tornar um amante excepcional, além de conhecer as técnicas "mecânicas". Um homem que, amorosamente, faz tudo o que pode para agradar, leva uma mulher aonde quiser com o seu entusiasmo! Ela responderá bem a qualquer coisa que ele faça!

Já salientei que um homem não deve enfocar demais os orgasmos. Deixe que a parceira lhe diga o que ela quer. Faça amor com a intenção de lhe dar prazer. Se ela gozar, magnífico! Pessoalmente, posso ficar satisfeita sem ter um orgasmo, mas nunca finjo um. Quando um amante diz que quer me dar o máximo de prazer, eu, alegremente, me entrego e vejo o que acontece. Muitas mulheres ficam contentes com o esforço do homem em ajudá-las a ter um orgasmo, já que ele não é obrigatório. Quando o casal está vivendo um relacionamento agradável, ela pode relaxar e atingir um orgasmo.

Como as mulheres foram muito reprimidas, algumas técnicas podem ser assustadoras ou até mesmo ofensivas para algumas. Se ela não achar que é aceitável, poderá ficar com medo de tentar. Vá com calma, se ela for do tipo que só gosta de "papai-e-mamãe". Espere até que a intimidade entre vocês atinja um nível mais alto. Fora da cama, pergunte o que ela acha das variações. Diga a ela o que gostaria de tentar, mas respeite os limites dela. Se ela recusar tudo que sair fora do tradicional, sugira que façam algum tipo de terapia ou aconselhamento sexual e, em último caso, aceite que vocês dois podem não ser compatíveis.

Buscar os pontos sensíveis dela pode ser o melhor tipo de atividade preliminar. As verdadeiras preliminares, aliás, deveriam ser todos os gestos românticos que você faz para relaxá-la e colocá-la no clima. As brincadeiras com os pontos sensíveis dela, neste capítulo, são o "prato principal". Carlos concorda: "As preliminares me deixam tão aceso quanto deixam acesas as mulheres. Busco sempre novos pontos sensíveis e jeitos diferentes de agradar a mulher com quem estou".

NUNCA SE ESQUEÇA: as preliminares podem ser tão deliciosas quanto o sexo propriamente dito.

Com efeito, eu poderia redefinir o Menu Sexual e sugerir um novo para ter maneiras mais excitantes de pensar: os aperitivos estão no Capítulo 12; este capítulo é a comida. A penetração é a sobremesa do sexo. Quando estamos oferecendo um jantar, é interessante servir uma sobremesa. Algumas vezes, não precisamos de sobremesa, porque a comida nos satisfez.

Acho que vocês deveriam explorar ao máximo o corpo um do outro, procurando por mais pontos sensíveis para promover divertidas festas!

Existem muitos jeitos de tocar, lamber, chupar e brincar com o corpo do outro, que podem levá-los a momentos de muito prazer. Este capítulo é o mapa dos pontos sensíveis e ensina o que fazer com eles. Misture-os e combine-os como se estivesse preparando comida chinesa. Experimente pelo menos uma vez cada um para ver o que acontece; depois, crie para a sua dama o que eu chamo de PEP.

PEP quer dizer "Projeto Especial para o Prazer" e é preparado especialmente para o seu amor. Faça um gráfico e marque todas as zonas erógenas do corpo dela, anotando os pontos e as técnicas que lhe dão mais prazer. Pergunte do que ela gosta e anote. Inclua tudo que a tira do sério e use esse projeto como base para a construção de uma vida sexual quentíssima para vocês.

Você não poderá usar esse projeto para mais ninguém, já que ele assinala os pontos mais sensíveis de uma pessoa em especial.

Anatomia de um grande amante

O que é melhor: tomar aulas ou desenvolver habilidades?

A maioria das mulheres concorda que um grande amante é aquele cara que não acha que sabe tudo, mas que segue o fluxo e demonstra entusiasmo. Habilidade sem paixão não obedece a esta máxima. Sim, há mulheres que apenas querem um orgasmo e podem se desligar do resto, mas a maioria delas precisa de um amante que se preocupe com as suas emoções e sentimentos, que as trate como um ser individual e que considere que o prazer da amada é o seu maior prazer.

Todo homem é capaz de ser o melhor amante que a companheira já teve e o primeiro requisito é querer agradá-la. Portanto, aprenda o básico sobre o corpo dela, localize os pontos mais sensíveis, crie um PEP e você será o máximo!

Grande amante número 101

Se você quer ser um grande amante, comece aceitando que cada mulher é única e precisa de um estímulo diferente. O corpo do homem e o caminho do orgasmo para ele são menos complexos do que na mulher. É claro que vocês também têm preferências, mas elas têm menos variações se comparadas com as nossas. Quando uma mulher recebe menos do que precisa, ela não consegue atingir o orgasmo.

Lynn definiu: "A maioria das mulheres não torna as coisas fáceis para o homem que quer ser um grande amante: não conseguimos explicar as nossas preferências".

As mulheres são grandes comunicadoras — exceto na cama. Elas sabem o que é bom, mas não sabem identificar o que está acontecendo com o corpo, já que não conseguem ver.

Tente todas as minhas sugestões para encontrar o que a sua amada gosta. Não existe um jeito certo ou errado para tocá-la, portanto, se ela lhe der a dica, perfeito! Caso contrário, experimente do seu jeito até que tenha uma resposta satisfatória e permaneça naquele ponto.

Livre-se das noções preconceituosas! Diverti-me com as generalizações que ouvi de muitos homens durante as entrevistas — são baseadas em experiências anteriores, mas as mulheres não devem ser julgadas todas por uma que as antecedeu! Eles disseram que sabiam, por experiência própria, que as mulheres gostavam disso ou daquilo... Tive vontade de dizer: "Errado! Eu adoraria que um homem fizesse isso comigo!".

Um grande amante não receia perguntar qual direção tomar. É frustrante para uma mulher tentar comunicar-se com um homem que não a ouve. As mulheres precisam de diferentes abordagens para ver de qual gostam e, muitas vezes, um cara continua usando a mesma, funcione ou não. O melhor amante é aquele que pergunta o que a parceira gosta e a deixa à vontade, compartilhando ou admitindo para ela que não tem certeza e não toma o único caminho que conhece e costuma tomar.

Um homem cheio de técnicas preestabelecidas não agradará tanto a uma mulher quanto aquele que experimenta e tenta buscar o que mais a agrada, porque as habilidades do primeiro são rotineiras. Como você pode fazer amor comigo sem me tratar como um ser individual?

Estimule sua parceira a guiá-lo. Crie um projeto como o PEP, pergunte a direção a tomar e *ouça*-a. É isso que fará de você um amante de primeira classe! Busque e achará!

Paula nos contou a sua frustração:

> Acho que não é fácil para uma mulher contar ao parceiro o que ela gosta na cama — ela fica preocupada se ele não vai entender isso como uma crítica e ficar magoado. Mas como ele poderá saber, se ela não contar? Ele não sabe ler pensamentos! Com os amigos, os homens são muito preto-e-branco! Já falei para o meu namorado atual que quero que ele me beije mais, mas ele continua fazendo igual. Não posso forçá-lo a entender! Nosso jeito de fazer amor virou rotina, sem as preliminares. Preciso falar novamente sobre isso com ele.

Grande amante número 201

Você pode aprender a ser um grande amante. Se você realmente se preocupa com a companheira, a expressão dos sentimentos e o desejo de agradá-la compensarão a falta de habilidade. Um relacionamento confortável e amoroso representa mais para a maioria das mulheres. Sexo excepcional pode se desenvolver na direção de uma conexão amorosa e doce. O contrário não costuma acontecer. Ajude a companheira ao longo do caminho. O sexo esquenta depressa, à medida que vocês vão aprendendo os caminhos e desenvolvendo a confiança mútua; assim, logo ela ficará mais receptiva a experimentar coisas novas.

Uma vida sexual aberta, enlouquecedora, diferente tem menos a ver com técnica e mais com atitudes. Quando peço para uma mulher descrever o que é para ela fazer "sexo fantástico", ela demonstra maior entusiasmo com o conforto da interação sexual e com a intimidade com o parceiro.

Quando uma mulher se sente relaxada, segura e amada, posso dizer que qualquer coisa que o homem fizer terá o poder de fazer com que ela se sinta bem.

Assim, para intensificar a sua vida sexual, informe-se sobre o corpo e os pontos sensíveis da mulher — mas lembre-se de que, sem uma conexão emocional, a maioria delas não responderá a nenhuma das suas grandes habilidades, porque é isso que estimula a excitação dela. Abra-se à paixão que anteriormente falei. Compartilhar doces intimidades aumenta o prazer. Ao se preocupar com essa conexão fora da cama, você estará preparando a companheira para ser mais receptiva ao seu toque.

Não se esqueça de que a maior parte do sexo está na cabeça dela. Permita que os seus sentimentos e a sua excitação se mostrem. As mulheres adoram homens que não recuam. Elas querem saber que você está excitado por causa dela, para ela. À medida que a confiança for crescendo, tente ser mais desinibido e encoraje-a a fazer o mesmo. Solte-se. Esse sentimento é maravilhoso!

Grande amante número 301

Certo, meu querido, você quer agradar a sua parceira? Você quer que ela pare de fingir orgasmos porque estará ocupada demais tendo um de verdade?

O segredo de fazer sexo fantástico é compreender o poder de um adorável lugar: o clitóris. As mulheres reclamam que MUITOS homens negligenciam este pequeno ponto que tem a capacidade de dar a elas tanto prazer. Elas me imploraram que informasse a vocês a importância de identificar e brincar com o clitóris.

Muitas mulheres disseram que só gostam do sexo por causa do carinho e isso é tudo. Acredito que a maioria delas poderia mudar de idéia com um cara que brincasse com o clitóris dela, porque a estimulação do clitóris é responsável pela grande maioria dos orgasmos femininos. Ele é a chave do prazer sexual da mulher, embora uma mulher após a outra reclame que a maioria dos homens gaste tempo estimulando todas as partes do corpo delas, exceto a principal. Então, seja um especialista em clitóris! É fundamental compreender, respeitar e reverenciar a importância dele e o que ele pode fazer!

O clitóris é difícil de ser encontrado, mas vale a procura. Uma vez localizado, você poderá ir e voltar ao ponto certo milhões de vezes: ele estará sempre no mesmo lugar. Esta descoberta é trabalho para ser feito uma vez só! Depois de explorá-lo e descobrir quais os tipos de estímulo que dão mais prazer a ela, anote no PEP.

Agradar uma mulher não é difícil como fazer uma cirurgia no cérebro! Qualquer um pode fazer isso! Você tem as ferramentas: os lábios, a língua, os dedos, o pênis. Parta para a missão de apontar com precisão onde fica o clitóris dela e experimente todas as técnicas deste livro, enquanto descobre o que ela gosta mais (mais informações a seguir).

Enfie uma coisa na cabeça: o clitóris só tem *uma* função — dar prazer à mulher! Ajude-o a fazer bem-feito esse trabalho!

Os pontos sensíveis estão em toda parte!

Todo e qualquer pedacinho do corpo de uma mulher pode ser um ponto sensível, mas cada um deles reagirá de um jeito diferente aos estímulos. Experimente estimular todos, até que encontre um que mereça ser incluído no PEP. As possibilidades são infinitas.

As maravilhas do seio

Não há mulher que não adore que o homem brinque com os seios dela, mas muitos homens os agarram, apertam duas vezes e partem em busca de lugares mais úmidos.

Ora, quer deixar uma mulher molhadinha? Faça amor com os seios dela. Tanto a auréola (o anel mais escuro em volta dos mamilos) quanto os mamilos são facilmente excitáveis. Algumas são capazes de chegar ao orgasmo apenas com o estímulo nos seios.

Jennifer disse: "Se um homem esfregar os bicos dos meus seios com os dedos e depois chupá-los com força, dando neles uma mordidinha ou outra, sou capaz de gozar".

Muitas mulheres gostam que o homem lamba e chupe seus seios delicadamente e não apreciam carinhos muito fortes; algumas gostam de chupadas fortes e mordidas; outras gostam dos dois. O tamanho dos seios não tem nenhuma relação com a sensibilidade ou resposta ao estímulo.

Na primeira vez que você fizer amor com uma mulher, comece delicadamente, a não ser que ela queira diferente. Brinque com os seios dela, use os dedos para mexer com os mamilos, primeiro um, depois dois ou mais dedos. Belisque-os, suavemente, depois, com um pouquinho mais de força, prestando atenção na reação dela. Pergunte se ela gosta de mais ou menos pressão. Umedeça os dedos com saliva ou creme para uma sensação mais chocante.

Como as mulheres gostam que um homem lhes chupe os seios?

De muitas maneiras, é claro! Beije-os. Faça círculos em volta deles com a língua. Com a boca, envolva os mamilos e chupe-os, acariciando-os com a língua ao mesmo tempo. Pergunte se ela está gostando ou quer mais pressão. Chupe apenas os mamilos ou ponha na sua boca tudo que cabe. Algumas gostam disso bem suave, outras, mais forte. Existem mulheres que gostam de ser sugadas como se você fosse um bebê faminto. Morda com carinho. PERGUNTE: "Você quer que eu morda com mais força ou está bom assim?". Certas mulheres gostam de ser mordidas com tanta força que você ficaria com medo de ficar com o mamilo dela no meio dos dentes... Portanto, se ela disser que é para você morder com força, faça do jeito que ela pediu.

Brinque com um seio, com o outro, volte para o primeiro, brinque com o segundo. Pegue os dois com as mãos e alterne a língua em cada um deles. Chupe um seio, use as mãos no outro. Existem mulheres que adoram esfregar o seu pênis nos seios. Curta a brincadeira e acrescente-a no seu PEP.

Em tempo: os seus mamilos também são pontos sensíveis. Estimule-os quando estiver se masturbando, para ver se isso o afeta. Deixe que ela lamba-os e chupe-os, também.

O corpo como uma zona erógena

Cada centímetro do corpo de uma mulher tocado sensualmente pode ser uma zona erógena. Obviamente, uma responde mais depressa do que a outra, mas experimente todas. Teresa lembrou: "O homem costuma esquecer-se de que há outras partes na anatomia feminina além de seios e vagina".

Todas as terminações nervosas do corpo reagem ao estímulo das suas mãos, boca e língua. Quando li que as axilas são zonas erógenas, resolvi experimentar: pedi ao meu namorado que não passasse o desodorante, após o banho, e ele adorou as coisas que inventei para fazer com as axilas dele!

Locais mais sutis funcionam melhor com quem está em sintonia com o seu lado erótico. Comece devagar. Estimule os lóbulos das orelhas dela, o pescoço, a parte interna das coxas, as palmas das mãos, o umbigo, as costas. Cal recomendou: "Com delicadeza, beije a ponta dos dedos dela, a palma da mão, a base do pescoço, o cotovelo ou o joelho".

O pé e os dedos dos pés são incrivelmente sensuais. Lamba-os e chupe-os quando ela estiver tomando banho. Chupar os dedinhos dela um por um pode ser intensamente sensual. É claro que nem toda mulher vai gostar, mas, de qualquer maneira, existem muitos lugares para você explorar e acrescentar no seu PEP.

Mary recomenda: "Toque o corpo dela com suavidade. Qualquer lugar pode ser erógeno. Seja um conquistador, por assim dizer. Ela está nua: aprecie esse fato!".

Como encontrar o clitóris e brincar com ele

Vocês já estão fazendo sexo há algum tempo. Ela está pronta e abre as pernas para você estimulá-la. Você sabe que o clitóris dela está em algum lugar, de modo que começa a esfregar os arredores. Por que não? As outras mulheres aceitaram isso. Você imagina que, se esfregar a vulva dela com as mãos, ela logo vai ficar molhada e você vai poder entrar. Você movimenta a mão aqui e ali ao redor da vagina. Ela parece estar úmida, então você presume que achou o ponto certo e continua brincando ali. Ela tenta mudar a sua mão de lugar, mas por que fazer confusão em cima de algo certo? Daí, você continua repetindo os gestos. Quando você se ajeita para penetrá-la, porém, ela diz que você precisa acariciar o clitóris dela primeiro. Você fica confuso: não era o que estava fazendo???

Muitos homens não sabem nada a respeito do clitóris. A não ser que alguma mulher já tenha lhe ensinado, o cara pode estar fazendo o que eu chamo de "cozinhar": coloca as mãos pela volta da vagina, esfrega e reza para que seja ali mesmo.

Já perguntei para namorados antigos se eles sabiam onde ficava o meu clitóris e tive como resposta um tímido: "Espero que sim..." ou "Provavelmente, não". Um machão diria: "Sei exatamente onde ele fica!", seria difícil não perguntar: "Ué, então por que não o acariciou???".

Lembre-se: *o segredo é o clitóris!*

O itinerário genital

Você já explorou as partes no meio das pernas de uma mulher sem estar fazendo sexo com ela? Peça para a parceira fazer isso com você. Pegue um espelho e examine tudo.

O clitóris fica no começo da abertura vaginal, bem onde os pequenos e os grandes lábios se encontram. Só a ponta é visível. Ele é descrito pelas pessoas que o viram como uma ervilha. É a única ervilha que apenas você deveria reconhecer. Alguns médicos dizem que o clitóris é um minipênis, porque tem a mesma sensibilidade do seu. Quando a mulher está excitada, o clitóris se levanta e tem uma ereção também.

Jesse comentou: "Os genitais das mulheres são feitos em diferentes formas e tamanhos. É uma aventura".

O clitóris é coberto por um capuz. Algumas vezes, ele deixa que sua "cabecinha" cheia de tesão venha para fora por conta própria; outras, é você quem deve descobri-lo para fazer a ponta aparecer, assim: gentilmente, empurre a pele em redor do clitóris na direção da barriga dela. Esse gesto costuma tirar o capuz do clitóris, revelando a ponta sensível. Algumas vezes, porém, a "cabeça" dele está ainda mais escondida e você precisa encontrar outros jeitos de empurrar a pele para vê-lo descoberto. Você vai entender como a busca vale a pena, assim que ver os resultados!

Para confundir ainda mais os homens, o clitóris pode ser volúvel: muitas mulheres têm um lado mais sensível do que o outro. Tente o direito, depois o esquerdo, sempre perguntando onde a sensação é mais agradável.

Os pontos sensíveis do clitóris nem sempre são lógicos, coerentes ou mesmo fixos. O que, um dia, foi ótimo, pode deixar de ser e você vai precisar encontrar outro ponto sensível... Isso é normal. Imediatamente após um orgasmo, por exemplo, muitas mulheres não querem ser tocadas e você precisaria, pois, dar-lhes um tempo antes de continuar. Todas as mulheres são multiorgásmicas, mas nem todas conseguem ter orgasmos múltiplos. Se ela disser "Espere um pouco", respeite o pedido.

Como tocar a adorável ervilha

Você pode fazer muitas coisas com o clitóris usando os dedos. Experimente uma vez e pergunte como ela se sente. Não se sinta desanima-

O *mapa dos pontos quentes* 225

do se não obtiver uma resposta. Quando estiver acariciando o clitóris, tente toques diferentes, para ver como ela responde. Esfregue-o para cima e para baixo, de um lado para o outro, fazendo círculos.

Mulheres diferentes mencionaram todos esses movimentos como sendo do agrado delas. Peça para ela colocar a mão em cima da sua e guiar os seus movimentos enquanto você a excita. Deixe que ela use a sua mão como um instrumento, até que você adquira a perfeição nos movimentos, na pressão e na velocidade.

Enquanto você brinca com o clitóris, peça para a companheira separar os lábios com os dedos e expô-lo para você. Se ela sabe se masturbar, provavelmente sabe o melhor caminho para fazer a "cabecinha" dele aparecer. Isso também o deixará com as mãos livres para explorar outras partes do corpo dela. Enquanto ela mantém a posição para você, ela também terá mais controle sobre a situação: o que você está fazendo, a porção do clitóris que precisa ficar de fora, etc. Recomendo que você sugira isso a ela. É tão simples — e incrivelmente efetivo!

Use os seus dedos acima e em volta da área vaginal e do clitóris. Algumas mulheres gostam de pressão diretamente em cima dele. O clitóris deve ficar úmido, então, coloque o dedo na vagina dela para trazer uma lubrificação natural ou use saliva (se preferir, passe um lubrificante).

Lea sugere: "Faça círculos em volta do clitóris para excitá-lo. Depois, umedeça o dedo e esfregue-o para cima e para baixo. Alterne com a palma da mão, mas sempre em cima do clitóris. Quando ela estiver perto do orgasmo, volte a usar o dedo para cima e para baixo".

Claire avisa: "Encontre o clitóris e o acaricie. Esfregue-o entre dois dedos e, depois, use o polegar, alternando entre colocar mais pressão sobre ele e esfregá-lo para frente e para trás. Enfie um dedo ou dois na vagina dela, sempre mantendo o polegar ou a palma da mão sobre o clitóris com o mesmo ritmo".

As mulheres gostam dos seus dedos dentro delas, também! Albert sugere:

> Coloque os dedos indicador e médio dentro da vagina, com a palma da mão cobrindo o clitóris. Seus dedos devem ficar encurvados, de modo a atingir o ponto G. Pratique o movimento, entrando e saindo de dentro dela, vigorosamente, de um jeito que, a cada movimento, a palma da sua mão acariciará o clitóris dela. Isso exige certa coordenação, mas assim que você pegar o jeito, você a deixará maluca! Gosto de pedir à minha namorada que se deite de costas. Fico, então, de joelhos e de frente para ela e "bato" nela com as variadas partes da mão, enquanto os dedos curvados atingem o ponto G. Isso a deixa louca por outras coisas mais.

Dedos, dedos, dedos. Eis algo que os homens sempre podem usar mais um pouquinho para excitar as mulheres...! Coloque um ou dois dentro dela. Devagarinho, brinque com eles em volta. Vá ao fundo. Passeie pela superfície. Explore tudo, sempre devagar. Com dois dedos, faça uma imitação dos movimentos do seu pênis durante a penetração. Vá e volte mais depressa. Algumas mulheres preferem que isso seja feito com um pouco mais de força. Experimente ângulos diferentes. Divirta-se com a brincadeira!

Prove o gosto da adorável ervilha

As mulheres contam que o melhor jeito de levá-las ao orgasmo é com o sexo oral. Muitas juram que isso sempre funciona! Fernando concorda: "O sexo oral é, muitas vezes, se não sempre, tão maravilhoso quanto a penetração. Acredito que ele possa ser mais satisfatório, principalmente para a mulher".

Existem muitas variações no sexo oral. Para muitas, muitas, muitas, muitas mulheres não existe nada melhor do que a língua. Ela consegue fazer o que nada é capaz de conseguir.

A língua é mais flexível do que o pênis ou os dedos e tem um lubrificante natural, a saliva. Consegue atingir recantos minúsculos e penetra nos pontos sensíveis com mais facilidade. Tantas mulheres anseiam tão desesperadamente por sexo oral que os homens precisam ter compaixão e satisfazer esse desejo delas... Mesmo assim, muitos não o fazem.

Muitos homens reclamam que não gostam de fazer sexo oral nelas por causa do aroma tipicamente feminino da região.

Bob confessa: "Adoro o perfume do sexo da minha mulher e costumo ficar horas me divertindo no meio das pernas dela. Gosto de lambê-la, enquanto sopro dentro dela um pouco de ar. Ela é limpa e deliciosa!".

Jesse adverte: "Para ter certeza de que ela está limpinha, dê um banho nela! As mulheres adoram isso. Passe sabonete, faça bastante espuma, enfie os dedos ensaboados dentro dela e deixe-a limpinha, limpinha... Ela vai ficar louca! Você pode sugerir que ela tome uma ducha vaginal, mas minha mãe disse que isso não é bom para a mulher. Talvez usando apenas vinagre e água".

Ele lembra que a testosterona do homem e o estrogênio da mulher libertam *pheromones*, que cria um aroma natural de atração sexual. Quando uma pessoa está perdida em sensações sensuais, este cheiro é afrodisíaco. E acrescenta: "Se você não gosta desse cheiro, não sabe o que está perdendo".

Sexo oral fantástico

Comece a fazer sexo oral beijando todo o caminho que o leva ao paraíso. Ternamente, ame-a no meio das pernas. Beije primeiro esta parte mais íntima do mesmo jeito que beijaria o rosto dela. Passe a

O *mapa dos pontos quentes* 227

ponta da língua no topo do clitóris ou em outro lugar que seja do agrado dela. Algumas gostam que você faça isso diretamente sobre o clitóris; outras preferem que você beije em volta. Torture-a, usando apenas a língua. Marcel contou: "Começo fazendo grandes círculos com a língua e eles vão ficando cada vez menores à medida que me aproximo do clitóris. Então, fico girando, girando, girando...".

Preste atenção nas reações dela. Algumas mulheres foram específicas: adoram ser lambidas de um lado para o outro; outras preferem de cima para baixo e de baixo para cima, subindo e descendo. E ainda há as que gostam de tudo!

Use os dedos ao mesmo tempo que usa a língua. Você pode passar o polegar sobre o clitóris ao mesmo tempo que passa a língua, ou colocá-los dentro e fora da vagina, num movimento de vai-e-vem. Pressione o ponto G (maiores explicações a seguir). Algumas mulheres adoram ter dois dedos dentro da vagina, profundamente inseridos, ao mesmo tempo em que o parceiro as lambe, mas você também pode usá-los para entrar e sair dela mais depressa, complementando com a língua.

Faça da língua um estimulador preciso do clitóris. David explicou: "Mantenha a língua rígida e 'chicoteie' o clitóris com ela, rápido e certeiro". Será ótimo se você conseguir permanecer "em cima" dele.

Outros homens sugerem que você faça uma ponta rígida na língua para brincar com o clitóris. Ou coloque a parceira sentada de frente para você, com um joelho de cada lado de sua cabeça ou mesmo repousando sobre os seus ombros. Nesta posição, ela poderá controlar a maneira como você a estimula, podendo ainda guiar a sua boca aos pontos certos das melhores sensações.

Alguns homens gostam de enterrar o rosto na área vaginal da companheira, beijando, lambendo e chupando cada pedacinho. Usam a língua como um minipênis, entrando e saindo da vagina.

Alex contou: "Não coloco a língua por tudo quanto é lugar — é a abertura e logo adiante que são mais sensíveis".

Há poucas terminações nervosas dentro da vagina, mas as mulheres adoram ter a sua boca por lá, principalmente se você se lembrar de dar uma atenção especial ao clitóris. Experimente usar a língua também, quando estiver chupando o clitóris!

Jesse descreveu a técnica que muitas mulheres disseram adorar — embora elas também tenham dito que não estavam certas de que as tais técnicas estivessem sendo feitas da maneira mais prazerosa:

> Ponha a boca ao redor da área do clitóris e aja como se você tivesse na boca um pequeno aspirador. É como se você fosse um mergulhador. Ponha o clitóris na boca, afastando a pele, se for preciso, e sugue a pequena ervilha como se você fosse um bebê mamando. Uma vez que tenha o clitóris na boca, mantenha-o preso por

sucção e use a língua para "chicoteá-lo", para a frente e para trás como um pêndulo.

À medida que sua parceira for ficando mais e mais excitada, ela precisará de um ritmo constante; o movimento e a pressão também devem ser mais estáveis.

Mudanças de direção costumam deixar as mulheres malucas — no pior dos sentidos! Ela pode estar quase atingindo o orgasmo e só precisa de um pouquinho mais, mas o homem acelera ou diminui, muda a direção ou faz algo diferente e "quebra" o frágil orgasmo dela. Seja, portanto, uniforme nos movimentos. Muitas mulheres precisam apenas do ritmo certo para não perder o orgasmo. Você pode acelerar ou diminuir um pouquinho demais para ela — e ela não vai conseguir manter-se excitada o suficiente para gozar.

Durante os primeiros estímulos, as mulheres gostam de mais variedade. Devagar, depressa, suavemente, com mais pressão, direções diferentes, tudo pode ajudar a intensificar o prazer. Quando, porém, ela está se aproximando do orgasmo, é uma estimulação mais constante que a colocará rapidamente no clímax.

Experimente acessórios sexuais. Pergunte à parceira o que ela acha de usar um vibrador; existem no mercado modelos pequenos, movidos a bateria e fáceis de usar. Experimente modelos diversos para saber o que mais combina com ela. Use a língua de um lado do clitóris dela e um vibrador pequeno no outro lado. Quando a sua língua estiver cansada, pare um pouco, mas continue usando o vibrador. Alterne os estímulos, mas continue usando a língua também. Deixe que ela use o vibrador em você também. Ele serve para fazer massagem e é estimulante. Brinquem com ele, usando-o por todo o corpo, tanto o seu, quanto o dela.

O ponto G

Existe mesmo esse tal ponto G?

Depende de "para quem" você está perguntando!

Alguns especialistas dizem "sim"; outros refutam a idéia. Algumas mulheres dizem que têm um; outras não têm a menor pista, que nem você. Mulheres que experimentaram o prazer que ele proporciona dizem que o ponto G é muito fácil de encontrar.

O ponto G está localizado na parede da vagina, na direção do alto desta, a poucos centímetros da entrada — a vagina é um canal curvo. Bernard descreve-o como um pequeno degrau na parede vaginal, que você pode sentir, se procurar por ele. Leo disse que ele se parece com um delicado grão arredondado e que fica intumescido quando é massageado.

Coloque o(s) dedo(s) dentro da vagina, acompanhando a curvatura desta, delicadamente, com a palma da mão para cima. Tente várias maneiras de estimular a parceira. Explore a área com o dedo e deixe que ela lhe diga como se sente.

Gray ensina:

> Ponha um dedo ou dois dentro dela, com a palma da mão voltada para cima. Acaricie-a por dentro, alguns centímetros além da entrada. É difícil descrever esse ponto, mesmo porque cada mulher é única. O jeito é buscar, explorar, prestar atenção à maneira como ela reage. Quando encontro o ponto certo, aplico-lhe certa pressão a mais, massageando-o um pouco, também. Uma amiga me disse que ela sente como se quisesse fazer xixi, mas a vontade passa logo. Algumas mulheres gostam mais de brincar com o ponto G do que outras, mas todas que gostam afirmam que têm um orgasmo mais profundo e intenso.

Thomas recomenda: "Estimulação manual — algumas mulheres gostam mais depressa ou mais devagar, com maior ou menor pressão; outras, apenas uma pressão estável, firmemente. Há as que preferem um toque delicado e, então, um giro de 180 graus e um estímulo oral ao mesmo tempo; algumas gostam do estímulo anal e oral, ao mesmo tempo que você acaricia o ponto G — e, se a polícia chegar, é porque você já foi longe demais!".

Quer intensificar o orgasmo do ponto G? Você ou ela mesma pode pressionar a parte baixa da barriga dela, na altura da linha do osso púbico, enquanto seu dedo massageia o ponto G. Esse gesto pressiona o ponto G pelo lado de fora e pode acelerar o orgasmo.

Glenda recomenda: "Brinque para frente e para trás, estimulando o ponto G até que ela esteja quase chegando ao orgasmo e, então, mude para o clitóris. Faça assim algumas vezes: leve-a até quase o final e mude de lugar".

Veja-a explodir quando (finalmente) você autoriza o orgasmo dela a chegar! Enquanto brinca com o ponto G, estimule o clitóris dela com a outra mão e com a língua, simultaneamente. Pressione o clitóris com o dedo, enquanto excita outras partes do corpo dela.

E eis mais uma informação importante para acrescentar ao seu PEP sobre ela!

Deixe-me lembrá-los, queridos amigos que tanto querem agradar às mulheres: vocês sabiam que têm um ponto G também?

Está localizado na próstata, lugar que torna a procura um pouco menos agradável, tanto para a companheira, quanto para você, já que ela fica situada dentro do ânus; se um dos dois, entretanto, estimular dentro do ânus quando o orgasmo estiver se aproximando, este pode ser intensificado.

Algumas mulheres confessaram que gostam desse tipo de estímulo anal e adorariam proporcionar esse prazer ao amado; outras fizeram cara feia e se recusaram a discutir o tema. Assim, tente primeiro com ela — peça permissão antes e, se ela gostar, peça que ela faça o mesmo com você. Não é preciso colocar o dedo muito lá dentro — pressione na entrada. Ela pode guiá-lo.

Um jeito mais fácil para ela encontrar o seu ponto G é começar esfregando o períneo, a área de pele, normalmente sem pêlo, entre os genitais e o ânus. Se ela massagear ou pressionar esta área, quando você estiver chegando ao orgasmo, este pode ser dramaticamente intensificado. Como os homens também são diferentes entre si, ela deverá experimentar algumas variantes para descobrir que tipo de estímulo é mais do seu agrado.

A ejaculação feminina

Algumas mulheres também ejaculam — você pensava que era só o homem, é?

Durante o orgasmo, um líquido pode sair — pode ser tanto um pingo quanto uma golfada, exatamente como quando você ejacula. A ejaculação feminina ainda não foi muito estudada e não existe muita informação concreta sobre ela, exceto que ela acontece e é natural.

Alguns homens contam que é muitíssimo excitante quando se sentem praticamente alagados pela companheira. Isso acontece freqüentemente durante um orgasmo quando ele esfregou o ponto G ou depois que ela teve vários orgasmos. Ela pode até ficar assustada, pensando que fez xixi no parceiro, mas não é o caso — alguns estudos mostraram que esse fluido não é urina, embora possa conter um pouco na sua composição. De qualquer maneira, é lavável.

Os melhores caminhos para o orgasmo

Como a maneira mais comum de excitar a mulher ainda é o sexo oral, seguem abaixo algumas dicas das mulheres que o adoram. Preste atenção aos barulhos que ela faz, à linguagem do corpo e ao tanto que ela está úmida, para ter certeza de quando vai encontrar o ouro.

Merelee

> Adoro ser chupada com força, tendo a ponta da língua indo e vindo rapidamente sobre o meu clitóris. A boca deve ficar o mais fora possível desse ponto, só quero sentir a língua.

Jeri

> Depois de encontrar um ritmo gostoso com a língua e o dedo, mantenha-o. Preciso de um estímulo constante no mesmo lugar —

devagar, depois depressa e novamente devagar. Quando achar o movimento que funcione, é só mantê-lo.

Carla

Comece devagarinho e vá aumentando à medida que vou ficando mais excitada. Quando você perceber que estou ficando muito louca, aumente a velocidade e a pressão sobre o meu clitóris.

Gia

As mulheres gostam de ser tocadas devagar e delicadamente. O cara deve ir fazendo do jeito dele, até acelerar. Todas nós gostamos de ser "torturadas" como vocês fazem. Variem a estimulação entre língua, dedos, lábios e palma da mão.

Judy

Gosto que um homem vá descendo pelo meu corpo, enquanto põe o dedo dentro de mim, ao mesmo tempo. Se ele tivesse mais duas mãos, gostaria que ele afagasse os meus mamilos, também, mas aí, só com quatro braços. Paciência!

Betty

Gosto da língua tocando meu clitóris e parando, tocando e parando até que eu chegue lá.

Georgia

Não gosto que ele pule em cima de mim como um esfomeado. Alguns homens mergulham tão fundo que parece que estão procurando ouro... Pegue leve, cara, principalmente no começo. Comece me beijando, lambendo e torturando gentilmente. Assim que eu acender, enfoque o clitóris. É assim que atinjo meus objetivos!

Linda

Preciso que você comece devagar e aumente a pressão à medida que eu vou ficando excitada. Sou musicista e, para mim, o orgasmo é como uma música que vai envolvendo num "crescendo". Muitos homens pensam que devem atingir altas velocidades o tempo todo, mas não é verdade. Manter o ritmo é melhor. Um delicioso e constante ritmo, enquanto lambe, devagar... Quando eu estiver excitada, ele pode me tocar com mais força e velocidade. Oh! faça com que eu soe como uma sinfonia!

Shana

Gosto de me deitar e deixar que o homem faça comigo o que quiser. Da cabeça aos pés e, então, direto para o clitóris. Gosto de ser tratada como uma deusa, desse jeito. Depois que ele terminar e ter vários orgasmos, terei o máximo prazer em fazer a recíproca ser verdadeira...

Perguntei aos homens as técnicas especiais capazes de dar um orgasmo à parceira:

James

Minha amada atinge o orgasmo mais fácil quando digo como olhar o corpo dela me enlouquece. Muitos elogios põem a maioria das mulheres à vontade.

Clayton

É com o clitóris. Aprendi o que fazer com ele. Quando você descobre como ela gosta disso e faz o que ela quer para estimulá-la, é só esperar pelas pulsações de prazer do corpo dela.

Buck

Beijo-a muito — quero dizer, muito mesmo. Quanto mais eu a beijo, mais ela relaxa. Quanto mais ela relaxa, maiores são as chances de ela ter orgasmos. Beijo-a até que derreta e sucumba a mim.

Ian

Algum sexo oral, algum manual, alguns devagar, outros depressa, alguns bem suaves, outros toques mais fortes, alguns que são verdadeiros chupões, outros lambidas. Jogue com honestidade e tente de tudo. Veja o que a deixa maluca!

Jack

Faço amor com cada centímetro do corpo dela, dando atenção especial aos pontos mais sensíveis, tais como mamilos, dedos, o interior das coxas e, só então, no meio das pernas. Beijo-a toda com a mesma paixão e atenção que dou aos lábios. Minha namorada atinge o orgasmo rápido quando uso a língua no clitóris dela.

Seth

Massagem funciona às mil maravilhas, especialmente com um óleo sensual. Devagar, vou massageando todo o corpo dela. Quando acabo, ela está em outro mundo e tão perdida que é capaz de ter um monte de orgasmos.

Jeff

Torturo-a com a língua. Ponho dentro dela e brinco com o clitóris. Depois, uso o dedo. Acaricio-a com as pontas dos dedos em velocidades diferentes, em seguida, devagar, faço um vai-e-vem. Gosto de colocar outro dedo nela por trás também.

O *mapa dos pontos quentes* 233

John descreveu:

> Gosto de beijar tudo em volta, antes de beijá-la, chupá-la e lambê-la no ponto certo. Lá chegando, coloco a língua bem fundo e corro-a para cima e para baixo, por todo o comprimento da vulva, alternando entre o lado de fora do lado esquerdo e do lado direito, depois, no meio. Separo os lábios com os dedos e começo a brincar com o clitóris dela. Divirto-me um pouco com ele, sugando-o, enquanto tenho um bom pedaço dos lábios firmemente presos na minha boca. Ainda estou com eles na boca e já começo a percorrer a volta com a língua , tocando a ponta do clitóris cada vez mais depressa à medida que percebo que ela está ansiosa para gozar. Não parei ainda de chupá-la e de brincar com o clitóris usando a língua, já uma das minhas mãos pegou-a pelos seios, apertando os bicos; com a outra mão, brinco de enfiar dois ou três dedos na vagina dela e movê-los, fazendo pressão nos lados.

Pedi a Jesse para descrever o que o pai dele, Bay, chama de "Tríplice Prazer":

> Isso exige coordenação. Primeiro, pegue-a por trás. Não mergulhe direto, beije-a na orelha, no pescoço, na nuca. Acaricie o caminho que vai fazer, começando por beijar o pescoço e os ombros. Lamba os bicos dos seios dela, gentilmente, morda cada um deles e desça a língua mais para baixo. Pergunte exatamente do que ela está gostando e vá descendo e beijando o caminho na direção do umbigo. Comece a beijar os pêlos pubianos, eles são muito sensíveis. Agora, vá para a região interna das coxas. Mantenha as suas mãos em movimento. Ponha um pouco de saliva entre os dedos indicador e polegar. Volte lá para cima, aperte delicadamente e enrole nos dedos os bicos dos seios dela. Desça e ache o clitóris. Ela pode lhe ajudar, puxando a pele para os lados, de modo a expô-lo. Lamba não apenas o clitóris, mas toda a região. Afaste mais a perna direita dela. Com a mão esquerda, continue esfregando os seios dela e coloque o dedo indicador da mão direita na vagina dela, perto do clitóris. Seu dedo agora desce e, delicadamente, começa a fazer um movimento de vai-e-vem, entrando e saindo, cada vez mais depressa, como se você estivesse batendo em alguma coisa com a ponta do dedo. À medida que ela for ficando mais úmida, lamba depressa e em "pedacinhos" a parte na volta do clitóris, como se você tivesse uma língua de cobra, com movimentos rápidos e precisos. Pode chupá-lo um pouquinho. Não pare de brincar com os seios dela, usando seus dedos e dando leves pancadinhas, o mais depressa que puder, e enquanto ela mantém o clitóris aberto, lamba a parte de fora dele, tudo ao mesmo tempo! Se ela quiser ter um orgasmo, ela o terá triplo, com certeza, daí o nome!

Comunique-se. Repita: "Estou perguntando por que quero lhe dar prazer". Já conhecendo mais a sua parceira, crie um PEP para ela. Estimule-a a ser cada vez mais livre. Sugira que ela se acaricie por todo o corpo. Ela pode estimular os seios ou delicadamente tocar-se enquanto você brinca com os genitais dela.

Leann disse: "Eu costumava deitar de costas e ficar pronta para tudo que o homem quisesse fazer. Agora, aprendi a tocar o meu próprio corpo — os genitais, a barriga, os seios — enquanto ele faz comigo o que tem vontade. Isso me assegura que todos os pontos estão cobertos!".

Você quer sexo fantástico? Satisfaça a mulher primeiro e ela fará qualquer coisa para lhe agradar, em frente e verso! Harry disse: "Quando você dá prazer à mulher primeiro, nem precisa se preocupar em esquentar o sexo — ela estará receptiva a tudo!".

Ian advertiu:

> Toque-a levemente até que perceba o que a faz recolher-se ou desesperar-se por um carinho mais e esses carinhos moverão o corpo de vocês dois ao grau de excitação que quiserem. Se você aprender a língua deles — sem buscar o seu prazer primeiro — mais tarde ela será insaciável, porque sentiu que o prazer dela é a coisa mais importante do mundo para você. Procurando o que ela gostaria de ter de você — dez vezes mais — ela terá como missão agradá-lo, depois que você teve certeza de que para ela é o melhor dos melhores!

Se você está vivendo um relacionamento mais longo, aprenda a conhecer o corpo da parceira da mesma maneira que conhece o seu. Ao localizar o tesouro de cada pedacinho, ela se abrirá mais para você. Quando considerar o tempo que gasta para fazer amor com ela como algo precioso, ela, alegremente, quererá fazer o mesmo para você. Quando vocês dois estiverem em perfeita sintonia com o prazer e a paixão do outro, meus queridos, descobrirão de onde vem a expressão "fazer amor"!

CAPÍTULO XIV

SEXO TOTAL:

Como ser o amante que ela sonha ter!

Ela parece se derreter quando você toca o rosto dela. Cada gesto seu parece deixá-la ainda mais acesa. Debaixo dos lençóis, ela geme, ronrona e arqueia as costas em algo que parece ser um orgasmo gigante. Depois, ela expressa a sua enorme satisfação e uma infinita vontade de continuar fazendo amor. Seria tão maravilhoso se você fosse o homem e ela sua amada, mas não é o caso — você está no cinema e os amantes estão na tela. Você gostaria de proporcionar à companheira tanto prazer quanto for possível na vida real. Se ao menos você pudesse achar o caminho para se tornar o tipo do amante com o qual ela sonha...

Você vê nos filmes. As pessoas comentam. Você também quer. SEXO TOTAL.

Está satisfazendo aos dois a transa que, no mundo real, dá a cada um dos parceiros o máximo de prazer??

SIM! SIM! SIM!

Deixe-me colocar junto o que você já aprendeu e as lições deste capítulo para criar o melhor PEP para você e sua companheira.

Criar um projeto para o sexo o mais quente possível acarreta trazer todas as ferramentas e colocá-las na fórmula certa para os dois. Muitos homens não se sentem confiantes como amantes. Você acha que fazer amor é algo com o qual você nasceu sabendo? Não! Todo mundo aprendeu em algum lugar. Muitos homens precisaram que uma mulher mais experiente os ensinasse. Muitos homens disseram que a maior parte da educação sexual deles veio dos filmes pornográficos, sendo que os melhores deram uma idéia das posições diferentes e de como se movimentar.

Os vídeos de educação sexual não ensinam tudo, mas dão algumas instruções. Tentativas feitas de erros e acertos com uma nova parceira ainda são os melhores professores. Se você está vivendo um relacionamento longo, comunique-se e experimente as coisas abertamente. Leia livros e assista a filmes com a parceira. Existem números ilimitados de jeitos de fazer amor. Misture e combine tudo para manter acesa a excitação de fazer amor com a mesma parceira. E nunca se esqueça: *o segredo é o clitóris!*

Como deixá-la mais à vontade para fazer sexo oral com você

Você está se esmerando nas preliminares. Ela está encantada com a sua masculinidade. Ela geme, enquanto você continua inventando novas maneiras de agradá-la. Você está excitado e faz de tudo com ela, embora ela não pareça muito interessada em lhe dar o mesmo tipo de prazer. Você troca de posição, de modo que ela possa ver o seu pênis palpitante, mas ela o ignora. Você gostaria que ela o colocasse na boca, mas não tem coragem de pedir; gentilmente, você a empurra na direção dela, ela resiste e você põe um pouco mais de insistência no gesto. Finalmente, ela pega a dica e, colocando-o pela metade na boca, suga-o sem muito jeito. Se você não colocá-lo na boca dela, talvez ela não faça isso novamente. Por que as mulheres são tão complicadas com sexo oral?

Os homens estão sempre expressando a insatisfação sobre a qualidade, a freqüência e o entusiasmo em relação ao sexo oral que estão recebendo, tanto no passado quanto no presente. Alegam que só a duras penas convencem ou estimulam a mulher a dar-lhe o prazer que desejam. Estudos mostram que, quando o homem está pagando para ter sexo, o ato mais solicitado por ele enquanto cliente é sexo oral.

Muitos homens ficam excitadíssimos em colocar a boca nos genitais da mulher e deixá-la louca de tesão — então, por que tantas mulheres relutam em retribuir com o mesmo entusiasmo?

Muitos homens acham que só uma pequena porcentagem de mulheres realmente gosta de dar sexo oral. E eles não estão muito enganados. Muitas mulheres gostam disso porque gostam de dar prazer ao homem que amam, não por gostarem do ato em si.

Lembre-se de que a sexualidade feminina foi sufocada durante séculos e muitas mulheres cresceram com a idéia de que é sujo colocar um pênis na boca.

Coloque-se no lugar dela por um minuto. Se você nunca esteve com um homem, não pode imaginar como é ter um pênis na sua boca — se ele for grande, é difícil de manobrá-lo confortavelmente; não há mulher que não tenha para contar a história do cara que enfiou fundo e deixou-a sufocada...

Os homens querem que as mulheres adorem o pênis e amorosamente o lambam e chupem por horas, mas o que realmente recebem é a reclamação: "Benhê, estou ficando cansada!".

A maioria das mulheres não gosta de engolir o esperma, para tristeza dos homens, e pede para você avisar antes. Saber que ela quer pular fora quando você queria tanto que ela ficasse e amorosamente aceitasse o seu suco tira a maior parte do seu prazer!

O gosto do sêmen varia. O que você come pode afetá-lo. Como a maioria dos homens não recebe habitualmente sexo oral, quando conseguem, seguram a ereção o mais que podem, o que faz com que a mulher esteja menos inclinada a satisfazê-los na próxima vez.

Não existe uma solução fácil para a aversão feminina a chupar um homem. Fale com ela abertamente. Diga-lhe o que o sexo oral representa para você.

Essa programação pode ser difícil de mudar. Perguntei às mulheres o que os homens poderiam fazer para colocá-las mais à vontade com isso e a resposta começa com: "ESTEJAM LIMPOS!". Ora, não é o que os homens esperam das mulheres? E diga quanto você está gostando do que ela está fazendo. Jenna disse: "Faça bastante barulho. E não force a minha cabeça em direção ao pênis!".

As mulheres enfatizam bastante o fato de quererem fazer do jeito delas e não serem forçadas a enfiar o pênis na boca quando não querem que ele vá tão profundamente. Isso chateia. Mary disse: "NUNCA, NUNCA empurre a cabeça de uma mulher quando ela está lhe dando sexo oral. Isso é degradante!".

É isso aí: não force uma mulher se ela não estiver pronta. Deixe que ela encontre um jeito do agrado dela. Acho que você vai gostar da resposta de Teresa: "Gosto muito de dar sexo oral a um homem. Para mim, é a coisa mais generosa que posso dar a ele e isso provavelmente me deixa tão ligada quanto ele. Eu me masturbo e normalmente chego ao orgasmo enquanto faço isso. E respondendo à pergunta, quero apenas que ele esteja limpo!".

Sexo oral em pequenas doses

A maioria dos homens disse que adora *qualquer* tipo de contato entre os genitais e a boca da mulher. Deixe que sua companheira se familiarize com o sexo oral estimulando-a a lamber e beijar você amorosamente. Sugira que ela pense em sexo oral como se fizesse amor com os seus genitais. Deixe que ela o acaricie e saboreie. Não queira que ela faça logo do seu jeito, ao contrário, permita que ela se familiarize com esse contato oral sem colocar o pênis dentro da boca. Peça-lhe que passe a língua nele delicadamente, no sentido do comprimento, da cabeça à base. Você entende o que quero dizer: passar a ponta da língua é gostoso e dará a ela a chance de ter um contato oral com o seu pênis sem ir muito depressa. Se você deixar que ela se acostume a colocar a boca no seu pênis sem realmente chupá-lo, ela lhe dará o que você realmente quer quando se sentir à vontade e se der conta do quanto você gosta disso. E informe-a a esse respeito mediante seus gemidos e sussurros mais do que com palavras.

Sua companheira realmente colocará seu pênis na boca quando tiver certeza de que terá a oportunidade de fazer do seu próprio jeito. Você poderá lhe ensinar como usar as mãos junto com a boca. Mostre a ela como segurar a base do pênis e movimentá-lo para cima e para baixo em sincronia com a boca. Mantenha um copo de água por perto, para que ela tenha saliva suficiente. No começo, não peça a ela que fique muito tempo com o pênis dentro da boca — afinal, você não quer que ela se sinta sufocada!

Alguns homens gostam de sexo oral simultâneo. É difícil para a maioria das mulheres concentrar-se em receber prazer e dar a você um estimulante sexo oral ao mesmo tempo. Você não vai querer ser mordido porque ela ficou muito doida de tesão e se deixou levar... Ou então, ela pode ficar receosa de machucá-lo e não se deixar envolver tanto quanto o faria se estivesse sendo estimulada sozinha. A maioria das mulheres gosta de dar e receber sexo oral separadamente. Pergunte a ela, antes.

Se ela concordar, existem muitas maneiras de dar-se mutuamente prazer usando a boca. Você pode ficar deitado de costas com a parceira debruçada sobre o seu corpo. As mulheres se sentem mais confortáveis nessa posição, porque podem controlar o movimento do seu pênis e não enfiá-lo mais profundamente do que ela quer. Ponha a vagina dela na altura da sua cabeça ou levante a cabeça. Você pode ainda colocar travesseiros sob a sua cabeça. Dependendo do ângulo, você pode conseguir brincar com os seios dela nessa posição. Ou tente pegá-la por trás. Às vezes, a mulher pode ficar preocupada se você não vai lhe enfiar o pênis muito profundamente na boca, então, tente ficar lado a lado com ela, usando travesseiros para proporcionar mais conforto onde estiver incomodando.

"O que posso fazer para satisfazê-la durante a penetração?"

Você acaba de ter uma deliciosa sessão de amor com a namorada. Foi tudo maravilhoso. Você segurou a ereção por bastante tempo e agradou-a com a sua performance sexual. Ela parece ter adorado tudo. Assim que você rola para o lado, exausto depois de um esforço atlético, ela pergunta se você se importaria de usar o dedo ou a língua para excitá-la, porque ela quer ter um orgasmo. Por que isso não aconteceu quando você estava dentro dela???

Acredite, se quiser: estudos provam que mais de 70 % das mulheres não têm orgasmo durante a penetração. Em meus cursos, a maioria delas confirma isso e ainda assim acha a penetração muito satisfatória. Elas apenas precisam ser excitadas de outro jeito para gozarem.

A área dentro da vagina não é muito sensível e ainda é o clitóris a pequena ervilha que funciona melhor para o orgasmo. Sua parceira pode não ter orgasmo com a penetração sozinha, mas a maioria das mulheres é perfeitamente capaz de gozar *com o estímulo adequado*.

Seja criativo. Existe mais de uma maneira para sua companheira explodir quando você está dentro dela. Embora cada mulher seja única, vou dar-lhe várias técnicas que você pode tentar para tornar a penetração mais agradável para vocês dois.

Orgasmo vaginal X orgasmo clitoriano

Algumas mulheres contam que experimentam dois tipos diferentes de orgasmo: o vaginal, com a penetração, e o clitoriano, pela estimulação direta do clitóris.

As paredes da vagina não têm terminações nervosas que possam criar as sensações para o orgasmo, exceto na área do ponto G, de modo que as mulheres que têm orgasmo vaginal podem estar sendo indiretamente excitadas no clitóris. Um orgasmo com um pênis dentro do corpo pode produzir uma sensação diferente, porque o pênis afeta as contrações musculares. Assim, orgasmos vaginais podem vir do pênis estimulando o ponto G.

Como isso funciona?

Ora, enquanto ela estiver satisfeita, por que preocupar-se com o lugar de onde o orgasmo vem?!

As mulheres que acreditam que têm orgasmo vaginal o descrevem freqüentemente como sendo "mais emocional". Katie disse: "Sinto um orgasmo vaginal como mais profundo e completo, mais intenso em vários níveis. Eles fazem com que eu me sinta mais conectada com o meu marido".

Sandra também está certa de que tem dois tipos: "Eu só tenho orgasmos vaginais com um homem em quem eu confie e com quem esteja envolvida em um relacionamento sério. Sinto um orgasmo vaginal na alma".

Talvez a diferença esteja no fato de que ao ter um pênis dentro do corpo durante um orgasmo dê a elas a sensação de conexão mais profunda. Mas, novamente, quem se importa com isso??? Desde que funcione, está ótimo.

Desenvolva o seu sistema de "Radar do Clitóris"

O que oferece a melhor oportunidade para ajudar a sua parceira a ter um orgasmo?

Desenvolva o que eu chamo de "Radar do Clitóris": saiba sempre onde o clitóris dela fica e procure por ele de maneiras criativas. Quase todas as mulheres orgásmicas podem explodir com o jeito certo de estímulo no clitóris, portanto, experimente de tudo. Se você brincar com o clitóris, terá a melhor oportunidade de alçá-la nas alturas.

As mulheres me pediram que repita isso: elas dizem que ficam assombradas que os homens possam fazer de tudo, "exceto" estimular o clitóris! Ora, essa é a chave da sexualidade feminina!

Como ativar e manter o seu "Radar do Clitóris"? Faça um esforço para memorizar o local exato onde fica o clitóris da companheira, mesmo se isso significar para você um serviço completo de escavação. Um clitóris pode ser difícil de ser localizado, mas uma vez descoberto, estará sempre no mesmo lugar. Memorize esse local. Então, independentemente do que você está fazendo, dê atenção a ele.

Não é nenhuma ciência fantástica: está testado e provado que o clitóris é o ponto mais sensível do corpo da mulher. Ele adora ser excitado e, quando é devidamente estimulado, você dá à companheira as maiores chances do mundo de ter um orgasmo!

Assim, ligue o radar nele tão logo comece a fazer sexo com ela. Pode começar com você colocando o joelho no meio das pernas dela. Antes e durante a penetração, você pode acariciá-lo e/ou esfregá-lo com os dedos, a palma da mão, a língua, o pênis ou o que quiser. Dê-lhe mil carinhos antes da penetração.

Betty disse: "Sexo oral antes da penetração faz com que meu marido me dê longos e intensos orgasmos".

Isso a deixará preparada para quando você quiser entrar — e deslizando é melhor ainda!

Dependendo do tempo que você agüenta segurar, use todas as partes da mão para manipular essa adorável ervilha. Espero que, nesse meio tempo, você já tenha aprendido como sua parceira gosta de ser acariciada.

Durante a penetração, você (ou ela) pode usar um vibrador no clitóris. O segredo é realmente tocar o clitóris dela, não apenas as proximidades dele. Não fique apalpando pelos arredores — afie o seu radar e faça pontaria nele.

Pratique localizá-lo, lembrando-se de que esse é o segredo! Não pense que uma mulher deveria ser capaz de ter um orgasmo apenas porque você está dentro dela. Não é sempre assim que acontece, mas não é ótimo saber que existem coisas que você pode fazer para aumentar a possibilidade de ela ter um orgasmo com você dentro dela?

Existem posições durante a penetração que o ajudarão a esfregar o clitóris dela enquanto você vai e vem. Não posso ser muito específica, já que as mulheres são diferentes entre si, portanto, ache o seu próprio jeito, localizando a posição exata do clitóris em relação à sua posição durante a penetração. Assim que você a penetrar, levante o corpo em direção ao clitóris. Habitualmente, esta posição é descrita como se você levantasse a pélvis de encontro à dela. Ao fazer o vai-e-vem, ajeite-se de modo a esfregar o seu corpo no clitóris dela.

Você provavelmente precisará de um pouco de prática até achar o jeito correto, mas quando sua parceira perceber como isso é gostoso, tenho certeza de que ela adorará que você pratique nela. É isso: apenas foque o clitóris em cada movimento. Seu radar vai ficar cada vez melhor e, finalmente, isso tudo ficará natural. Tocarei em outros pontos quando descrever as posições individuais.

Orgasmos simultâneos

Um "ahhhhh" simultâneo — que tesão acabar juntos!

Orgasmos simultâneos acontecem muito mais nos filmes do que na vida real. É legal quando o casal goza cada um na sua hora, porque você ficará mais excitado com o orgasmo dela e ela com o seu.

Lembre-se de que a mulher pode ter mais de um orgasmo. Com uma mulher que se permita ter muitos, você terá mais chance de ter um ao mesmo tempo que ela, mas não fique preso na armadilha da expectativa.

Se você dá importância demais ao fato de chegar ao clímax juntos, você pode ter menos prazer no conjunto. Relaxe e curta — isso pode acontecer naturalmente. Assim que você e ela estiverem mais sintonizados nos hábitos e níveis de excitação do outro, você pode achar o caminho para o orgasmo simultâneo com mais facilidade.

Existem exercícios que podem ser feitos para isso. Você os encontrará em outros livros, mas não neste, porque, na minha opinião, sexo não deve ser trabalho, mas apenas diversão.

Como manter por mais tempo a ereção

Muitos homens expressaram preocupação em não conseguir manter a ereção por um tempo suficiente para satisfazer a companheira. Alguns foram criticados por terminarem muito cedo. Não vou mentir para vocês: as mulheres realmente reclamam dos homens que não conseguem segurar firme o tempo que elas precisam.

Você quer ficar o tempo necessário para que sua companheira não fique decepcionada?

Se você acabou antes de ela ter tido a sua cota de prazer, pode continuar a estimulá-la com a língua ou os dedos. O sexo não precisa acabar porque você teve um orgasmo. Zach contou: "Eu sempre digo que o primeiro orgasmo é para mim, porque este primeiro é rápido; o restante é para ela". Converse com ela sobre a possibilidade de continuar a fazer amor de outros jeitos.

Existem muitas razões que podem provocar a sua ejaculação antes do que você gostaria. Falarei sobre as mais comuns e darei sugestões. É normal acabar rapidamente durante o sexo, mas você deve ser capaz de segurar a ereção, se quiser.

A cabeça controla o corpo

Da mesma maneira que é o cérebro quem controla o orgasmo, é ele também que vai controlar o tempo que você conseguirá segurar a ejaculação. Você vai acabar rápido, se tiver passado um tempo sem sexo; neste caso, segurar será pior. Os homens disseram que querem acabar logo quando uma mulher os deixa muito loucos. Andy contou: "Algumas vezes, posso ficar dentro dela por horas. Minha atual namorada, porém, é tão excitante que não consigo segurar quase nada, depois que a penetro. Saber que isso a aborrece torna as coisas piores".

Tudo isso é mais mental do que físico, conforme Sandy nos confirmou:

> Quando eu estava envolvida com o Keith, ele disse que gostava tanto de ficar dentro de mim que não queria gozar para não ter de sair. Ele segurava a ereção por um longo tempo e disse que nunca tinha conseguido tanto antes. Quando começamos a ter problemas fora da cama e ele ficava com raiva, acabava em dois minutos. Era muito frustrante a maneira como ele conseguia ir de um extremo ao outro. Conversamos sobre isso e ele disse que não fazia a menor idéia por que isso acontecia. Acho que ele não se preocupava mais comigo.

O que o está impedindo de segurar a ereção por mais tempo? Você está cansado? Traz problemas do trabalho para a cama? Está preocupado porque o fato de estar preocupado por estar acabando depressa demais está fazendo com que você acabe ainda mais depressa? Está com problemas de auto-estima por não estar fazendo o serviço direito ou porque você não está se sentindo bem com o próprio corpo?

Se alguma dessas perguntas se encaixa em você, experimente mudar a programação da sua mente. Você consegue, se a causa for mental. Alivie a pressão sobre você na cama. Aprenda como controlar o tempo da ejaculação, em vez de ficar preocupado com isso. Faça um esforço consciente para segurar a ereção por mais tempo, mas, primeiro, certifi-

Sexo total 243

que-se de que não há nenhum problema físico, consultando um urologista. Aliás, acho que os homens deveriam consultar um urologista regularmente. Não espere que um problema fique sério para descobrilo. Você ama o seu pênis? Então, cuide bem dele.

Como controlar a ejaculação?

Mediante a masturbação, tente atrasar a ejaculação: em vez de dar uma rapidinha no banheiro, deite-se de costas e dê-se prazer devagar, experimentando técnicas diferentes para tocar o próprio corpo. Massagear os testículos pode ser gostoso. Use as duas mãos durante parte do tempo. Quando sentir que o orgasmo está se aproximando, vá mais devagar e pare; conte até dez ou mais, antes de recomeçar. Encontre o tempo certo e, então, recomece, devagar.

Isso pode fazer com que você atrase um orgasmo na cama. Uma masturbação sensual o ajudará a conhecer o próprio corpo. Acostumese a atrasar o orgasmo diminuindo o ritmo quando ele se aproximar e, depois, experimente fazer o mesmo com a parceira.

Acalme-se durante a penetração. Comece devagar. Se você sentir que já está no final, diminua o ritmo ou pare por um minuto e aproveite a oportunidade para beijá-la ou brincar com os seios dela. As mulheres adoram esse tipo de divertimento.

Quando você estiver dentro dela, troque o jeito de fazer o vai-e-vem: em vez de entrar e sair da vagina, leve o pênis devagar de um lado para o outro ou faça círculos com ele. Isso é gostoso para os dois. Tome fôlego; quando se sentir à vontade com a companheira, conte a ela por que, às vezes, você pára. Estique-se sobre ela por alguns momentos, usando o dedo ou o vibrador para que ela não esfrie também. Quando sentir que passou a urgência do orgasmo, retorne às atividades anteriores. Fazer assim regularmente costuma melhorar o tempo para a maioria dos homens. Sem contar que parar e recomeçar atrasa o orgasmo mas, ao mesmo tempo, o tornará mais intenso, quando realmente chegar a hora.

Se isso for realmente um problema para você, saiba que existem vários livros no mercado que ensinam técnicas para postergar o orgasmo. Abaixo, mais algumas sugestões que podem ajudá-lo.

Muitos homens dizem que mudar a posição pode fazer com que ganhem tempo. Pare e coloque a sua atenção na parceira. Dê-lhe um beijo longo e sensual e, só então, volte a sua atenção para os seus genitais, por um momento. Diminua o ritmo com respirações profundas ou mais beijos. Devagar.

Ensinei as mulheres a fazer alguns exercícios para intensificar o orgasmo, por exemplo, comprimir os músculos como se estivesse com vontade de ir ao banheiro e este estivesse ocupado, fazendo com que ela tivesse de esperar. Alguns homens disseram que apertar esses músculos faz com que eles esfriem um pouco. Outros contaram que pensar em coisas não sexuais faz o mesmo efeito, assim, pense no seu chefe, nas manchetes do jornal do dia, no tempo que está fazendo lá fora. Mantenha as pernas afastadas para não pressionar os testículos, já que isso pode tornar o orgasmo mais urgente. A grande maioria dos homens pode retardar a ejaculação, se quiser.

A melhor transa que ela já teve na vida

O sexo, quando é bom, torna-se uma gostosa brincadeira. Isso quer dizer que você não deve levar a atividade sexual muito a sério. Caia na risada, se a posição nova que você queria tanto fazer não funcionou. Faça com que ela sinta que você gosta de fazer amor com ela, não apenas com os genitais dela.

Para as mulheres, sexo significa conexão e, uma vez que elas vinculam sexo a amor (ou, no mínimo, a carinho), podem acabar levando-o mais a sério do que vocês. Procure encontrar o equilíbrio entre tornar o sexo leve e fazer conexão com ela em termos emocionais.

Algumas transas complicadas

Respeite os limites da sua parceira. Se você propôs que tentassem algo novo, pare imediatamente, se ela pedir. Quando você respeita o que ela não gosta de fazer, ela ficará mais inclinada a tentar coisas diferentes em outra ocasião.

Penetrar a parceira não significa que você deve triturá-la com o pênis o mais forte que conseguir. Muitos homens acham que as mulheres gostam de ser penetradas com força e que os movimentos devem ser acelerados ao máximo. Pode ser bom perto do final, mas comece sempre devagar e delicadamente. Aumente a intensidade na mesma proporção do crescimento da excitação.

Mary adverte:

> Não fique socando a cabeça dela na cabeceira da cama. Pare de transar e desça o corpo um pouco mais, se for o caso. Não force o pênis como se estivesse tentando quebrar uma parede de tijolos. E não se esqueça de esperar que ela esteja suficientemente úmida ou use um lubrificante antes de penetrá-la. Beije-a, envolva-a no jogo das preliminares e pelo menos finja que a penetração não é a única parte agradável do cenário... Preocupe-se mais em dar um orgasmo a ela do que em ter o seu, porque para você é muito mais fácil do que para ela. Pense nisso e não seja egoísta.

Pergunte quais as posições que ela gosta e quais as novas que gostaria de tentar. A seguir, um apanhado das coisas que homens e mulheres disseram que gostam de fazer. Tente cada uma delas pelo menos uma vez, se ela topar. Seja paciente: tentar coisas novas nem sempre é fácil, principalmente se não estiverem no domínio dela, por exemplo, sexo anal. Da mesma maneira que certas mulheres podem ser servas do sexo, escravas ou outros tipos pouco tradicionais de fazer sexo, outras podem se recusar a conversar sobre isso. Pergunte, sempre. Dê-lhe muitos estímulos no clitóris antes de penetrá-la.

Ian disse: "É melhor que ela tenha um orgasmo antes da penetração, de modo que ela possa se envolver mais relaxadamente com o restante".

Omar acrescentou: "Se você quiser dar a ela a oportunidade de gozar primeiro durante a relação sexual, esfregue e lamba o clitóris dela — muito! — primeiro".

As sensações durante a relação sexual variam dependendo de quanto as pernas dela estão fechadas ou abertas. Quanto mais elas estiverem abertas, mais profunda é a penetração. Isso é especialmente bom se você acha que o seu pênis é curtinho. Agora, o que parece funcionar para muitas mulheres é qualquer tipo de variação em que ela possa manter as pernas juntas. Algumas dizem gostar porque nessa posição você pode atingir mais o clitóris. Leva um pouquinho de tempo para vocês se acostumarem, mas o resultado costuma ser fantástico. Experimente penetrá-la quando ela estiver deitada de costas com as pernas juntas. Talvez você precise começar em uma posição mais fácil e, então, devagar, leve as pernas dela para esta posição.

As mulheres confiam cegamente na capacidade de outra posição em lhes dar um orgasmo: ela fica deitada em cima de você com as pernas ao lado e voltadas para trás. Algumas podem se sentir desconfortáveis, principalmente se estiverem preocupadas por colocar o peso todo em cima de você. Esta variação é também um pouco desajeitada, no começo. Estimule-a a trabalhar com você nessas coisas. Manter as pernas juntas durante a penetração pode intensificar a tensão dos músculos e aumentar a estimulação das terminações nervosas responsáveis pelo orgasmo.

No princípio, tentar essas coisas não parece muito natural, mas os esforços podem resultar em orgasmos deliciosos, conforme Sharyl atestou:

> Adoro ter um orgasmo com as pernas fechadas durante a penetração. Gosto de ficar em cima dele, mantendo as pernas fechadas (e apertadas). É o máximo quando estou com um cara que também gosta desta variação. Adoro também estar na parte de baixo, com as pernas retas, ao lado. É preciso um pouco de prática e de jeito nos movimentos a fazer, mas os resultados compensam: gozo sempre.

246 *Como Agradar uma Mulher na Cama e Fora Dela*

Se ela não estiver úmida o suficiente, use saliva ou lubrificante. Saiba que, às vezes, a vagina faz um barulho rouco e esquisito, provocado pelas bolhas de ar que ficam presas dentro dela, enquanto você entra e sai. É normal e totalmente inofensivo e o único problema é que ela pode ficar embaraçada. Mantendo fechadas as pernas dela ou não saindo muito são duas técnicas simples que podem controlar isso melhor.

Em qualquer posição, o pênis entra mais fundo se ela mantiver as pernas abertas. Dobrar os joelhos dela também assegura uma penetração profunda. Cada posição, ângulo, profundidade ou outra variação criará uma sensação diferente. Tente cada um pelo menos uma vez, de modo que logo você tenha um PEP para a total satisfação dos dois. Anote nele todos os temperos e variações de que ela gosta. Não se esqueça de manter um ritmo firme e consistente especialmente no final.

Teresa disse: "Quero que ele transe devagar, no começo; depois, mais rápido".

A insignificante e tão usual posição "papai-e-mamãe"

"Papai-e-mamãe" é a posição predileta da maioria das mulheres. Quase todas as mulheres (e muitos homens) acham que essa é a última etapa da intimidade. O casal pode se beijar, ela sente os seios contra o seu peito, a conexão olho no olho é perfeita. Elas adoram terminar a relação sexual nessa posição e sabemos que vocês também.

Ted disse: "Não há nada mais gostoso do que sentir os seios da minha mulher apertados contra o meu corpo enquanto gozo".

Emmet emendou: "Adoro beijar o meu amor durante o orgasmo. Isso me deixa ainda mais excitada".

As mulheres, no entanto, vivem maus momentos nessa posição, porque o homem, freqüentemente, não faz contato direto com o clitóris. Hora de colocar o "Radar do Clitóris" para funcionar!

Um dedo em cima dele é sempre bem-vindo. Estimule-a a excitá-lo com o próprio dedo. Erga o corpo sobre o dela e busque a adorável ervilha para estimulá-la com cada estocada. Localize o osso do púbis (o osso acima dos genitais e a parte coberta de pêlos) e traga-o para participar da brincadeira: quando ele toca o clitóris, as mulheres dizem que é o máximo! Tampe as orelhas dela — ou a boca!

Claire explicou:

> Adoro a penetração, mas sempre precisei da ajuda da mão ou da língua para gozar. Admito que era assim que acontecia comigo. Quando encontrei Marc, a penetração transformou-se em uma experiência toda nova! Cada movimento tocava o meu clitóris, me levando ao êxtase. Tive muitos orgasmos com o Marc e perguntei o que ele fazia de tão especial. Ele contou que levantava um pouco o corpo, só o suficiente para que a base do pênis — e tudo que estivesse

> por perto — batesse no meu clitóris, constantemente. Aí, vejo estrelas... Sou louca por esse cara! E me pergunto por que todos os homens não fazem assim?! Parece tão fácil para o Marc... Ele não precisa fazer nenhum esforço e o resultado torna o sexo muito melhor.

Jesse contou que deixa as mulheres loucas com a técnica de "contar até 10". Ele disse que ela funciona especialmente bem se a parceira já teve um orgasmo e está agora ardendo de desejo pelo pênis.

> Esfregue a cabeça do pênis em volta do clitóris e nas paredes que estão dentro. Depois, deixe que só a ponta penetre o corpo dela alguns poucos centímetros e gentilmente entre e saia enquanto você silenciosamente conta até 10. Coloque-o, então, dentro dela completamente — de uma vez só e uma só vez. Novamente, repita a operação: penetre o corpo dela uns poucos centímetros e faça um movimento de vai-e-vem, contando até dez. Penetre-a de repente, uma só vez. Ela ficará louquíssima já na segunda vez que você repetir. Quando ela não agüentar mais, continue fazendo isso.

Papai-e-mamãe é uma posição que funciona de muitas maneiras. Sua parceira pode deitar com as pernas ao lado ou com os joelhos dobrados para uma penetração mais profunda. Experimente colocar alguns travesseiros por baixo dos quadris dela para ter melhores ângulos. Ela pode ficar com as pernas abertas ou fechadas. Coloque uma das pernas dela no seu ombro e procure sempre que possível esfregar o clitóris dela. Faça variações colocando, por exemplo, as duas pernas dela sobre um dos seus ombros e, depois, trocar, mudando de ombro. Mantenha as pernas dela juntas e esticadas. Amy contou que adora deixar as duas pernas balançando fora da cama. Você pode tentar também ficar de joelhos e inventar outras maneiras de movimentá-la: ela pode, por exemplo, flexionar os joelhos e colocar os pés no seu peito ou você pode colocar as pernas dela em cima dos seus ombros ou girá-la de modo que ela fique deitada de lado.

A maioria das mulheres adora experimentar novas posições. Lembre-se apenas de permanecer numa posição quando perceber que o momento do orgasmo se aproxima. São muitas as maneiras que você e a parceira podem fazer, virando, trocando, dobrando, torcendo, etc. Só não se esqueça de dar atenção ao clitóris dela.

Você sorrindo embaixo e ela em cima

Fazer sexo com a mulher em cima não é tão simples quanto parece. Muitas mulheres adoram essa posição e muitos homens adoram a idéia de serem montados, enquanto apenas olham... Mas nem sempre a mulher tem a coordenação necessária ou suficiente força nas pernas para se movimentar como gostaria. Ficar por cima pode pedir certo treinamento, antes do uso. E ainda pode doer os joelhos!

Você pode estar pensando que todas as mulheres estão loucas para experimentar essa posição, mas nem todas estão tão ansiosas assim... A maioria delas pode aprender a gostar de ficar por cima, porque essa posição facilita que ela controle mais a situação, ao mesmo tempo em que você pode brincar com os seios e o clitóris dela, o que é divertido para os dois.

Dependendo do tamanho do pênis, mantê-lo dentro do corpo requer habilidade: se ela pular um pouquinho a mais, ups, ou pior ainda! Você não vai querer vê-la aterrissando sobre o seu pênis ereto!

Sugiro que ela se incline sobre os seus ombros, para ter apoio. E isso ainda cria um bom ângulo. Guie-a, se for necessário, e mantenha as suas mãos nos quadris dela, até que adquiram um bom ritmo. Sua parceira pode manter o corpo perto do seu, não se erguendo mais do que uns poucos centímetros.

Experimente jeitos diferentes. O ideal é balançar mais do que pular e o pênis não precisa entrar e sair muito, para excitar. Se ela mantiver o corpo perto do seu, o orgasmo pode ser prolongado, porque esse movimento não é tão intenso quanto os outros.

Deixe que ela faça como se estivesse "ordenhando" (sim, tirando leite) seu pênis, quer dizer, ela deve apertar o seu pênis com os músculos da vagina, depois, soltar. Muitos homens disseram que adoram isso e as mulheres contam que essa brincadeira intensifica o prazer delas.

Faça tudo que puder, seguindo as instruções do "Radar do Clitóris": muitas mulheres dizem que adoram estar por cima porque ficam no controle e podem empurrar o clitóris contra o corpo do parceiro. Puxe-a para a frente, de modo que a base do pênis possa estimulá-la em cada movimento. Quando você a ajuda a posicionar-se, pode colocar mais pressão na pequena ervilha usando o seu osso pubiano, a cada vez que os seus corpos se encontram.

Se ela é aventureira e quer tentar localizar o ponto G, mantenha-a curvada para trás até que o clitóris esteja virado na direção do seu rosto e pegue nas mãos dela enquanto ela cavalga seu pênis. Segure-a firme. No ângulo certo, estimular o clitóris fará com que ela exploda de prazer.

Outra variante da mulher por cima: mantenha o rosto dela longe do seu; ela poderá descer delicadamente sobre o seu pênis e estabelecer um ritmo próprio. Este é um ângulo excelente para controlar o seu corpo enquanto ele esfrega e acaricia o clitóris dela, num máximo de estimulação. Enquanto ela cavalga, você pode brincar com os seios dela. Muitas mulheres juram que essa posição consegue atingir o ponto G e lhes dar um orgasmo intenso.

Para um jeito torcido e diferente, sente-se em uma cadeira com ela no colo, olhando para você. O corpo dela cavalga o seu, o pênis dentro da vagina e as pernas abertas ao lado da cadeira. Se possível, os pés dela devem tocar o chão, para ficar mais confortável.

Dee explicou como essa posição oferece um controle total:

> Minha posição favorita para ter orgasmos é ficar no colo de Don, quando ele está sentado numa cadeira. Quando estou por cima na cama, fico cansada, meus joelhos doem. No colo dele, posso pular usando toda a força das minhas pernas. Gosto de ter controle total. Posso ir tão fundo ou raso e tão depressa ou devagar quanto preciso e adoro guiar meu clitóris contra o pênis dele a cada movimento. Nesta posição, meu orgasmo é fantástico!

Você pode ficar sentado, olhando a parceira se mexer à vontade, enquanto brinca com os seios dela, estimula o clitóris, beija, acariciando gentilmente o corpo inteiro dela... Ou encostar-se e admirar o que ela está fazendo com o seu pênis!

Ela pode ainda olhar para o outro lado, quando sentar-se no seu colo, ficando de costas para você. Essa posição oferece outros ângulos deliciosos para você acrescentar ao seu repertório e ao PEP dela.

Estilo "cachorrinho"

Muitos homens não imaginam que as mulheres possam gostar de penetração por trás. Mas gostam! Aquelas que aprenderam a apreciar esta posição ficam arrepiadas só de pensar no prazer que sentem!

Yvonne adora, porque a penetração é profunda e ela se sente no controle. Paula gosta muito, porque consegue movimentar-se para longe e para perto do seu amor.

Muitas mulheres não gostam porque essa posição oferece pouca intimidade: o nome não é romântico, ela pode ficar com vergonha de imaginar que você está vendo o traseiro dela em detalhes e pode, por exemplo, pensar que está gorda; por não poder vê-lo, ela não se sente tão conectada, valendo a mesma coisa para o fato de que você não a está abraçando, mas muitas mulheres adoram porque acham delicioso! Beijos e carinhos podem ajudar.

Existem muitas maneiras de fazer a penetração vaginal por trás. Ela pode ficar de joelhos com o corpo voltado para o chão ou sobre os cotovelos; pode ainda estar deitada de bruços com o corpo reto, mas a posição "cachorrinho" típica é de joelhos.

As sensações variam conforme a posição, sendo que fica mais confortável se ela se acolchoar na frente com travesseiros e levantar a parte detrás do corpo. Se a sua cabeça ameaçar bater na parede ou você estiver se sentindo esmagado pelo movimento de vai-e-vem que o puxa para a frente, pare um minuto e ajeite-se, indo para mais abaixo na cama.

A posição "cachorrinho" é divertida porque permite vigorosas investidas e também porque é a posição mais fácil para a penetração vaginal por trás. E a mais profunda! As mulheres que gostam dela asseguram que, freqüentemente, o ponto G é atingido. E esta ainda é a posição mais comum que as mulheres escolhem para usar as mãos e brincar com o próprio corpo.

Betty contou: "Ajoelhar-me na beirada da cama, mantendo o corpo do lado de fora da mesma, enquanto meu amado fica no chão me dá orgasmos fantásticos e é excelente para atingir o ponto G".

Teresa concorda e diz que essa é a sua posição predileta, porque "Este é o jeito que eu mais sinto o meu homem, sem contar que ainda posso me estimular. Gosto que ele aproveite para apertar e esfregar as minhas nádegas".

Em razão da pouca intimidade que a posição propicia, sua parceira pode preferir terminar em outra do tipo "papai-e-mamãe". Faça o gosto dela antes do seu orgasmo, se for o caso, e não se esqueça de, durante todo o tempo, brincar com os seios e o clitóris.

Outras posições

"Posição de Colher" é quando os dois estão deitados de lado, com os corpos na mesma direção, e se abraçam como se fossem duas colheres juntas. Lea disse: "Posso contribuir mais e ter mais controle. Quando estamos deitados de lado, é mais fácil para mim ou para o meu namorado esfregar o clitóris. Não precisamos ficar balançando e as mãos estão livres".

Essa posição oferece os benefícios da "Cachorrinho", mas oferece mais intimidade. As mulheres costumam gostar de dormir nessa posição por causa da intimidade e do conforto que ela propicia. Sexo nessa posição pode ser mais devagar e sensual. Como vocês dois estão deitados, pode ser mais relaxante e com menos movimentação. É um jeito gostoso de iniciar a penetração. Com as mãos livres, estimule os seios e o clitóris dela, enquanto a penetra. Abrace-a quando estiver dentro dela e aproveite para acariciá-la pelo corpo todo.

Posições muito íntimas são as variantes do que eu chamo de "Frio Dentro". Prolongue seu orgasmo ficando dentro dela sem se mexer. Ela vai ADORAR isso! É um momento perfeito para beijá-la e acariciá-la e serve ainda para solidificar a conexão entre vocês.

Vocês podem ficar deitados com a cabeça para o mesmo lado, de frente um para o outro, ou vocês podem se sentar com as pernas de um envolvendo o outro. Especialmente se você estiver com uma mulher que ame, essa posição é excelente porque cria uma incrível conexão entre vocês dois. Deixe que os músculos da vagina dela apertem o seu pênis. Fique deitado ou mova-se em círculos, bem devagar. Acaricie o rosto e os cabelos dela, diga coisas bonitas e seja romântico como só você sabe ser. Dê-lhe muitos beijos e garanto-lhe que ela não terá do que reclamar!

Experimente deitar sobre o quadril, com a cabeça em uma das mãos, de um jeito bom para você. Sua companheira pode ficar com as duas pernas sobre o seu quadril levantado, de um jeito que possibilite o pênis ficar dentro dela. Quando vocês se acostumarem com essa posição, ela pode ser tornar parte de um aconchegante esquema para uma boa troca de idéias — experimente planejar uma fuga romântica ou ler poesia. O acesso para estimular o clitóris é fácil, assim como acariciar, beijar e trocar olhares de amor.

Não aconselho que faça isso quando estiver muito excitado e não quiser segurar o orgasmo — é melhor após uma rodada de sexo. Ou após uma manhã preguiçosa, que sucedeu uma noite louca e deliciosa, quando você pode estar um pouco cansado para fazer esforços atléticos, mas aprecia estar dentro dela.

Prazeres anais

A maioria dos homens confessa que os prazeres anais os atraem, enquanto a maioria das mulheres não vê o sexo anal com bons olhos: para muitas delas, ele parece ser definitivamente ligado à perversão. Outras disseram que até poderiam estar interessadas, mas têm medo de que possa doer — e o tamanho do seu pênis teria alguma coisa a ver com isso...! Elas também têm escrúpulos quanto ao fato de o pênis estar em um lugar que vêem como sujo. Muitas mulheres ficam horrorizadas apenas com a idéia de que você possa colocar o dedo ou o pênis no ânus dela — e sair de lá com ele sujo!

O sexo anal é um gosto que se adquire. Os adeptos dizem que é a sensação máxima. Uma penetração profunda pode atingir o ponto G pelo melhor ângulo e você vai curtir uma abertura mais estreita do que a vagina.

Tenha cuidado para pedir sexo anal, pois esse pode ser um pedido delicado para a maioria das mulheres. Quando não estiver fazendo sexo com ela, explique por que você gostaria de experimentar. Talvez seja interessante compartilhar com ela um bom livro ou informações concretas sobre os prazeres do sexo anal, mas não a pressione.

Caso ela esteja, pelo menos, aberta para pensar no assunto, comece com estimulação manual. Experimente colocar um dedo no local, durante o sexo oral ou a penetração. Mulheres que apreciam sexo anal costumam adorar as "bolas" — contas presas a um cordão e inseridas dentro do ânus, que devem ser puxadas rapidamente assim que o orgasmo começa para elas — e dizem que isso intensifica o orgasmo de um jeito incrível.

Experimente um vibrador anal — um vibrador que pára quando um botão é apertado, para impedir que você possa ir muito profundamente. E não se esqueça de colocar muito lubrificante.

Se ela gostar dessas experiências, poderá se sentir motivada a fazer sexo anal com você.

O grande problema é que as mulheres acham que uma vez que você esteja dentro do ânus dela ela vai sentir dor. Nos "sex shops" é possível comprar artigos que alargam essa abertura gradativamente, se você estiver realmente interessado em fazer sexo anal. Use muito lubrificante e recomendo que use um preservativo. Quando você conseguir que ela concorde, deixe que ela mantenha o controle e não empurre muito o pênis para dentro, isso permitirá que ela vá se acostumando lentamente e adquira um ritmo próprio. Seja gentil com o ritmo e o movimento. Se ela disser que está machucando muito, PARE imediatamente! Talvez você precise tentar várias vezes, antes que ela relaxe o suficiente para começar a gostar. Ou talvez ela não adquira nunca esse gosto. De qualquer maneira, respeite a escolha dela.

Uma última palavra de precaução: se você colocar um dedo ou o pênis no ânus dela, não o coloque depois em todo lugar, sem tê-lo lavado, mesmo que ela seja a mulher mais limpa do mundo!

Depois do amor

Após o orgasmo, os homens costumam querer dormir. Acabaram ficando famosos pela insensibilidade em relação às necessidades femininas, depois que o sexo ativo acabou. Muitas mulheres não acham que o sexo é completo sem reconectar-se com o seu amado em termos emocionais — é isso que o depois-do-amor significa para elas.

Afagos e abraços fazem as mulheres felizes. Elas vêem isso como uma parte do ato sexual e gostam de sentir que o sexo é mais do que um alívio físico.

Ian disse: "Curto muito oferecer à minha amada um banho morno, quando, então, eu a banho, abraço, beijo e converso".

Para muitas mulheres, o "depois" é a parte predileta: a intimidade e o brilho do merecido descanso as satisfazem.

Elas costumam ficar mais alertas depois do sexo, o que pode ser considerado uma brincadeira da natureza, já que a única coisa que um homem quer é dormir. Só que, por favor, NÃO VIRE DE LADO E DURMA! Faça um esforço para, quase dormindo, beijá-la, abraçá-la, acariciá-la e curtir ser envolvido pela mulher com quem acabou de fazer amor.

Fico feliz que tantos homens tenham confessado que gostam de curtir o depois, mas as mulheres ainda reclamam que muitos desligam a máquina quando mal acabaram de ter um orgasmo.

Se você não consegue deixar de cair no sono, pelo menos diga por que razão, quando não estiver na cama, de modo que ela esteja preparada. Afinal, sexo as deixa conectadas. Depois que acabou, ela não quer perder essa conexão. Ser abraçada e beijada é importante para ela, senão, pela manhã, ela pode querer manter você na cama ou segui-lo aonde você for, tocando-o...

O "depois" mantém a conexão com você — ela ainda quer se sentir una com você depois do sexo. Se vocês fizerem sexo durante o dia, tirem uma soneca depois; então, podem até partir para um novo "round". Uma soneca aconchegante deixa a conexão mais forte e pode levar à segunda parte.

Mais diversão

As possibilidades são infinitas. Existem milhões de maneiras de manter a sua vida sexual bem temperada. Abaixo, algumas dicas que podem ajudá-lo.

Seja criativo. A grande maioria das mulheres disse que o melhor amante é aquele que se comunica bem e as deixa à vontade, compartilhando desejos íntimos e preferências, dando a elas uma porção de opções.

Sexo de manhã

Você provavelmente sabe que não existe uma hora melhor para o sexo, mas muitas mulheres ainda acreditam na velha programação que presume que o sexo aconteça quando está escuro. Ora, as manhãs podem ser deliciosas, principalmente nos finais de semana, quando ninguém está com pressa. E que tal uma rapidinha, de vez em quando, antes de trabalhar? Ela pode ser ótima! Seu parceiro pode não ver as vantagens do sexo matinal, mas você sempre poderá fazê-lo mudar de idéia...

Em termos científicos, o nível de testosterona está mais alto pela manhã, por isso é comum que os homens acordem com tesão. Em termos práticos, ele ainda está na cama. Em um nível físico, vocês dois estão mais descansados do que quando foram para a cama na noite anterior. E muitas mulheres se sentem mais relaxadas pela manhã, a não ser que estejam atrasadas para o trabalho. Em relação à saúde, pode-se dizer que o sexo estimula o corpo a segregar toda sorte de hormônios que são bons para as mulheres, dando mais energia.

Keith disse que:

> Convenci a Mindy de que poderíamos colocar o despertador para tocar mais cedo, pelo menos uma ou duas vezes por semana. No começo, ela resmungou, mas agora nós dois preferimos nos levantar mais cedo para fazer sexo de manhã. Quando ficávamos acordados até tarde da noite para isso, pela manhã estávamos arrependidos do sono perdido, quando o despertador tocava. Agora, ele nos acorda antes da hora, de modo que levantar cedo não é mais um problema para nós. Mindy percebeu como chega relaxada no trabalho e ela mesma regula o despertador.

Muitas mulheres acham que não são atraentes pela manhã. Não é fácil convencê-las de que, com os cabelos emaranhados e nenhuma maquiagem, ainda podem estar ótimas. Muitas mulheres querem fazer sexo à noite, porque ela pode apagar a luz e você não verá o que ela acha que é um corpo malfeito. Diga como você gosta de vê-la e ao seu corpo à luz do dia e como você a acha bonita. Se ela acha que o hálito não está perfeito, dê-lhe um pouco de água para beber. Ou, antes do sexo, ela pode fazer uma visita rápida ao banheiro e usar a escova de dentes ou mesmo o bidê, o que é muito saudável, de qualquer maneira.

Algumas pessoas detestam ter de pensar muito logo cedo e não querem fazer nada que se pareça com trabalho, mas curtir um romance pode ser fácil e divertido, quando a gente acorda. Quando você perceber que ela já despertou, dê-lhe mordidinhas. Podem ser simples como um beliscão na bochecha, nos ombros, no pescoço, subindo e descendo pelo corpo dela... Esfregue a sua bochecha no peito dela, delicadamente, e se ela responder, vá em frente.

Beijos carinhosos podem ser um jeito delicioso de dizer "Bomdia"! Comece no rosto e, devagarinho, vá descendo e brincando com o restante do corpo dela. Se ela gostar, continue descendo. Que tal acordá-la passando a língua na vagina dela? Tome cuidado apenas se ela é do tipo que acorda de mau humor! Se for o caso, agende um dia inteirinho na cama com ela! E não se esqueça de que muitas mulheres adoram surpresas no meio da noite!

As rapidinhas

As "rapidinhas" podem ser muito divertidas, desde que você não faça delas o único prato do seu cardápio. Elas também podem ser de boa qualidade, desde que vocês sejam criativos e mantenham os carinhos que tanto você quanto a sua parceira precisam.

Ronnie contou:

> Minha mulher e eu temos uma agenda febril. É raro que consigamos chegar em casa em um horário razoável. Era difícil para mim agüentar a semana inteira sem sexo e, então, resolvi sugerir as rapidinhas. No começo, ela ficou ofendida: disse que queria qualidade na arte de fazer amor, não apenas alívio físico. Eu também. E uma rapidinha não significa que vamos esquecer de tudo que gostamos! Ela concordou em experimentar e cada um de nós explicou ao outro o que era mais importante que ele/ela fizesse para a sua satisfação completa. Hoje, começamos antes de dormir com beijos e carinhos. Pela manhã, trocamos alguns beijinhos e já ataco direto nas áreas mais sensíveis do corpo dela, começando com sexo oral. Ela diz quando me quer dentro dela. Ela aprendeu a ter um orgasmo (ou, pelo menos, bastante prazer) em um curto período. Hoje, ela adora as nossas

rapidinhas. Nós dois estamos mais felizes no trabalho e nos sentimos mais próximos um do outro, o que ela gosta especialmente.

As "rapidinhas" podem fazer a ligação para essa conexão que as mulheres precisam e que as colocam mais próximas do amado, como elas tanto desejam — desde que você não se esqueça de ser carinhoso. As "rapidinhas" são especialmente gostosas com uma parceira com quem você já esteja há algum tempo: você conhece bem o corpo dela e sabe o que fazer dentro do período de que dispõe.

Faça uma combinação entre banho matinal e preliminares; depois, volte para a cama por um momento e tome outro banho rápido para ir trabalhar. Enquanto vocês estiverem fazendo outras coisas — tais como: lavar a louça, escovar os dentes, conversar ao telefone, trabalhar no computador — faça gestos eróticos ou esfreguem-se um no outro sedutoramente, para excitar o outro antes mesmo de começarem a fazer amor.

As "rapidinhas" não podem ser unilaterais; os dois devem estar apaixonados, excitados e morrendo de vontade de ter certo alívio e conexão. Forçar a companheira a dar uma "rapidinha" com você não é uma boa idéia. Algumas mulheres podem se sentir degradadas se você não separar um tempo para fazer amor com elas com todo o esmero, mas, se esse for o caso da sua parceira, você pode começar mostrando para ela que uma "rapidinha" pode ser divertida: dê-lhe muito afeto e reserve um tempinho para agradá-la, também.

Uma "rapidinha" pode ser excitante. Imagine se você estiver sozinho com ela, souber que não vai ser por muito tempo, mas resolver aproveitar cada minuto desses momentos — por exemplo, vocês têm 15 minutos antes que o cara que está consertando o cano furado volte. A pressão do tempo pode intensificar o desejo. Você pode condensar todos os aspectos mais intensos do sexo em um breve, mas apaixonado e excitante momento.

Assim que ela aprender a apreciar o prazer que uma "rapidinha" pode dar, poderá relaxar e aproveitar mais, reduzindo o tempo que precisa para ficar satisfeita. Além do mais, uma "rapidinha" de manhã costuma estimular o desejo por mais, o que vai certamente tornar o sexo à noite ainda melhor!

Sexo nos lugares certos

Qual é o lugar certo para o sexo?

Qualquer um que você escolher! Embora o mais tradicional seja a cama, você pode batizar a casa inteira: chão, mesa, cadeira, etc. ... Seja criativo. Faça com que ela se sinta à vontade quebrando as regras. Abaixe a luz e coloque uma música para que os vizinhos não ouçam os gemidos. Transe com ela em lugares diferentes: coloque-a sobre a mesa da cozinha e coma-a no almoço; ela pode ficar meio dependurada no fim da cama, enquanto você, no chão, faz mil loucuras com ela; sente-se numa cadeira ou sofá e coloque-a no colo; para um acesso perfeito, ela pode colocar as pernas no encosto. Você tem privacidade no jardim ou na piscina? Imagine o resto!

Estimule sua companheira a fazer sexo em lugares diferentes. É muito divertido. A criatividade mantém a paixão no sexo. Ela pode ficar relutante, no começo, de modo que o ideal é começar com as alternativas mais confortáveis. Encha o chão de almofadas antes de deitá-la ali. Experimente o sofá do *living room* e a mesa da sala de jantar. Qualquer lugar é um bom lugar, se você tomar cuidado com o peso — não precisa se machucar para ter sexo total! Compre para ela um vestido com a saia ampla e rodada e vá por aí, se quiser viver mais aventuras — com uma saia dessas como escudo, você pode fazer uma porção de coisas! Sua mão, por exemplo, pode excitá-la em praticamente qualquer lugar, principalmente no carro. Piqueniques podem incluí-la como sobremesa. O importante é que tudo seja levado na brincadeira: sexo fora da cama, além de gostoso, é excelente para manter a espontaneidade da relação.

Se vocês tiverem filhos, empregados ou outras pessoas na casa, aproveitem o tempo que estiverem sozinhos. Mande as crianças para passar a noite na casa dos seus pais. Se possível, tire um dia livre no trabalho, quando o pessoal estiver fora, e faça travessuras pela casa, de um jeito que você normalmente não faz. Se não tiver ninguém nas redondezas para ouvir vocês, melhor ainda. Ou planeje passar uma noite fora. Precisamos sempre arrumar tempo para brincar. Lembre-se do D&D e não se esqueça que um deles quer dizer Diversão e deve estar sempre ativo!

Estímulos comestíveis

Alguns casais usam gelo para aumentar a excitação — em todo lugar! Ele pode ser esfregado pelo corpo todo como um contraste com o ardor que vocês estão sentindo. Ponha um cubo de gelo sobre o bico dos seios dela antes de chupá-lo. Alguns homens contam que gostam de colocar gelo na boca enquanto chupam os seios dela, o clitóris, o meio das coxas e outras partes. Coloque uma pedrinha pequena dentro da vagina dela antes de penetrá-la — isso vai proporcionar aos dois uma sensação de frescor.

Apenas tome cuidado para não se sufocar, acidentalmente.

Muitas outras coisas de comer podem ser acrescentadas. Cremes, chocolates, xaropes, *marshmallow*, cerveja... Todos eles (e muitos outros) têm um gosto especial quando espalhados pelo corpo do seu amor e recolhidos com a língua. Não se esqueça de acrescentar um menu completo no seu PEP!

Acessórios

Se ela não estiver suficientemente úmida para uma entrada perfeita, use um lubrificante. Os preservativos podem causar maior fricção do que o lubrificante natural feminino é capaz de absorver, de modo que é interessante ter um à mão. Os melhores são à base de água e podem ser comprados nas farmácias e drogarias. Se quiser alta diversão, compre um no "sex shop".

Os lubrificantes vêm com diferentes sabores e cheiros e podem ser ótimos para acrescentar mais tempero ao sexo oral.

Em outro capítulo, falei sobre os vibradores. Eles podem ser encontrados em grande variedade de formatos, tamanhos e usos, elétricos ou movidos a bateria. Os pequenos são ótimos para quando a sua mão ou língua estiver cansada. Existem vibradores para o ponto G (curvados de um jeito que atinja o ponto certo) e para o sexo anal. Nunca use no ânus um vibrador que não for feito especialmente para este fim — ele precisa ter um botão de controle diferente, para que não penetre muito fundo. Um vibrador pequeno pode funcionar também para o ânus, se você achar melhor, mas o ideal é comprar um que tenha sido feito para a estimulação anal.

O melhor vibrador para a mulher é conhecido como "Butterfly" (borboleta). Ele fica preso nas pernas e age diretamente sobre o clitóris. Ela pode colocá-lo e sair andando por aí! E melhor ainda: ele pode ser usado durante a penetração, porque não fica no meio do caminho (exceto mentalmente, se o seu ego não consegue lidar com essa idéia) e aumenta as chances de ela ter um orgasmo com você dentro dela.

Sexo durante a menstruação

Você não gosta da idéia de fazer sexo com ela durante a menstruação? Não recomendo que faça nada que não o deixe à vontade, mas por uma brincadeira engraçada da natureza, muitas mulheres ficam mais acesas e receptivas à estimulação nessa época do mês. Algumas ficam embaraçadas demais para sentir tesão, mas outras, sem dúvida, adorarão, se você não se importar.

Assim, se ela concorda, coloque uma toalha sobre a cama e vá com calma, se não se sentir seguro. Estabeleça as fronteiras, antes de começar. Alguns homens que experimentaram, disseram que, quando estão excitados, qualquer coisinha pode atrapalhá-los.

Se você quer apenas brincar de sexo oral, ela pode deixar o tampão, se ela usa (não se esqueça de tirá-lo, se você quiser penetrá-la).

Jesse lembrou que o sangue não sai pelo clitóris, de modo que você pode usar a língua ou o dedo nele sem se sujar. Mesmo os homens que não costumam usar preservativo devem usá-lo nesse caso, porque você pode ficar melindrado por ver o pênis sujo de sangue.

Experimente essa novidade! A reação do corpo da sua amada pode lhe revelar uma surpresa!

Você pode ter o mais quente e delicioso sexo possível — basta querer! Expanda seus horizontes, converse com a parceira, experimente coisas novas, desenvolva a confiança e permita que os seus sentimentos por ela o motivem a fazer amor cada vez melhor. Vá tentando até que consiga montar um extenso e detalhado PEP para ela.

Ian disse: "Sexo total começa com uma boa coleção de dedos na mão e uma língua... Não economize prazer... Faça com que ela confesse as suas preferências. Diga-lhe o tanto que ela é fantástica e prove isso!".

Você pode ser o melhor amante do mundo! Repita comigo: o segredo é o clitóris! Essa é a chave para o seu sucesso na cama. Use-o bem!

CAPÍTULO XV

PARA TERMINAR:

Bem, meu querido, estivemos juntos por muitas páginas. Sinceramente, quero que você tenha um relacionamento melhor e mais satisfatório. Homens e mulheres, estamos todos no mesmo barco: um quer agradar ao outro! Não se esqueça de que nem sempre é fácil lidar com isso. Os homens também fazem coisas que piram a cabeça da gente!

Para dar boas risadas sobre a maneira como alguns homens lidam com as suas inseguranças e como elas afetam as mulheres, recomendo o livro "The not so silent passage", de Cheryl Solomini. Ela faz gozação das excentricidades masculinas, mas também tem muita verdade embutida. Homens e mulheres devem se sujeitar a viverem bem juntos. Tente!

Dei-lhe as idéias básicas de como satisfazer uma mulher, na cama e fora dela. Agora, quero enfatizar algumas coisas que já disse e lhe dar mais algumas sugestões, para encerrar. Elas costumam funcionar tão bem que sua parceira vai ter certeza de que você é o homem dos sonhos dela! Você pode agradar uma mulher tanto na cama quanto fora dela, se for flexível e der a ela o que mais deseja. Trabalhe para isso! Você adorará estar com uma mulher satisfeita, que pensa que você é a melhor coisa que já lhe aconteceu na vida!

Trabalhe com a parceira

Um bom relacionamento é um trabalho de equipe, quer dizer, precisa de vocês dois. Nunca se esqueça de que vocês dois estão do mesmo lado. Não permita que a sua programação para ser simples entre muito em conflito com a natureza mais complexa da companheira. Vocês podem se dar bem fora da cama. Mantenha o respeito em todas as suas interações e assegure-se de que está mantendo o bom humor. Encorage-a a fazer o mesmo.

Não espere viver em harmonia todo o tempo

Todos nós temos bons dias e dias não tão bons assim. Mantenha as suas expectativas em um nível realista. Enquanto um puder contar com o respeito do outro e ser capaz de falar sobre os problemas usando os meus dez mandamentos da boa comunicação, vocês serão capazes de superá-los. Seja correto com ela. Não segure a raiva dentro de você — ela pode explodir e você poderá fazer alguma coisa estúpida.

Mantenha a conexão com ela

Um beijo, um abraço, um toque carinhoso, um "Que bom ver você!", um bilhetinho. É realmente incrível como as pequenas coisas são capazes de fazer uma grande diferença. Crie aquelas conexões que são capazes de manter as faíscas acesas — e elas são mais fáceis de acender do que pedras geladas, tanto na cama quanto fora dela! Mantenha sua amada aquecida e vocês continuarão a manter a paixão que sentem um pelo outro.

Reserve um tempo para vocês dois

O tempo de qualidade que você dá a ela hoje cria a base para um relacionamento satisfatório para os dois. Dê-lhe a sua atenção total regularmente. Encontre todo dia um tempinho para conversar. Diga quanto ela é importante para você. Faça tanto amor com ela fora da cama quanto costuma fazer na cama. Todas as sugestões deliciosas do cardápio do Capítulo 12 podem intensificar o relacionamento.

Faça da amizade a sua prioridade

À medida que o relacionamento for crescendo, nunca se esqueça de nutrir a amizade que existe entre vocês. Isso significa que você precisa ter certeza de que ela está segura e de que é apreciada. Faça tudo que for possível para desenvolver a confiança entre vocês. Verbalmente, compartilhe com ela as suas experiências. Viva momentos divertidos e malucos com ela. Faça com que as pequenas coisas do dia-a-dia continuem sendo divertidas — cozinhar, por exemplo — porque elas tornam as obrigações mais agradáveis. Não permita que a passagem do tempo separe os seus caminhos.

Curta o sexo como uma faceta do relacionamento

Se você quiser viver um relacionamento saudável, deixe que o sexo seja a cobertura do seu já delicioso bolo! Aproveite-o como uma atividade para compartilhar os momentos de alegria com a companheira e intensificar o relacionamento de vocês!

Não se esqueça de que espera-se que o sexo seja divertido! Pense nele como um jogo e não se leve muito a sério. Aprenda a rir com a companheira.

Abra um tempo em sua vida para o sexo. Apesar de que ele não deva ser a coisa mais importante entre vocês, fazer sexo regularmente é saudável em um relacionamento. Converse com a parceira sobre fazer dele uma prioridade. Diga o que significa para você fazer sexo COM ELA regularmente. Marque dia e hora para uma agradável noite a sós com ela, de tempos em tempos, e providencie para que isso realmente aconteça. Comunique a ela a sua antecipação em primeira mão, lembrando-se de incluí-la na excitação, em vez de preocupar-se apenas com o ato. Telefone para ela durante o dia ou deixe um bilhetinho em casa ou na caixa de correspondência: "Não agüento mais esperar para estar com você esta noite!" ou "Eu amo você e estou louco para que a noite chegue logo para tê-la nos braços". Ou ainda "Só de pensar no que vou fazer com você hoje à noite já fico todo doido!". É claro que o teor do bilhete vai depender da companheira que você tem — algumas gostam de bilhetinhos mais específicos...

Tenha tempo para a intimidade

Mesmo quando o tempo estiver escasso, quando você estiver cansado ou não exatamente de bom humor, separe um tempinho para dar a ela a sua ternura e algumas preliminares. Se você acha que não vai dar conta de tudo, converse com ela. Você pode fazer amor ternamente sem uma ereção. E, claro, sempre pode ter uma quando menos estiver esperando!

Mesmo quando isso não acontecer, você pode dar-lhe prazer com as mãos e a boca e ela também pode lhe dar prazer, é claro. Fazer amor não requer um orgasmo. Você pode colocar de lado sua necessidade de atingir metas e descobrir que fazer amor sem orgasmo é uma atividade deliciosa, que aproxima ainda mais vocês dois.

Não use o sexo como um instrumento para ter o que quer

Usar o sexo para manipular a parceira ou como um substituto para tratá-la bem em outras áreas não permite que a mais adorável das intimidades seja atingida — ela vai se sentir usada. As mulheres reclamam muito dos homens que são doces e gentis na cama e frios e sem consideração na vida normal. Elas não costumam reagir bem a homens assim; não seja um deles.

Não use o sexo para solucionar os problemas

Alguns homens preferem fazer amor a lidar com os problemas e isso não é bom para o relacionamento. Ela até pode sorrir até o próximo desentendimento, mas isso não vai durar muito. Não use o sexo como um antídoto para os problemas do relacionamento.

Sim, fazer amor ternamente pode apaziguar uma mulher que esteja chateada com você. Sim, a tensão pode ser aliviada temporariamente com sexo, tirando os problemas do centro da cabeça por um momento. A intimidade sexual traz proximidade para a mulher, mas isso não resolve os problemas. Dificuldades de comunicação, raiva, expectativas injustas e outras situações que provocam ansiedade não são corrigidas debaixo dos lençóis. Usar o sexo para manter um relacionamento apenas prolonga os sentimentos negativos; mesmo se ela se sentir feliz durante o sexo, o assunto que a estiver incomodando não irá embora e a dor voltará após o orgasmo. O melhor é sempre conversar fora da cama, primeiro!

Como usar as suas novas ferramentas

Sim, meu querido, delicioso espécime do sexo oposto, é chegada a hora de você pegar a sua caixa de ferramentas e usá-las para construir um relacionamento mais feliz e satisfatório para você e para a mulher que está com você, ou pelo menos deixá-las à mão até que encontre uma mulher saudável.

Tentei provê-lo com uma perspectiva melhor, para aceitar e trabalhar as diferentes programações de vida. Por favor, entenda que fiz um monte de generalizações que precisam ser ajustadas especificamente para a sua parceira. Desenvolva a compaixão. Ela é uma virtude que sempre nos recompensa. Isso pode ser difícil para muitos de vocês, mas o que vale é o esforço.

Não muitos anos atrás, eu era o estereótipo da mulher. Agradeço ao meu pai por ter me dado mais autonomia do que tiveram as mulheres do meu tempo, mas minha auto-estima ainda era dependente de um homem. Eu achava que a minha vida não era nada sem um homem e eu não era realmente feliz. Fiz uma porção de besteiras e deixei muitos homens loucos. Três fatores me transformaram:

PRIMEIRO: Resolvi assumir que não estava feliz com a minha vida, mesmo quando tinha um namorado.

SEGUNDO: Entendi que os homens têm o direito de serem do jeito que são, da mesma maneira que é minha a escolha se vou viver com alguém que não me acompanha. A compreensão de onde vêm as nossas diferentes programações me deixou apta a conviver muito melhor com eles.

TERCEIRO: Comecei a dizer "Eu amo você" para o espelho, mesmo quando eu não sentia o que dizia e, um dia, finalmente, parei de me ver no espelho distorcido que me contava que eu era gorda e desprovida de atrativos. Minha auto-estima e meu amor tinham crescido, mas eu ainda não havia aceitado as diferentes maneiras de vocês verem a vida.

Hoje, alegro-me com elas. Eu realmente amo vocês, rapazes, e aprendi muito com vocês! Me encanto comigo mesma do jeito que sou. Pela primeira vez na minha vida, sinto-me pronta para viver um relacionamento saudável. Tenho fé que o Universo me guiará para o companheiro certo. Isso sempre funciona!

Agora, eu me vou e sei que deixei você com um pouco mais de conhecimento. Ame-se. Aprecie a sua essência e não a mude por causa de uma mulher. Trabalhe para conseguir ter fé em um ser superior que possa ajudá-lo a atravessar a vida.

Eu nunca estaria onde estou hoje sem você. A fé é o suporte da minha existência. Desenvolva a sua confiança baseada nos seus próprios aspectos saudáveis. Cresça como um homem que encara as próprias emoções e aprenda a fazer acordos quando se comunica. Vá fazer terapia se precisar, para se livrar das coisas velhas que não lhe servem mais. Se você encontrar o terapeuta *certo*, sua vida pode se abrir para inúmeros deleites!

Escrevi este livro porque, sinceramente, quero que tanto as mulheres quanto os homens sejam felizes. Não importa se planeja ter ou se já tem uma companheira, permita-se repensar a sua atitude em relação às mulheres. E não se esqueça: diga alguma coisa bonita para ela (e sinta isso) todo dia, aprecie-a e faça com que ela se sinta especial, tenha mais paciência quando ela estiver se sentindo insegura, mantenha as conexões com ela, ame-se, não deixe que medos do passado o impeçam de viver as alegrias do presente e o segredo é o clitóris!

Você vai conseguir, meu amigo!

Este livro foi composto em Times New Roman, corpo 11/12.
Papel Offset 75g – Bahia Sul
Impressão e Acabamento
Gráfica Palas Athena – Rua Serra de Paracaina, 240 – Cambuci – São Paulo/SP
CEP 01522-020 – Tel.: (0_ _11) 3209-6288 – e-mail: editora@palasathena.org